# 청소년문화 개정판

개정판

# Teenager Culture

# 청소년 문화

박성미 · 김소영 · 정봉희 공저

dm 동문사

# 머리말 | Preface

청소년문화는 청소년 삶의 방식을 탐구하는 책이다. 12장으로 구성되어 있는 이 책의 개정판에서는 좀 더 진지하게 청소년 삶의 양식을 탐구하고 싶은 열정으로 목차부터 다시 정리를 하였다. 그러나 시간 부족으로 더 충분히 경험적 연구를 기반으로 개정판을 완성하지는 못하였지만 문제의식을 가지고 목차를 재구성하였다.

1장과 2장은 원론적으로 문화, 청소년의 문화를 개념적으로 이해하고 청소년기의 특징을 중심으로 청소년문화를 조성할 수밖에 없는 여러 가지 차원의 발달적 측면들을 살펴보는 것으로 구성하였다.

3장, 4장, 5장, 6장은 이미 여러 연구들을 통하여 경험적으로 검증되고 있는 청소년의 삶의 양식을 소개하려고 하였다. 그래서 3장은 학교에서 형성된 청소년문화, 4장은 또래와의 관계 속에서 만들어진 청소년문화, 6장은 이성, 성에 눈 뜨게 되면서 형성하게 되는 청소년문화를 설명하였다. 그리고 7장과 11장은 급변하는 사회환경 속에 그리고 이로 인한 사람들의 가치관의 변화 속에 청소년의 새로운 주류 문화로써 향후 조성될 영역을 문제제기와 함께 다루었다. 그러므로 7장은 새롭게 해석되는 청소년의 여가문화와 이를 통한 진로계발로 구성하였다.

8장은 유튜버를 꿈꾸는 청소년들에게 더욱 강력하게 요구되는 루키즘에 대한 요구, 더 아름다워지고 싶은 열망으로 새롭게 조성되는 청소년의 외모주의를 다루어보았다. 9장은 사람과 사람, 사람과 사물, 사물과 사물이 연결되는 초연결사회에서 사회적 소통도구로서의 언어문화를 알아보았다. 10장은 스타를 우상화하는 청소년들에게 스타를 단지 우상화하는 것뿐 아니라 스타처럼 살아가려는 삶의 양식을 표현하는 청소년의 스타문화를 다루었다. 그리고 11장은 청소년이 속해있는 거대한 사회, 즉 4차 산업혁명시대 속에 새로운 문명을 만나는 주된 매개체인 디지털과의 관련 속에서 청소년의 디지털문화를 다루었다.

마지막으로 12장은 이처럼 다양한 청소년문화를 형성하고 있는 청소년들에게 가장 바람직한 성장으로의 안내를 위한 지도 방안으로서 건전한 청소년문화 육성에 대한 프로젝트를 제안하고 있다.

이상의 탈고를 마치기까지 세상도, 나도, 함께 한 저자들도 변화 속에서 다양한 청소년문화의 변화를 담으려 하였으나, 그 완성도는 아직도 미흡한 것 같다. 추후 완성도를 향상시키기 위한 숙제를 남겨두고 개정의 탈고를 마무리짓도록 도와주신 하나님께 감사드린다. 청소년지도사로서의 꿈을 계획하고 있는 젊은 청년들에게 작으나마 도움이 되기를 바라면서 이 글을 마친다.

2020년 2월

동서대학교에서...

# 차례 I Contents

## Chapter 4 또래와 청소년문화



## Chapter 5 가상현실과 청소년문화



## Chapter 6 청소년과 성문화

## Chapter 10 청소년과 스타문화



## Chapter 11 청소년과 디지털문화



## Chapter 12 건전한 청소년문화 육성을 위한 인성 프로그램

Chapter 01

# 문화와 청소년문화의 개념

1. 문화의 개념
2. 청소년문화의 개념
3. 청소년문화의 분류
4. 한국 청소년문화의 특성
5. 청소년문화의 성격
6. 청소년문화의 중요성

**문화와 청소년문화의 개념**

1. 청소년문화의 개념과 그 하위요소에 대해 이해한다.
2. 청소년문화의 특성을 이해한다.
3. 청소년문화가 필요한 이유를 이해한다.

## 1. 문화의 개념

문화라는 개념에 대한 정의는 주로 문화인류학자와 사회학자들에 의하여 여러 가지로 제시되어 왔다. 문화란 특정 집단의 구성원들이 만들어 내는 총체적 삶의 유형이라고 할 수 있다. 그리고 일단 만들어진 문화는 사회구성원들을 구속하는 특성을 갖고 있어서 거미가 만들어 내는 거미줄에 비유하기도 한다.

인간은 환경에 적응하는 방법으로 문화를 창조하여 온 문화적 동물로서 문화 없이는 생존할 수 없다. 문화란 기본적으로는 인간의 삶 전체를 집약한 것으로서, 삶을 전체적으로 볼 수 있는 통찰력이나 의식 및 태도 등을 의미한다.

영국의 문화인류학자 Tyler는 문화를 지식과 신앙, 예술, 도덕과 법, 습성, 능력, 사회의 구성원으로서 습득한 습관 등을 포함하는 복합적인 전체라고 정의하였으며, Boas와 Benedict, Kroeber 등은 문화를 이념의 체계로 보았다.

포괄적이고 일반적인 문화의 정의를 보면 '문화란 곧 특정한 사회의 구성원들이 생활하는 데 있어서 제반 문제에 대처할 수 있도록 사회구성원 간에 공유하고 있는 학습에 의해 사회적으로 전승된 사물과 지식, 언어와 가치관, 규범 등을 일컫는다'라고 정의되고 있다.

문화는 세대에서 세대로 전달되는 특정 집단의 행동 형태, 신념, 그리고 그 밖의 모든 산출물이다. 집단의 크기가 어떠하든 집단의 문화는 집단 구성원들의 정체성, 학습, 사회적 행동에 영향을 미친다.

## 1) 문화의 특성

문화는 인간생활의 본질이며 문화를 통하지 않고는 인간 행동을 이해하기 힘들다. 문화의 특성으로는 창조성, 후천성, 축적성, 공유성, 체계성, 보편성, 다양성, 변동성 등이 있다(성열준 외, 2012).

### (1) 창조성

인간이 만든 창조물, 문화의 내용이 다양하더라도 모두 인간이 만든 것이다. 문화는 자연이 인간에게 베풀어 준 혜택이 아니라 인간이 스스로 만들어 낸 고안물이다.

### (2) 후천성

인간은 누구나 태어난 후 사회에서 다른 사람과 상호작용을 하면서 그 사회의 문화를 학습하게 된다. 문화는 학습되고 세대에서 세대로 전승된다는 특징이 있다. 이때 전승은 그대로 옮겨지는 것이 아니라 새로운 지식과 새로운 생활방식이 쌓이면서 이어져 나간다.

### (3) 축적성

인간은 기존의 문화 내용에 계속 새로운 내용을 첨가시킨다. 전 세대에서 물려받은 문화를 당세대는 학습하고, 학습한 문화의 내용에 그 세대가 만든 새로운 문화내용을 첨가하여 다음 세대에게 물려준다. 이렇게 문화는 축적되면서 사회적 상호작용에 의해서 학습되는 것이다.

### (4) 공유성

특정 집단 혹은 사회구성원들은 모두 유사하다고 느끼고, 행동하고, 표현하며, 유사한 생활습관을 보인다. 이것은 이들이 동일한 문화를 공유하기 때문이다. 개인의 특수한 행동이나 습관을 문화라고 부르지 않는다.

### (5) 체계성

문화는 그 자체로 홀로 존재하는 것이 아니라 사회의 다른 부분들과 서로 관련을 맺으며 하나의 종합적인 체계 속에서 조화를 이루는 방향으로 형성된다. 문화의 특성은 그 문화만의 독특한 역사적·사회적 요인과 자연환경이 복합적으로 작용한 가장 적합한 적응방식을 택한 것이라고 할 수 있다.

### (6) 보편성과 다양성

문화는 보편적인 사회현상이다. 문명사회이든 미개발사회이든 어느 사회나 문화가 존재하고 사회구성원 모두에게 영향을 미친다. 즉, 사람은 독특한 개인으로 존재하지만 그 개인은 국가, 조직, 가족 등의 구성원들이 추구하는 문화를 수용함으로써 공통의 문화를 가진다. 문화는 또한 표현의 다양성과 더불어 가치관의 상대성을 갖고 있다. 즉, 문화는 국가별, 지역별, 개인별로 여러 유형의 문화를 보이고 있는데, 이러한 모습은 문화의 다양성을 보여주는 것이다.

### (7) 변동성

인간의 지식축적능력은 기존의 문화에 점점 새로운 지식을 첨가해 간다. 새로운 지식이 첨가되고 보급되면 거기에 맞추어 인간의 인지 내용도 달라지고 표현방법도 변한다. 이런 과정을 거쳐 문화는 고정되지 않고 계속 변한다.

## 2) 문화의 구성요소

문화는 수많은 요소들로 구성되어 있다. 이 구성요소들은 음악의 연주목록에 비유하여 인류학자들은 문화 레퍼토리(culture repertoire)라고 부르기도 한다. 사람들은 이 문화 레퍼토리에 의하여 사고하고 행동하게 된다. 문화 레퍼토리에서 가장 주요하게 꼽히는 것으로는 가치, 규범, 상징, 언어, 이데올로기 등을 들 수 있다(박진규, 2010).

### (1) 가치

가치(value)란 옳고 그름, 선과 악, 바람직한가 바람직하지 못한가의 문제에 대해 보통 사람들이 갖고 있는 평가기준이나 신념체계, 그리고 행동을 지배하는 중요한 감정의 체계를 말한다. 사회에는 그 구성원 사이에 공유된 가치가 있기 마련이다.

사회집단과 각 영역에 따라 어떤 가치관을 갖고 있는가를 측정하기란 매우 어려운 일이지만 학자들은 모형을 만들어 이를 시도하고 있다.

### (2) 규범

사회구성원은 가치에 입각하여 주어진 상황에서 옳고 그른 것의 규칙을 만들고 그것을 체계화시켰다. 이런 행위규칙을 일컬어 규범(norm)이라고 한다. 규범이란 사람들이 다른 사람들과의 관계에서 따라야 할 규칙을 뜻한다. 규범에 따라 사람들은 특정한 상황에서 해야 하거나 해서는 안 될 무엇을 제시받을 뿐만 아니라 상대방이 나의 말과 행동에 대해 어떻게 반응할 것인지를 예견할 수도 있다. 따라서 규범은 고도의 사회성을 가지게 된다. 가치가 추상적인 수준에서 행동의 방향을 설정해 준다면, 규범은 행동의 구체적인 지침을 제공해 준다. 또한 가치에는 벌칙이 따르지 않는 반면, 규범을 위반할 때는 일정한 사회적 제재가 가해진다.

### (3) 상징

상징(symbols)이란 무엇을 나타내는 대상물이나 몸짓, 소리, 색깔 또는 디자인을 말하는 것으로, 예컨대 십자가, 태극기와 같은 것이 있다. 상징은 다분히 자의적이며 상대적인 성질을 갖는다. 따라서 상징에서는 의미 부여가 매우 중요하다. 청소년이 즐겨 입는 패션, 그들 사이의 의사소통 수단으로 사용하는 은어나 속어, 무언의 몸짓이나 춤 등은 문화의 상징적 표시들에 속한다고 하겠다.

### (4) 언어

언어(language)는 집단의 산물이며 표준화된 의미를 가진 발음 형식으로서 사회적으로 구조화된 체계이다. 상징으로서 언어는 단순한 의사소통 이상의 기능을 수행한다. 비록 언어가 인간 사회의 산물이기는 하지만 일단 하나의 언어체계로 정형화되면 이는 사회구성원들의 생각과 행동에 영향을 미치는 관념화 기능을 수행한다. 즉, 언어를 통해 개인의 욕구에 필요한 다양한 환경요소를 서로 결합시킬 수 있다.

사회구성원들이 어떤 언어를 사용하느냐에 따라서 대상 세계를 인식하는 방법과 이를 해석하는 관점도 달라진다.

### (5) 이데올로기

이데올로기(ideology)란 인간의 사고 특성의 일반적인 태도, 특히 사회를 구성하는 특정 조직인의 구체적인 체계를 지원하는 이념이나 가치를 말한다. 신념체계로서의 이데올로기는 문화의 근본문제에 대한 방향 지시적인 역할을 담당한다. 자본주의 혹은 사회주의에 대한 확고한 신념체계, 현세주의 혹은 내세주의에 대한 신념체계 등은 우리의 일상생활에서 행동의 준거가 되는 중요한 이데올로기다.

## 2. 청소년문화의 개념

청소년문화란 특정한 시간과 공간에서 살아가고 있는 청소년이 함께 공유하는 그들만의 특별한 문화를 말한다. 즉, 성인이나 유·아동과는 달리 청소년만의 공유하는 행위양식이나 사고방식 또는 여러 가지 스타일이 청소년문화다. 이러한 청소년문화는 그 사회의 문화적 통합성이나 시대적 안정성 정도에 따라 부분문화일 수도 있고, 대항문화일 수도 있다.

청소년문화는 청년기에 있는 젊은 세대들이 그들 나름의 행동방식과 생활양식을 모태로 하여 형성한 독특한 문화로서 전체 사회 문화나 주류 문화에 대하여 하나의 부분을 이루기 때문에 부분문화 또는 하위문화를 형성한다. 또한 청소년 하위문화는 청소년들에게 특이하게 존재한다고 생각되는 가치관 및 태도 등을 의미하는 것으로서 외부적으로 관찰할 수 있는 언어, 복장, 행동 등의 외부적인 문화가 있는가 하면, 정신세계의 방향을 제시해 주는 이념적이고 이상적인 문화가 있다(권이종, 2004).

한편, 청소년은 주변인의 위치에서 자신의 존재와 위치에 대해 의문을 갖게 되고, 정체감의 위기를 경험하게 됨으로써 자신들의 존재를 시위하고 싶은 충동을 통하여 청소년문화를 형성하게 된다. 즉, 청소년문화는 처지가 비슷한 성장과정에 있는 청소년들이 자신들의 정체감을 찾으려는 몸부림이라 할 수 있다. 그러므로 일반적으로 청소년문화는 '청소년들이 처한 전환기적이고 과도기적인 상황에서 청소년의 자아정립과 관련된 불안과 혼란과 동요를 동료집단에의 귀속 의식을 통한 안정감을 토대로 보상적으로 회복하고자 하는 노력의 결정'이라고도 정의할 수 있다.

청소년들은 에너지를 발산할 수 있는 기회가 부족하면 불만을 갖게 되고 그들만이 모여 사회의 저항세력으로 형성될 가능성이 큰 존재들이다. 또한 이들 청소년은 신체적 성숙과 완성이 이루어지는 상태에서 심리적 발달단계가 사춘기에 접어들거나 완성되는 시기로 삶의 확장이 이루어지는 시기를 보내게 된다.

청소년들이 자신들의 문화를 추구하는 것은 에너지를 발산하고 자신의 생명력을 착근시키기 위한 터전을 갈망하는 것이며, 개인의 완성을 통해 신체적·지적·심리적 발달은 물론 능동적인 인간의 완성에 기여하며, 자신의 정체감 구축을 위한 배경이 되는 것이다(이복희 외, 2008).

### 1) 청소년문화의 정의

청소년문화란 오늘의 청소년집단이 살아가는 총체적 삶의 유형을 말한다. 그리고 청소년문화란 청소년의 연령기를 지내면서 비슷한 공감대를 형성하는 특정 부류의 청소년집단이 그들의 가치관, 언어, 몸짓, 여가시간 활용, 취향, 인간관계 등에서 일상으로 나타내 보이는 특징적 생활

유형을 지칭한다고 하겠다. 대개의 경우 청소년문화는 중핵문화가 아닌 주변문화의 하나로 취급되고 있다. 하지만 최근 한류열풍의 저변에는 소비에서뿐만 아니라 문화창출 과정에서도 막강한 영향력을 발휘하는 십대가 있다는 점이 지적되면서 신세대에 대한 관심이 새로워지고 있다.

## 2) 시각에 따른 청소년문화의 해석

청소년들의 문화적 특징 중 가장 두드러지는 현상은 그들이 마음을 열 수 있는 곳, 즉 자신들끼리의 자유로운 곳, 자유로운 생활을 경험하게 하는 장소를 추구하며, 그들 자신의 정체성과 주관을 갖는 곳을 찾아 헤매는 성향이 강하다는 것이다(이복희, 2008). 즉, 어느 장소든 청소년들은 안전과 함께 흥미로움을 느낄 수 있는 적합한 장소를 찾아 서로 다른 계급 간에 심리적·사회적·상징적 교류가 일어날 수 있는 창조적 공간으로 만들며, 그곳에는 청소년문화가 존재하게 되는 것이다.

박진규(2010)는 문화를 보는 시각에 따라 다음과 같이 청소년문화를 해석하는 입장은 다양하게 나타날 수 있다고 하였다.

### (1) 관념적 시각으로 본 문화

이러한 관점에서는 문화를 정신상태로 이해하려고 한다. 따라서 문화는 우리 눈에 보이지는 않지만 우리의 정신 속에 살아 있으면서 행동을 지배한다고 간주한다. 그리고 일정하게 귀결되어야 할 완성된 목표 상태가 있어서 현재의 문화는 그것을 향한 과도기적 진행과정에 불과하다고 본다.

이러한 관점에서는 청소년문화를 그들이 갖고 있는 가치, 규범, 예의, 예술적 세련성 등의 종합으로 보려고 한다. 그래서 이러한 기준에 벗어난 것들로 이루어지는 청소년문화는 미숙한 문화, 철없는 행동 정도로 간주해 버린다. 이는 가부장적인 위치에 있는 많은 부모와 교사가 견지하는 청소년문화에 대한 이해방식이기도 하다. 그리고 이러한 관점에서는 청소년들에게 기본적인 예의, 전통, 올바른 가치관의 정립 등을 행하도록 요구한다.

### (2) 적응체계로서의 문화

이러한 관점에서는 문화를 사람이 자연을 극복하면서 이루어 낸 사회적·지적 기술의 표현으로 본다. 이 경우 변증적으로 발전하며, 자율성을 갖고 있지 않은 영역의 한 표현이다.

이러한 관점에서는 청소년문화를 사회적으로나 경제적으로 소외된 계층의 부적응 행위로 받아들인다. 그렇기 때문에 청소년의 부모나 그 자신이 경제적으로 안정된 지위를 확보하게 되면 자연히 그들의 부적응 행위도 누그러질 수밖에 없을 것으로 본다. 따라서 이러한 관점에서 청소년문화를 바라보는 사람들은 청소년의 부적응 행위 자체를 해결하려 하기보다는 그들의 사회·경제적 지위를 개선해 주는 것이 무엇보다 필요하다고 본다. 그리고 이러한 관점에서는 청소년들이 보여주는 문화도 그들의 지극히 자연스러운 하나의 문화로 보기 때문에 청소년들이 그들이 처해 있는 환경을 창조적으로 극복해 나가도록 격려하며 기대한다.

### (3) 구조체계로서의 문화

문화를 인간 스스로의 행동을 규제하는 틀로 보는 관점이다. 주어진 틀에 따라 특정 사회에서 특정 인간관계가 표출되어 나타나지만 인간관계를 엮어내는 기본 틀은 집단이 다름에도 불구하고 그다지 차이가 없다고 보고 있다. 이러한 관점은 문화의 제일성(齊一性, 표현되는 방식은 다르더라도 그 근본의미는 동일하다)을 견지하는 입장을 취한다. 무엇보다도 인간관계는 시간과 공간을 초월하여 일정한 보편성을 지니고 있다고 믿는다.

이러한 관점에서는 청소년문화를 기존 기성세대의 문화와 크게 다른 것으로 보지 않는다. 청소년문화도 어디에서나 언제든지 있을 수 있는 인간관계의 한 양태를 표현한 것으로 보고 있기 때문이다. 그리고 청소년의 인간관계가 기성세대의 인간관계보다 열등한 것으로 보지 않는다.

### (4) 상징체계로서의 문화

문화를 각 개인 혹은 집단이 나타내는 행동유형과 그 집단의 의사소통 방식으로 보는 입장이다. 즉, 문화란 특정 집단 내에서 그에 속한 사람들의 경험을 해석하고 생활을 유도, 규제하는 상징체계로 본다. 그리고 이 상징체계를 조절하는 기제는 구성원들 밖에 존재하는 것이 아니라 구성원들 사이에 공유된 공적 합의이다.

이러한 관점에서 볼 때, 청소년은 다른 집단과 마찬가지로 나름의 아주 독특한 문화체계, 즉 상징체계를 개발하고 있다. 그들은 나름의 언어, 즉 은어나 속어, 패션스타일, 음악적 장르 등을 갖고 있다. 이런 것들을 통해 청소년은 성인과 다른 독특한 의사소통을 해 나가고 있는 것이다.

## 3. 청소년문화의 분류

오늘날 우리가 살고 있는 사회는 하루가 다르게 변모하고 있다. 산업의 급속한 발전이나 도시의 대규모화 등과 같은 변동은 사회의 여러 부분을 변화시키고 있다. 이러한 사회의 변동 속에 청소년문화는 여러 가지로 변모하여 왔다. 즉, 청소년문화를 바라보고 그 성격을 규정하는 관점과 시각도 사회적 변화에 따라 달라진다고 볼 수 있다(김남선 외, 2001). 그러므로 사회의 변동에 따라 청소년문화가 어떻게 변화되었으며, 또 그 청소년문화를 보는 시각이 어떻게 달라졌는지를 알아보는 것은 의미 있는 일이 될 것이다(권이종, 2004).

그러나 순수한 청소년문화가 존재하느냐에 대한 논란이 많다. 청소년문화를 성인문화의 하위문화나 미숙한 문화 또는 대항문화로 규정하여 비하하거나 비판하는 시각으로 바라보며, 진정한 의미의 청소년문화를 정립하고자 하는 노력은 매우 부족한 실정이다(이복희 외, 2008).

기성세대는 청소년을 여전히 성인 세대에 종속적이거나 과도기적인 존재로 바라보면서 보호와 육성의 대상으로 파악하고 있기 때문에, 청소년문화도 이러한 시각에서 그 성격이 규정되는 측면이 있다. 동시에 청소년문화를 새로운 변화의 돌파구로 보는 시각도 있다.

청소년문화를 유형화하는 기준은 시각과 관점의 차이에 따라 달라질 것이다. 김신일(1992)은 청소년문화를 보는 입장을 다음과 같이 다섯 가지로 분류하고 있다.

첫째, 청소년문화를 미숙한 문화로 보는 입장이다. 이것은 '어른의 시각'이라고 이름 붙일 수 있는 시각이다. 부모와 같은 입장에 서 있는 어른들의 눈에는 언제나 청소년들은 모자라고 미숙하게만 생각되는 것이다. 그들에게 문화라고 이름 붙일 만한 것도 없지만, 소위 문화라는 것이 있다 해도 그것은 아직 미숙하고 모자라는 것에 불과하다는 생각이다. 청소년이 만들어 내는 삶의 양식은 아직 정신적으로 성숙되어야 하는 것이며, 사회적으로 그들에게 기회가 주어지지 않았으므로 준비하는 단계의 문화로 본다. 그러므로 청소년은 어느 정도 보호를 받으며 책임 추궁에 있어서도 지나쳐서는 안 된다는 입장을 견지한다.

둘째, 청소년문화를 비행문화로 보는 입장이다. 청소년은 규범에 벗어난, 늘 문제아로서의 행동을 하려 한다고 본다. 청소년은 공부나 일을 하기보다는 놀기를 좋아하고, 사회적 규범을 깨뜨리는 것에서 쾌감을 느끼며, 규범적 질서에 따르지 않음으로써 그들 문화의 정체성을 찾으려 한다고 본다. 청소년들이란 어른 몰래 나쁜 짓 하기를 즐긴다는 것이다. 이렇게 보는 입장에서는 청소년들을 항상 부모나 교사 또는 성인들의 감독하에 두어야 한다고 믿으며, 청소년들끼리 놔두면 언제나 문제를 일으킨다고 생각한다.

셋째, 청소년문화를 하위문화로 보는 입장이다. 사회 전체의 문화 가운데 한 부분을 이루는 문화라는 뜻이다. 연령에 따라서도 아동문화, 청소년문화, 성인문화, 노인문화 등으로 나눌 수 있고, 각각은 하위문화가 된다. 하위문화로서의 청소년문화는 한국 사회문화의 한 부분을 구성하는 것으로 청소년이라는 연령집단에 적합한 문화요소로 이루어져 있다. 각 연령집단마다 그 연령에 걸맞은 문화를 가지고 있는 것이므로 청소년들에게 그들의 문화가 존재하는 것은 지극히 당연한 일로 간주된다. 그러므로 일정한 발달단계를 거쳐 청소년이 성인에 이르게 되면 그들의 옛날 청소년문화를 일과성의 것으로 바라보게 되는 것이다.

넷째, 청소년문화를 대항문화(counter-culture) 또는 반(反) 문화로 보는 입장이다. 즉, 기성세대의 문화를 주류문화(mainstream)라고 하면 청소년문화는 반주류문화(minority)가 된다. 청소년들은 기성세대의 문화를 거부하고 자신들의 새로운 문화를 대안으로 내세우면서 개혁과 변화를 요구한다. 새로운 세대가 기성세대에게 비판을 가하고 반항하는 것은 그들이 미숙하거나 삐뚤어졌기 때문이 아니고 기성세대와는 다른 인생관과 역사관을 가지고 있어서 부모세대와는 다른 삶의 방식을 추구하기 때문이라는 것이다. 청소년들은 기성세대의 문화를 일단 거부하고, 자신들의 세대의 독특한 문화를 형성하려는 성향을 갖고 있다. 주류문화가 된 청소년의 삶은 그들 각자가 독립적으로 엮어 내는 독특한 삶의 양식이다. 성인이 일정한 유희의 방법을 알고 있듯이 그들 역시 그 단계에서 유희로서의 인생을 바라보는 한 표현 방식이 문화라는 입장이다. 청소년들은 기존의 사회체계와 그것을 유지시키는 이념과 가치관을 전면적으로 부정함으로써 부모세대의 모든 것을 송두리째 무너뜨리려 하였다. 성인들이 도저히 이해하거나 받아들일 수 없는 옷차림과 행동, 예절도 모르고 사회규범도 무시하는 행위를 기성세대의 문화에 대한 저항 또는 대항과 반대의 표현으로 보는 시각이다.

다섯째, 청소년문화를 새로운 문화로 보는 시각이다. '새 술은 새 부대에'라는 식으로 새로운 세대는 그들 나름의 새로운 문화를 창조하여 살아간다는 것이다. 그러므로 오늘의 청소년들이 보여주는 몸짓과 말투, 옷차림, 남녀간의 행동, 인생관 등은 어른들의 눈에 이상해 보이는 것이지 청소년 자신들에게는 자연스럽고 정상적인 행동인 것이다. 즉 이것은 그들이 가지고 살아갈 그들 세대의 문화로 인정하여야 한다는 것이다. 사회는 세대를 거듭하면서도 핵심적인 문화요소는 크게 변하지 않고 항상 유지, 보존되지만 세대가 바뀌어감에 따라서 새로운 문화요소가 생성되어 문화에 변화를 가져온다. 이러한 변화가 없으면 과거의 오랜 전통시대가 그랬듯이 사회는 발전을 모르고 침체 상태에 빠지게 된다. 이런 시각에서 바라보면 청소년문화는 한 사회의 생동적 발전을 위하여 없어서는 안 될 귀중한 자극인 동시에 활력소인 것이다. 결국 청소년이 각 영역에서 이루어 내는 삶, 그 자체가 하나하나 모여 청소년문화를 일구어 낸다는 문화 다원적 입장이다.

## 4. 한국 청소년문화의 특성

청소년들이 행동하는 양식, 즉 사고, 심리적 특성, 언어, 의상 등 그들이 생활하는 과정에서 나타나는 모든 행동방식을 청소년문화로 볼 수 있지만 어느 정도, 어떠한 특성으로 청소년문화를 구분할 수 있을 것인가는 어려운 문제이기도 하다.

청소년들은 집단의 다양성을 소유하고 있고, 연령이나 생활양식의 차이도 매우 두드러지게 나타나므로 동일한 특성을 가진 집단으로 구분하기가 매우 어렵다. 그래서 청소년문화를 일률적인 기준으로 설명하기가 어려운 것이다.

가정, 학교, 사회의 구성원으로 자리매김하는 과정에서 청소년들이 담당하는 역할과 임무가 명확하지 않기 때문에 청소년들이 행하는 문화적 속성을 동질적·이질적 특성으로 분류하기가 매우 어려운 것이 사실이다.

특히 삶의 과정 속에서 청소년과 성인 간의 욕구 추구 차이는 감각적인 부분에서 더욱 두드러지게 된다. 이러한 욕구는 청소년들이 자신들만의 것에 대한 생산과 소비의 측면에 있어서 더욱 중요하게 여겨진다.

또한 청소년들의 소비문화는 주로 대중매체를 통해서 일어난다. 청소년들은 대중매체를 가장 효과적으로 사용하는 부류로서, 대중매체가 제공하는 환경이 성인들에게는 점차 그 영향력이 줄어들고 있지만 청소년들에게는 그렇지 않은 것이다. 현대 산업사회에서는 다양한 매체의 등장으로 인하여 청소년 자신이 원하든 그렇지 않든 간에 지나친 폭력과 불건전한 성문화 등에 심하게 노출되고 있다. 동시에 이에 대한 청소년들의 반응은 무감각해지고 관대해져 가고 있으며, 과거에 금기시되어 오던 것들이 무너지고 문화적·도덕적 다원주의가 늘어나고 있는 추세를 보이고 있다.

서구문화는 점차 중심축 없이 전체 문화를 지배, 조정하는 기능을 상실해 가고 있으며, 현재에는 중심문화가 아닌 하위문화가 전면에 부상하면서 다양한 계층의, 보다 다양한 문화적 가치와 욕구를 대변해 주고 있다. 따라서 청소년문화는 하위문화로서 다양한 세부문화로 나뉜다.

특히 사회적 다원주의와 변화는 청소년의 삶에 있어서도 다양한 의미와 가치의 변화를 유발하고 있으며, 이러한 청소년의 특성 자체가 유동적인 변화가능성이 크다는 것을 암시한다. 청소년들은 기호와 시각을 통한 감각적 느낌을 전달하는 대중매체에 적극적으로 반응하게 되는데, 청소년들은 성인들보다 기호체계를 더 잘 수용하고, 메시지를 보다 더 직접적으로 전달하는 반면에, 사회적 수용능력은 성인에 비해 더 떨어지는 경향이 있다.

## 5. 청소년문화의 성격

문화는 특정 집단이 살아가는 총체적인 삶의 유형을 지칭한다. 총체적인 삶의 유형이라는 말이 내포하고 있는 바는 삶의 주체자가 스스로의 삶을 영위해 나갈 수 있는 자율성의 부여다. 그리고 주어진 자율성을 갖고 스스로 의도하는 바대로 삶을 유지해 나갈 수 있는 여건의 확보다. 하지만 우리의 청소년은 스스로의 삶에 책임을 질 수 있을 정도로 자율성과 여건이 확보되어 있지 않다. 현행의 입시제도 하에서 시간의 제약을 가장 크게 경험하며, 아울러 물리적 여건이나 단체결성 기회의 미비 등을 겪고 있다.

그리고 우리나라에서는 학교문화를 형성하는 주체도 분명 청소년이지만 현행의 학교제도 속에서 청소년은 획일화된 문화만을 만들어 내는 데 협력하고 있다. 이러한 상황 속에서는 새로운 문화 형성을 위한 시도가 어려운 실정이다.

또한 지역 간, 세대 간, 출신 계층 간 문화결핍 현상이 크다. 우리나라에서 수도권 지역과 비수도권 지역, 도시와 비도시, 상층 계급과 하층 계급 간의 문화적 향유 수준에서 큰 차이를 나타내고 있는 것과 마찬가지로, 이로 인한 청소년의 문화적 향유 수준에 있어서도 큰 차이를 보이고 있다. 특히 최근에 들어와서는 우리나라가 급격한 사회변동을 겪으면서 세대 간에 문화 향유 수준에서 큰 차이를 나타내고 있다.

우리나라 청소년문화의 성격을 살펴보면 다음과 같다(홍성봉·남미애, 2009).

첫째, 한국의 청소년문화는 학교의 영역과 밀접하게 관련되어 있다. 학생신분의 청소년들은 생활시간의 가장 많은 부분을 학교와 학원 등 학업 중심의 삶으로 보내고 있으며, 학업의 성취를 가장 중요한 목표로 강요받고 있다.

둘째, 대중문화에 대한 의존성이 매우 크다. 그런 점에서 대중문화는 청소년을 둘러싸고 있는 가장 중요한 문화환경이며 청소년들이 스스로의 정체성을 형성하고 표현하는 가장 중요한 기제이다.

셋째, 청소년은 단순히 문화소비자로 존재하지 않고 문화생산자로 존재한다. 청소년들은 대중음악, 영상제작, 만화창작 등에 전문적인 실력을 겸비하여 문화현장에 참여하고 있다. 청소년에게 문화는 소비와 수용의 대상만이 아닌 생산과 참여의 대상이 된 것이다.

넷째, 청소년세대의 힘은 그들이 창조하는 새로운 문화에서 나온다고 해도 과언이 아니다. 정보화의 진전과 함께 문화·지식의 축적과 생산에 있어서 연소자 세대와 연장자 세대의 지위와 역할 그리고 그 상호관계가 역전되는 조짐이 뚜렷하다. 지식정보화사회로 표현되는 오늘의 사회에 있어 젊은 세대는 연장자 세대들에 의해 축적된 문화·지식의 단순한 전

수자가 아니며, 오히려 많은 측면에서 새로운 것의 창출자와 전달자의 위치를 점하고 있다. 문화매체가 확장되고 휴대폰과 인터넷이 일반화되며 자발적 동호회가 급성장하면서 세대 간 차이가 한층 가시화되고 있으며, 문화현상을 세대변수와 연관시켜 이해해야 할 필요성 또한 증대되고 있다.

## 6. 청소년문화의 중요성

청소년문화는 그 자체로서 매우 중요한 의미를 지닌다. 즉 청소년문화는 청소년들이 갖고 있는 유일한 사고와 이념, 감정, 장래포부, 이상 등을 나타내는 수단으로서, 그들로 하여금 청소년문화를 통하여 자기들만의 독자적인 생활과 세계를 체험하게 하고, 그때 자기가 누구인가를 발견하고 자아정체성을 확립하게 하며, 그들 내부에 내재해 있는 사상, 감정, 잠재능력 등을 자유롭게 표현하며, 또 그것들을 스스로 창조하도록 한다는 점에서 매우 중요하다.

청소년문화의 중요성을 최초로 강조하고 이를 적극적으로 장려한 독일의 교육개혁자 Gustav Wyneken은 청소년문화의 중요성을 구체화하여 독자적인 언어, 사상, 복장, 생활형태 등을 정당화하였다. 그리고 청소년문화는 청소년들이 자아정체성을 표현하는 과정이자 예술적인 생산 활동으로 보아야 하기 때문에, 그들의 문화 형성에 기성세대들이 깊이 개입하거나 어떠한 형태로든 강한 영향력을 행사해서는 안 된다고 하였다.

또한 Kenneth Keinston은 청소년문화란 젊은이들을 해방시키는 것으로 보고 있다. 즉, 그는 과거의 통념들을 무비판적으로 받아들이는 것으로부터 해방시키고, 어린 시절의 미신으로부터 해방시키고, 그들의 느낌을 보다 자유스럽게 표현할 수 있도록 해방시키며, 권위에의 불합리한 예속으로부터 해방시키는 것을 청소년문화로 간주하고, 청소년들이 청소년문화를 통하여 이렇게 해방될 때, 그들은 보다 인간적이고 창조적이며 자유인이 될 것이라고 하면서 청소년문화의 형성을 옹호해야 한다고 강조하였다.

이렇게 볼 때 청소년문화는 청소년 자신을 바람직한 삶의 방향으로 유도할 뿐만 아니라, 성인주도 문화에 새로운 자극을 주며, 그 사회가 앞으로 지향해야 할 방향에 가장 민감한 반응을 보인다는 점에서 그 중요성이 대단히 크다고 할 수 있다(권이종, 2004). 그러므로 청소년들에게 그들만이 갖고 있는 사상, 감정, 숨겨진 세계를 마음껏 표현할 수 있는 기회, 즉 독자적인 문화창조 및 문화활동의 기회가 주어질 수 있도록 성인들은 청소년문화에 대한 부정적인 선입견이나 편견을 버리고, 창조적이고 진보적인 청소년문화가 형성되도록 기회를 부여하고 지원해야 한다.

## 참고문헌


권이종(2004). **청소년교육개론**. 서울: 교육과학사.

김남선, 이옥분, 정일환, 주동범, 한상철(2001). **청소년교육론**. 서울: 형설출판사.

김신일(1993). **청소년문화의 의미와 성격: 청소년문화론**. 한국청소년개발원편, pp. 1-16. 경기: 양서원.

박진규(2010). **청소년문화**. 서울: 학지사.

성열준, 강병연, 이채식, 강세현, 김정일, 황주권, 황수주(2012). **청소년문화론**. 경기: 양서원.

이복희, 김종표, 김지환(2008). **청소년교육론**. 서울: 학지사.

홍성봉, 남미애(2007). **청소년복지론**. 경기: 양서원.

Chapter 02

# 청소년의 특징

1. 청소년에 대한 역사적 관점
2. 청소년의 의미와 발달적 특징
3. 청소년기 발달적 특징과 청소년문화

**청소년의 특징**

1. 청소년에 대한 역사적 관점의 변화추이를 이해한다.
2. 청소년기의 2차 성 특징과 이에 따른 신체적 자아의식의 변화를 이해한다.
3. 청소년기의 자아의식의 발달과 감수성의 변화를 이해한다.
4. 청소년기의 독립심의 증가와 심리적 이유의 특성을 이해한다.
5. 청소년기의 애정지향적인 교우관계와 이성교제의 특성을 이해한다.
6. 청소년기의 논리성 발달에 따른 이상과 현실 간의 갈등에 대해 이해한다.
7. 청소년기의 자아정체감 발달의 특성을 이해한다.

청소년이란 단어 adolescences는 라틴어 adolescere에서 유래된 '성장' 또는 '성숙한다'는 의미를 가지고 있다. 이런 어원에 근거하여 볼 때 청소년기란 신체적·심리적·정신적으로 급격하게 변화하는 아동에서 성인으로 되어 가는 과도기라 할 수 있다. 이 시기는 중학교를 입학하여 대학을 졸업할 때까지, 즉 12세부터 22세까지의 기간을 말한다. 이는 학교제도에 의한 구분으로 청소년 전기(12~15세), 청소년 중기(16~18세), 청소년 후기(19~22세)로 구분할 수 있다. 이 시기는 단순한 신체적·생리적 성장뿐 아니라 정신적·사회적 성숙 등 다양한 변화와 발달의 양상이 나타난다. 게다가 이 시기에 어떠한 경험을 하느냐에 따라 인간의 성격 형성이나 성장 발달에 미치는 영향이 크다.

이런 관점에 근거하여 볼 때 청소년문화는 청소년기 발달과 직접적인 관련성이 있다. 또한 성장에 있어서 다른 단계와 쉽게 구별될 수 있을 만큼 급격한 신체적 변화를 보인다. 신장과 체중이 증가하고 체형이 변하며, 이러한 신체의 변화는 이에 수반되는 심리적 작용으로 그리고 사회문화적 새로운 양식을 형성하기도 한다. 그러므로 이 장에서는 청소년문화를 구체적으로 이해하기 전에 청소년기 발달적 특징을 살펴보고자 한다.

## 1. 청소년에 대한 역사적 관점

청소년에 대한 과학적 이해는 근대에 와서 과학적인 설명이 이루어졌으며 고대 희랍시대, 중세시대, 계몽기 등은 청소년에 대한 관점이 역사적으로 다양하다.

### 1) 고대 희랍시대

고대 희랍시대는 Platon의 공화국에서 그리고 Aristoteles의 교육사상에서 청소년기에 대한 이해를 엿볼 수 있다. 먼저, Platon은 인간발달 측면에서 청소년기에 대한 관심을 갖고 이성, 즉 합리적 사고를 요구하는 과학과 수학을 지도해야 함을 강조하였다. 그리고 Aristoteles는 인간발달 단계의 구체적인 시기를 최초로 기술하였는데, ① 유아기(생의 최초 7년) ② 소년기(7세~사춘기까지) ③ 청소년기(사춘기~21세까지)를 제시하였다. 여기서 자기선택에 의한 자기결정(self-determination)이 인간 성숙의 징표인데, 청소년 초기에는 성숙한 사람에 비해 불안정하고 인내심과 자기통제능력이 부족하다고 생각하였다.

### 2) 중세와 계몽기

중세와 계몽기는 청소년에 대한 확연한 이해의 차이를 알 수 있다. 먼저, 중세시대는 엄격한 교리주의에 의하여 아동 및 청소년에 대한 사회의 시각은 매우 냉소적이었다. 그러므로 아동 및 청소년은 비인격적인 존재로 취급받았고 축소된 성인으로 간주될 뿐이었으며, 성인들과 동일한 홍미와 욕구를 지닌 것으로 생각하였다. 그러므로 엄격한 교리주의에 근거하여 아동의 비이성적이고 반문화적인 행동에 대해 악령이 내재되어 있기 때문으로 해석하여 혹독한 훈육과 체벌, 노동을 통해 악령을 몰아낸다고 생각하였다. 그러므로 이 시대, 아동과 청소년은 엄격한 훈육의 대상으로만 해석되었다.

그러나 르네상스 후 계몽기에서는 Rousseau를 중심으로 청소년에 대한 새로운 관점, 즉 계몽된 견해가 제시되었다. 즉, 청소년을 '축소된 성인'이 아니라 '독립된 인격체'로 보았다. 이와 더불어 아동기와 청소년기의 발달단계를 제시하였는데, 유아기(4, 5세까지), 야만인기(5~12세), 소년기(12~15세), 청소년기(15~20세)로 구분하여 청소년기에 대한 새로운 관점이 대두되게 되었다. 하지만 이에 대한 구체적인 설명은 찾아볼 수 없다.

## 3) 근대

계몽기의 새로운 관점의 변화로 19세기 말과 20세기 초는 '청소년기'라는 개념이 창안된 중요한 시기이며 청소년에 대한 과학적인 연구가 이루어지기 시작하였다.

대표적으로 Stanley Hall은 『청소년기』라는 두 권의 저서를 출간하여 청소년에 대한 생각을 재정립하는 계기를 조성하였고, '청소년기'는 질풍과 노도[1]를 경험하고 퇴폐 문제의 원인 제공자로 보았다. 또한 청소년은 수동적인 존재로 보이지만, 내적으로 혼란, 방황, 갈등을 경험하고, 이것은 그들의 퇴폐적이고 타락한 생활을 조장한다고 보았다. 아무튼 Stanley Hall은 청소년에 대한 과학적 연구의 아버지로 불리고 있다.

한편 청소년에 대한 또 다른 관점의 대표적 학자로 Margaret Mead가

1) 질풍과 노도: 청소년기가 갈등과 정서의 혼란으로 가득 찬 격변기임을 나타냄

있다. Margaret Mead는 사모아 섬의 청소년을 연구, 청소년의 기본적인 성질은 생물학적 특징이 아니라 사회문화적 특징을 반영한다고 주장하였다. 즉, 사모아 섬의 청소년은 아동기에서 성인기로 부드럽고 점차적인 형태로 진행되며, 질풍과 노도는 청소년 시기와 무관하다고 하였다. 성관계 관찰, 아기 출산, 죽음을 자연적인 것으로 수용하면, 오히려 청소년들은 스트레스로부터 비교적 자유롭게 만든다고 주장하였다. 그러나 미국과 같은 문화에서 아동은 성인과 다르게 간주될 수밖에 없으며 사모아 청소년과 동일한 경험을 가질 수 없다. 문화적인 환경에 놓여 있는 청소년은 더 많은 긴장과 스트레스를 경험하게 된다고 보았다.

## 2. 청소년의 의미와 발달적 특징

### 1) 청소년의 의미

아동기의 종착점은 사춘기의 시작이며, 청소년기의 종착점은 성인기의 시작이라고 할 수 있다. 청소년은 아동의 특성과 성인의 특성을 부분적으로 가지고 있으면서, 양자의 어디에도 속하지 않는 과도기적인 존재이다. 신체적·지적·정서적 측면에서 미성숙의 상태에서 성숙의 상태로 발달되어 가는 과정에 있다. 청소년의 의미를 좀 더 구체적으로 살펴보기 위하여 청소년기 발달적 특징, 심리사회적 특징을 살펴보면 다음과 같다.

### 2) 청소년기 발달적 특성

신체·생리적 특성과 관련하여, 청소년들은 일반적으로 여자 10세, 남자 13세를 전후하여 성장급등기를 맞이하다가 여자 13세와 남자 15세경이 되면 성장 속도가 둔화되기 시작한다. 그리고 신체발달과 함께 성호르몬의 발달 및 2차성징의 발달이 이루어진다.

또한 지적특성의 발달과 관련하여 청소년들의 지능은 12~14세까지 대체로 급상승하다가 그 이후에 발달의 속도가 완만해지며, 17~18세경에 정점에 달하게 된다. 이 시기에 형식적 사고가 가능하며, 또한 연역적 및 가설적 사고가 가능하다.

정서적 특성과 관련하여 청소년들은 성충동의 급격한 증가로 정서적 혼돈을 경험하며 가정환경 또는 부모와의 관계와 관련하여 사춘기를 맞이할 즈음 부모 또한 제2의 사춘기를 맞이하는 경우가 많다. 청소년들과 부모 모두 정체감 위기를 경험할 수 있다.

사회적 특성과 관련하여 청소년들은 부모, 학교, 사회에 대한 의존적인 태도나 보호에서 벗어나 독립적인 대인관계를 형성하게 된다.

### 3) 심리사회적 특징

이상에서 살펴보았듯이 청소년기는 신체적·인지적·정서적 측면에서의 발달적 급변으로 인해 이 시기 심리사회적 특징도 다른 어떤 시기에서 찾아보기 힘든 다양한 특징들이 나타나고 있다.

청소년기는 신체상과 관련하여 다양한 특징들이 나타나고 있다. 먼저 체형에서 여자청소년들의 경우 남자청소년들보다 자신의 신체에 대해 덜 만족한다고 한다. 그리고 체형에 대한 이미지는 사회, 문화의 영향이 크며, 자신의 외모에 대한 지각을 통해 자신을 평가한다. 특히 우리나라는 루키즘 현상이 심하여 얼짱, 몸짱은 청소년기의 독특한 문화로 형성되어 있다.

청소년 시기 신체적 변화는 또 다른 심리적 경향을 발전시킨다. 조숙과 만숙이 미치는 영향이다. 초기 성숙이 남자청소년들에게는 긍정적이지만 여자청소년에게는 부정적이다. 그러므로 조숙 여자청소년과 만숙 남자청소년은 우울증과 깊은 관련이 있다. 또한 조숙 청소년들은 성별에 상관없이 부정적인 특성과 관련이 있다. 심리적으로 덜 건강하고, 음주, 흡연, 성행위와 같은 성인의 행동을 비교적 일찍 경험하게 될 경우가 높다.

먼저 남자청소년들 사이에는 조숙이 만숙에 비해 유리하다. 즉, 만숙아에 비해 조숙아들은 또래의 친구들로부터 더 매력적이고 자신감 있게 보인다. 조숙아들은 만숙아들보다 성인기에 더욱 성공적인 반면, 더 엄격하고 도덕적이고, 유머감각이 없으며 사회의 규범에 동조하는 경향이 많다. 만숙아들은 새로운 문제에 더 융통성을 보이고, 더 직관적이고, 지각적, 인간관계 기술이 좋다.

그리고 여자청소년들 사이에 조숙은 만숙에 비해 유리하지 않다. 사춘기 조숙아들은 만숙아에 비해 내성적이고 불안해한다. 그러나 만숙아들은 청소년 초기에 표현력이 풍부하고 활동적이고 사회성이 높은 것으로 나타나고 있다.

이와 더불어 청소년기는 자신과 타인의 역할이나 관계를 비롯하여 생각, 감정, 의도 등을 관찰하고 추론하고 개념화하는 능력이 가능해지는 사회인지가 발달함으로써 청소년기 그 독특한 심리사회적 경향이 나타난다. 대표적으로 자아중심성을 들 수 있으며, 이러한 자아중심성은 상상의 청중, 개인적 우화를 보이게 된다.

청소년기 자아중심성은 자신의 사고나 상위인지에 대해 사고할 수 있는 발달된 인지능력 때문에 나타나는데, 11세 무렵에 나타나기 시작하여 15세 무렵에 정점에 도달했다가 다양한 대인관계의 경험을 통해 점차 객관적인 이해가 이루어지면서 사라지게 된다. 그러나 무엇보다 청소년기 자아중심성에 따른 현상으로 상상의 청중, 개인적 우화 현상이 나타난다.

### (1) 상상의 청중

상상의 청중이란 청소년들이 실제로 존재하는 청중이 아닌 가상 속에서의 청중을 만들어내고 그들이 모두 자신에게 주의를 집중하고 있다고 믿는 현상을 말한다. 그러므로 예를 들어, 머리 모양을 바꾼 청소년은 주변의 사람들이 자신의 머리 모양에 주의를 기울인다고 믿는다. 이러한 상상의 청중은 자신이 타인의 관심의 초점이 된다고 생각하기에 강한 자의식을 갖게 되며, 성인들이 볼 때는 사소한 실수나 하찮은 언행도 타인들이 주목할거라 생각하기에 크게 당황하거나 예민한 반응을 보이는 것이다.

### (2) 개인적 우화

개인적 우화란 자신과 관련지어 사실이 아닌, 사실과 다른 이야기를 만들어내는 현상을 말한다. 즉, 청소년들은 자신의 생각이나 정서가 고유하고 특별하다고 생각하고, 아무도 자신의 경험을 이해하지 못 할거라고 생각한다. 예를 들어, 사랑에 빠진 청소년은 다른 사람과 다른 사랑이라 생각하며, 어떠한 사건을 자신에게 적용시킬 때는 세상에 존재하는 일반적인 확률을 무시하거나 왜곡한다.

## 3. 청소년기 발달적 특징과 청소년문화

### 1) 제2차 성특징(신체적 자아의식): 루키즘(외모지상주의)

사춘기라고 표현되는 청소년기 신체적 특징은 일반적으로 11~12세경에 시작, 여아(10세)가 남아(13세)에 비해 일찍 시작한다. 개인에 따라 사춘기의 시작 시기가 매우 다양할 뿐만 아니라 특성의 출현 순서 또한 일정하지 않기 때문에 사춘기의 신체적·심리적 특성도 함께 살펴보아야 한다. 사춘기의 외형적인 특징으로는 신체적인 급성장, 성장폭발 현상이 대표적이며, 성호르몬의 급격한 증가와 함께 생식능력을 갖게 된다. 그러므로 남자의 경우, 고환과 음낭의 성장–음모–겨드랑이털, 턱수염–변성 등의 신체적 특징을 보이며, 여자의 경우 음모발생–유방발달–겨드랑이털–초경시작–여성적인 신체모양을 보이게 된다. 그러면, 청소년기의 종착점으로써의 성인기의 시작은 법적 연령으로 볼 때 20세 이상인 자를 말한다. 그리고 사회적 의미로서의 성인은 부모로부터 완전히 독립할 수 있고, 자신의 행동과 의사결정에 대해 책임질 수 있으며, 국민으로서의 권리와 의무를 수행할 수 있는 상태를 말한다.

### 2) 자아의식(자존심)과 감수성(감정·정서 변화)

청소년기가 되면 타인이나 외계 사물과의 종속적 관계에서 벗어나 점차 감춰져 있던 내면 세계에 눈을 뜨기 시작하여 자기를 발견하고 독립적인 자아의식을 형성하기를 원한다. 이에 청소년들은 정신적 의존관계에 있던 부모로부터 벗어나 자기 자신의 판단과 책임에 따른 독립된 행동을 하려고 한다. 이러한 자아의식의 발달과 독립심으로 말미암아 부모에 대한 신뢰감이나 존경심이 줄어들고 자립적인 인간관계가 가능해진다. 그러므로 이때 독립적으로 성장하고자 하는 자아가 성인들로부터 거부당하거나 청소년 자신의 가치 및 이상과 맞지 않는 기성세대의 가치, 제도, 관심을 강요당할 경우, 청소년들은 자신의 정신적 자주성을 강하게 주장하면서 스스로 자기만의 세계와 탈출구를 찾아간다.

이렇듯 자아의식이 점차 발달해 가는 과정에서 청소년들은 다양한 정서적인 변화를 함께 경험한다. 청소년기에는 방황, 갈등, 혼란감 등의 정서 변화가 동반된다. Hall은 청소년기의 정서를 신체적·생리적 성장에서 기인한 것이라고 했고, Freud는 자아와 원초아 사이의 불균형이 청소년기의 정서적 불안정의 원인이라고 했다. 이 밖에도 청소년기의 정서적 특징의 원인을 내면의 의존과 독립욕구 사이의 갈등 때문이라고 설명하기도 한다.

그중에서도 근본적인 원인으로는 내분비선의 변화를 들 수 있다. 호르몬 분비는 신체성장과 생식기능에 결정적인 영향을 미칠 뿐만 아니라 인간의 정서와 감정을 통제하고 스트레스를 조절하는 데에 중요한 역할을 한다. 사춘기가 되면 성장호르몬과 성호르몬의 양이 급격한 증가를 보이는데, 성별에 따라 성호르몬의 분비 비율이 깨지면서 남아에겐 남성호르몬(안드로겐)이, 여아에겐 여성호르몬(에스트로겐)이 극적인 증가현상을 보인다. 이러한 호르몬 분비의 변화는 전형적인 청소년기 정서를 이끄는 가장 기본적인 요소가 된다.

청소년기는 아동기에 경험하지 못했던 다양한 사건을 경험하게 된다. 따라서 청소년들의 정서경험의 범위는 확대되고 깊이도 깊어지는 특징을 나타낸다. 청소년기에 경험하는 대표적인 정서에는 행복과 사랑의 감정이 있다. 청소년들은 자연의 아름다움, 우정의 순수함과 진지함 그리고 사랑이 가져다 주는 생생한 행복감을 경험한다. 한편 청소년기에 경험되는 대표적인 부정적인 정서로는 우울, 공포와 불안, 외로움, 죄책감, 분노 등이 있다(이용교, 2004).

청소년기의 정서 및 감정의 변화는 단계별로 살펴볼 수 있다. 먼저 청소년 초기 또는 사춘기의 정서적 특징으로서 이 시기는 지적인 바탕 위에 성적 충동을 강하게 경험하게 되므로 이때는 성적인 색채를 띠게 된다. 급격한 신체적 성숙과 더불어 성에 대한 의식과 이성에 대한 관심이 높아지지만, 수치심을 강하게 보이고 이성에 반발하며 주위 사람들에게

허세적인 반항을 하는 등의 이중적 정서를 표출한다. 그리고 이들의 정서는 일관성이 없고 불안정하며, 정서의 기복이 아동기에 비해 비교적 넓고 격렬하다. 이러한 정서적 특징은 청소년 초기의 지적 발달과 자아의식의 변화에 큰 영향을 미친다. 즉, 청소년들은 지식을 구하려는 정열은 높으나 논리적으로 문제를 해결하지 못하는 상태에 있다. 공상적 이상과 동경에 몰입하며, 주위 사람들에 대해서는 일반적으로 부정적인 태도를 나타내며, 자신의 공상 속에서 만족을 추구하려고 한다. 그리고 점차 자아의식이 높아지면서 고독을 원하고 또한 고독에 빠지기를 즐긴다. 민감한 정서로 인하여 외계를 지각함에 있어서도 매우 세부적인 것까지 의식하게 되며, 결국 스스로 어찌할 수 없는 불안과 초조에 사로잡히기도 한다.

둘째, 중학교 후반부터 고등학교까지 이르는 청소년 중기의 정서는 초기보다 더욱 강렬해지지만 직접적인 표출을 억제하는 경향이 높다. 성적인 것이나 기타의 정서에 있어서 의식적인 억압작용이 활발하지만 이러한 억압으로 인해 자기혐오와 열등감을 갖기도 하고, 이것은 내면적인 침울이나 정서의 불안정성을 고조시키는 요인이 되기도 한다. 한편 자아의식이 더욱 높아지면서 독선적이고 우월을 과시하고 현실을 부정하고 혐오하는 경향이 짙게 나타난다. 이들의 이상주의적인 사고는 기성세대와 기존의 사회구조를 부정적이고 회의적으로 인식함과 동시에 자신의 인생을 낭만적이고 화려하게 계획함으로써 이상과 현실의 부조화를 강화시켜 주기도 한다. 또한 높은 이상을 가지고 이성에 대해서도 낭만적이고 감상적인 생각을 갖는다. 그리고 사회의 도덕과 법률에 대해서도 의혹을 품고 자기 나름대로의 독특한 비판과 논리를 전개하면서 급진적인 사고를 한다. 청소년들의 이러한 사고와 사회에 대한 태도는 정서발달과 밀접한 관련을 갖는다.

셋째, 청소년기 후기에 접어들면서 사회적으로 안정성을 나타낸다. 이상을 추구하지만 현실에 적응하기 위해 노력하며, 자신을 합리적으로 통제한다. 즉, 이 시기의 청소년들은 주관과 객관의 결합, 자기와 사회와의 타협, 현실과 이상의 조화를 발전시키면서 완성된 자아의식을 갖게 된다.

청소년기에는 감정의 기복이 심하고 사소한 일에 예민하게 반응해 화를 잘 내며, 전반적으로 심리상태가 불안정해 보인다. 또한 지나치게 남을 의식해 수줍음이 많고, 종종 이를 감추기 위해 과장된 행동을 보이기도 한다. 그리고 어떤 일에 쉽게 열성을 보이고 호기심이 많으며, 모방성이 강해 우상을 만들어 맹목적으로 추종하는 경향이 있다. 이처럼 청소년의 정서는 순수하고 쉽게 동요되며, 대인관계 속에서 정서변화를 더 많이 경험하며, 정서표현이 내면적이고 지속적으로 이루어진다. 또한 고도로 분화되고 승화된 정서표현인 '정조(sentiment)'의 상태에 이를 수 있는데, 예컨대 글이나 노래 혹은 그림 등 세련되고 지적인 형태로 정서를 표현할 수 있게 된다. 또한 청소년기에는 다소 신경질적이고 조급해지며 잘 흥분하면서도 부끄러움을 많이 타는 정서적 특징도 보인다(홍봉선 외, 2007).

### 3) 심리적 이유와 제2반항(권위자): 독립심

청소년기는 부모에 대한 의존으로부터 본격적으로 벗어나 자기 스스로 주체적인 삶을 설계하고 사회적인 독립과 자율성을 획득해 나가야 하는 시기이다. 부모에게 의지하지 않은 상태에서 부모를 사랑하고 어른들에게 의지하지 않고 그들을 존경하는 마음을 발달시키는 것이 청소년기의 중요한 발달과업이라 할 수 있다. 그러나 청소년들은 심리적으로는 양면성(ambivalent)을 갖고 있기 때문에 성장하고 독립하기를 원하면서도 부모로부터 보호받고 안정감을 느끼고 싶어 한다. 그러므로 부모로부터의 독립이나 분리는 정체감 형성과 관련된 문제이나, 이 분야의 많은 연구들은 그것을 개별화(individualization)의 문제로 간주하여 다루고 있다. 이때 개별화란 더 큰 자율성과 더 증가된 능력을 발달시키고 자신의 삶에 대해 책임질 수 있음을 의미한다(김남선 외, 2001).

개별화는 이중적인 측면을 갖는다. 한 측면은 부모로부터 더 큰 자율성과 독립을 획득하는 것이며, 또 다른 측면은 개인적 존경에 기초한 애착을 바탕으로 그들의 부모와 애정적 관계를 유지하는 것이다. 다시 말하면 청소년들은 부모와 정서적으로 가깝고 따뜻한 관계를 유지하면서 부모로부터 분리될 수 있어야 한다.

이에 대해 부모 역시 자녀가 성장하도록 바라면서도 한편으로는 위험한 사회로부터 자녀를 보호하고자 한다. 이러한 심리적 이유기(psychological weaning period)에서 교사와 부모는 중요한 역할을 하게 된다. 예컨대, 매력적인 교사는 닮고 싶은 새로운 모델링이 되어 주기도 한다.

### 4) 교우관계와 이성교제(친구–이성–결혼): 애정지향

인간에게 있어서 친구는 부모나 가족에게 버금가는 중요한 의미를 가지며, 청소년의 생활에 있어서 많은 영향을 미친다. 청소년기 때는 일상적인 가족관계에서 보다는 친구를 통해서 삶의 새로운 기쁨을 발견하고, 사랑을 알며, 성장에 필요한 지식도 알게 된다(김남선 외, 2001). 청소년기는 동성의 친구나 이성친구와의 관계가 나중에 성인이 되었을 때의 기초가 되는 시기여서 아주 중요한 역할을 한다.

또한 청소년기는 부모로부터의 독립을 시작하는 단계이므로 부모의 구속에서 해방되어 친구관계의 세계로 들어가게 된다(권이종, 2004). 또래들과 교우관계를 형성하지 못하고 극도의 경쟁사회 속에 적응하지 못하는 청소년들은 심한 사회적 소외를 겪는데, 이러한 청소년의 사회적 소외는 오늘날 청소년 문제의 많은 비중을 차지하고 있다.

교우관계의 발달은 개인에 따라 차이가 있기 때문에 각각의 친구관계는 각기 다른 특성을 갖고 있다. 즉, 친구관계는 개인의 성격, 개인의 아동기 경험, 또래 사이에서의 위치나 평판, 교우관계가 진행되는 구체적인 환경조건에 따라 다르다. 따라서 청소년을 올바르게 이해하기 위해서는 이들이 친구가 있는지 없는지에 대해서도 알아야 하겠지만, 청소년들이 어떤 친구를 가지고 있으며, 그 관계의 특성이 어떠한지를 파악하는 것도 중요하다(임영식 외, 2000).

청소년기의 교우관계는 청소년기의 사회화 과정에서 나타나는 가장 특징적인 것이다. 사회화는 사회적 기대에 부응하여 행동하는 능력이다. 집단표준에 따라 행동하고 사회적 역할을 적절히 수행하고 사회적 행동을 함으로써 만족을 얻고자 한다. 여러 또래들과 어울리는 아동기와는 달리 청소년기에 들어와서는 점차로 단짝친구를 갖게 되고, 이는 친밀한 관계로 발달되어 우정관계에 이르게 된다. 점차 부모의 영향에서 벗어나 친구와의 우정관계를 통해 청소년들은 심리적으로 성숙해 나간다. 또한 청소년기에는 단순한 놀이친구를 필요로 하는 아동기와는 달리 서로 내면을 깊이 이해하려는 욕구가 있으므로 아동기보다 훨씬 큰 의미에서 교우관계를 갖고자 하며, 이는 16~19세 사이에 절정을 이룬다.

청소년의 자아정체성 확립의 시기에 단짝이 지니는 의미는 매우 크다. 자신이 보는 자아상과 타인이 보는 자아상 사이에 생길 수 있는 괴리를 메꾸어 주고 자아정체감을 일관성 있게 유지하는 것은 단짝친구들과의 우정관계를 통하여 가능하기 때문이다. 그러므로 이 시기에 단짝친구와의 관계는 누구에게나 필요한 경험이며, 만일 그러한 경험이 부족하면 고립될 위험이 있다. 그리고 이 시기에 단짝친구를 통해 충분한 사회적 지원을 받아 자아존중감을 형성하지 못하면 사회적 거부와 배척의 감정 또는 고립감을 느끼게 되기도 한다.

한편 청소년기에는 이성에 대한 관심이 증대되고 사회적 관계가 놀라울 정도로 확장된다. 성태도와 성역할 행동이 근본적으로 또래들과의 상호작용을 통해서 형성된다. 그리고 청소년기 동안에는 성에 대한 태도와 관심을 발달시키고 세련되게 만들어 성행동에 대해 스스로 실험해 볼 기회도 있다. 청소년기는 급격한 심신의 변화를 경험하게 되고 이성에 대해 강렬한 호기심을 갖고 동경하게 되며, 이성교제를 원하게 되고, 성충동과 성적 갈등으로 고민하게 된다. 이러한 경향은 최근 신체적 성숙연령이 과거보다 상대적으로 훨씬 낮아져서 사춘기 연령도 낮아지고 있기 때문에 더욱 심화되고 있는 추세이다. 이성교제는 기성세대의 고정관념과는 달리 점점 보편화될 뿐만 아니라 연소화되고 있다.

청소년기에 만날 수 있는 이성친구를 갖는 것은 성인기 이성관계를 준비하기 위한 중요한 과정일 뿐만 아니라 청소년기 교우집단 내에서의 지위를 높여주며 자아존중감을 길러주는 수단이 된다. 청소년 시기의 이성친구는 단순히 즐거움을 주며 자아존중감을 높이는 데 의미를 갖는 정도에 그치지만, 청년 후기의 이성관계는 성적 정체성을 정립하며 배우자를 찾는 탐색과정으로서 실제적인 의미를 갖는다(송명자, 1999).

청소년기의 이성친구의 선택은 집단 내에서의 인기도나 의복 등 외적 요인의 영향을 크게 받는다. 이에 반해 청소년 후기에는 흥미나 가치관의 공통성, 삶의 목적의 공유 등 보다 내재적 요인을 고려하여 이성친구를 선택하게 된다. 남학생은 외모나 성적 매력을 더욱 중요시하는 반면에 여학생은 성격과 행동을 고려하는 경향이 높다. 특히 능력, 유사성, 욕구의 상보성은 지속적인 이성관계에 결정적인 영향을 미친다. 청소년들은 지적으로 유능하며 학력이 높은 이성을 사귀기를 선호하며, 이러한 경향은 여학생에게 특히 높다. 사람들은 태도, 가치, 흥미, 능력 등이 유사할 때 서로 이끌리는 경향이 높으며, 청소년기 이성관계도 예외는 아니다. 청소년기에는 운동, 음악, 여가, 외적 활동 형태가 유사한 이성에게 호감을 갖는다. 그러나 더 나이가 들면 정치, 종교, 가치관 등 여러 면에서 자신과 다른 이성친구를 원하는 경우를 볼 수 있는데, 이는 상보적인 욕구에서 비롯된다(송명자, 1999).

## 5) 논리성 발달, 이상과 현실 갈등-사회적 통찰의 결핍

청소년기는 인지능력에 있어 이전 시기와는 질적으로 다른 발달양상을 보인다. 시간적 제한은 현재에 제한되어 있지 않고 과거와 미래로 확장되는데, 이것은 그들의 사고가 현실적 구속을 벗어나 가능성의 세계로 확대됨을 의미한다. 가능성에 근거한 사고에 있어서도 하나, 둘 정도의 제한된 가능성이 아니라 있을 수 있는 모든 가능성을 체계적으로 점검해 나갈 수 있는 능력을 갖게 된다. 이와 같은 인지적 능력의 발달은 자기 자신에 대한 탐색과정, 예컨대 자신의 위치, 역할, 가능성, 가치 및 이념 등을 검토하고 재규정하는 데 영향을 미치며, 때로는 이상과 현실의 갈등을 유발하기도 한다. 이러한 인지능력의 확장으로 인해 청소년들은 다른 어떤 시기보다 자아의 존재성에 대해 더 많은 고민과 갈등을 경험한다.

청소년기는 지적인 문제해결능력이 최고수준에 도달하고, 통찰력과 판단력은 물론 사고력으로서의 추상력과 논리성에 있어서도 상당한 수준에 이르게 된다. 그리고 상상력과 철학적 사고의 발달로 문학이나 예술에 대한 흥미가 높아지고, 선악과 가치기준에 대한 탐구심이 증대한다. 이에 청소년은 보다 고차원적이고 지적인 세계를 희구하고 풍부한 미래상을 그릴 수 있게 된다. 그리고 청소년기는 눈앞의 현실세계를 뛰어넘어 자신이 경험해 보지 못한 이상이나 가능성의 세계, 추상적인 것에 대한 사고가 발달하게 되고 조합적 사고가 발달하여 어떤 문제에 직면하였을 때 여러 가지 요인들을 고려하여 논리적이고 체계적인 문제해결을 시도하게 된다(홍봉선 외, 2007).

이러한 형식적 사고의 발달은 다양한 추론 영역에서 발휘될 뿐만 아니라 자기의식의 증대를 가져온다. 그리고 이 시기에는 자신과 타인의 생각을 객관화해 논리적으로 평가하는 능력이 발달한다. 형식적 사고의 발달로 문제상황에 대한 다양한 해결방안을 체계적으로 모색하고 최선의

해결책을 찾을 수 있게 된다. 그리고 시간을 현재 경험세계에 국한하지 않고 과거와 미래의 연속선상에서 인식함으로써 과거의 자신을 돌아보고 현재의 자신을 점검하며 미래의 자기 모습을 계획할 수 있는 능력이 생긴다.

한편 청소년기의 지적 기능과 사고가 정열적이고 적극적이기는 하나 현실생활에 기초를 둔 것이라기보다는 추상적·관념적·이상적 사회를 척도로 하는 경향이 강하고 때로는 균형감 있는 사회적 통찰력을 갖지 못하기도 한다. 즉, 청소년기에는 시대사조의 영향을 받기 쉽고 독선주의와 흑백논리 및 극단적 사고에 빠지기 쉬우며, 경험과 실증적 기초의 부족으로 인해 주위의 감언이설이나 선동에 휩쓸리기 쉽다(권이종, 2004).

청소년기에 나타나는 또 다른 인지능력의 특징으로 사고과정에 대한 사고, 즉 메타인지의 발달을 들 수 있다. 메타인지란 자신의 인지적 과정이나 사고에 대해 생각하는 것으로, 예컨대 어떤 문제를 해결하기 위해 의식적으로 전략을 사용하거나 또는 책을 읽을 때 다음 내용을 읽기 전에 앞서 읽은 내용을 스스로 생각하며 글의 흐름을 파악하는 인지적 활동 등을 말한다(장성화 외, 2012). 메타인지를 발달시킴으로써 청소년들은 아동에 비해 자신의 사고를 보다 잘 통제하며 자신의 인지적 과정을 타인에게 쉽게 설명할 수 있다. 또한 사고과정에 대한 사고를 통해 청소년들은 아동들보다 자신의 정서에 대해 더 많이 생각하고, 타인이 자신을 어떻게 생각할까에 대해 생각하며, 지적인 사고를 함으로써 청소년의 자아정체감 형성에 중요한 역할을 하게 된다.

### 6) 자아정체감 형성(진로선택, 생의 의미)-역할혼미

흔히 청소년기를 제2의 탄생기라고 말한다. 이는 신체적으로나 생리적인 측면에서 새롭게 태어난다는 의미라기보다는 삶의 의미를 발견하고 자기 존재의 가치를 새롭게 확립하는 시기라는 뜻이다. 이는 곧 생물학적인 삶에서 정신적인 삶으로의 전환을 의미하며, 진정한 인생을 살아가는 출발점을 뜻하기도 한다. 이 시기 동안 자기 존재의 참다운 가치와 의미를 확립하고 삶을 설계하는 것은 어릴 때 부모의 훌륭한 양육과 보살핌 이상으로 중요하다. 따라서 청소년기 동안 자아의 성장과 정체감 확립은 청소년기의 발달과업임과 동시에 삶의 질을 결정하는 핵심적인 과제라고 할 수 있다.

자아정체감(self identity)이라는 용어는 그 자체에 여러 가지 함축적 의미를 갖고 있어 한 마디로 정의할 수 없지만 확고한 자아정체감을 지닌 사람은 개별성, 총체성, 계속성을 경험하게 된다(정옥분, 2006). 개별성은 가치나 동기 또는 관심을 얼마쯤 타인과 공유했다 하더라도 자신은 타인과 다르다는 인식, 즉 자신은 독특하고 특별하다는 인식이다. 총체성은 자신의 욕구, 태도, 동기, 행동양식 등이 전체적으로 통합되어 있다는 느낌이다. 그리고 계속성은 시간이 지나도 자신은 동일한 사람이라는 인식, 즉 '어제와 오늘의 나는 같은 사람이다'라는 인식이다. 이러한 자아정체감은 청소년기에 비로소 시작되는 것도 아니고 청소년기에 끝나는 것도 아니다. 특히 청소년 시기에 자아정체감이 문제가 되는 것은 여러 가지 요인들이 청소년의 자아정체감에 위기를 유발하기 때문이다.

첫째, 청소년기에는 내적 충동의 변화가 일어나기 때문에 청소년들은 사춘기의 시작과 더불어 신체발달과 성적 성숙의 급격한 발달이 이루어진다. 이러한 양적 변화와 함께 신체 내부에서는 여러 가지 질적인 변화가 일어난다. 지금까지 온화하게 유지되어 온 원욕(id), 자아(ego), 초자아(superego) 간의 심리적 역동의 균형이 성적 성숙으로 말미암아 깨어지게 되면서, 이들의 자아는 원욕에서 발생하는 새로운 심리적 역동을 조절하고 통합하지 않으면 안 된다(김남선 외, 2001). 그러나 이 시기의 청소년들은 자아의 힘이 부족하고, 자아구조를 통합할 능력이 부족하여 이러한 상태에서 겪는 정신적 갈등이 곧 정체감 위기로 다가온다.

둘째, 청소년들은 상충적인 사회적 요구를 받음으로 인해 정체감의 위기를 겪게 된다. 청소년들은 아동도 성인도 아닌 이른바 주변인으로서의 특징 때문에 많은 양가적 상황에 처하게 된다. 가정에서 그들은 아직 미혼이며 경제적 독립이 성취되기 이전인 만큼 부모에게 의존적일 수밖에 없다. 그러나 한편으로는 나이와 신체에 걸맞은 독립된 행동과 책임 있는 행동을 요구한다. 이른바 성인으로서의 책임이 유보되고 있는 유예기(moratorium)인 만큼 사회문제에 대해 어떠한 관심이나 참여도 하지 않도록 보호되고 경계되는가 하면, 다른 한편으로는 사회문제에 대해 관심과 책임을 갖도록 자극한다. 이와 같은 양가적 요구에 빈번히 부딪히게 되므로 이 시기의 청소년들은 자기 존재에 대한 회의감, 즉 정체감 위기를 겪게 된다.

셋째, 자기선택을 강요받는 것 또한 청소년들에게 정체감 위기를 가중시키는 요인이 된다. 진학 또는 취업의 선택, 전공 및 직종의 선택 등에 대해 최종적인 결정은 스스로 내려야 하는 상황에서 아직 완전한 성인은 아니지만 전적으로 부모나 다른 성인에게 의지만 할 수도 없는 상황이다. 스스로의 선택에는 책임이 수반될 뿐만 아니라 미래의 삶의 방향이 좌우될 수 있다는 점에서 불안감과 초조감을 가진다. 이와 더불어 자신의 인생을 스스로 명확히 결정내릴 수 없는 자신의 무능력을 자각하고 이를 보상하고자 일시적으로 강한 성취동기를 갖기도 한다.

청소년들이 이처럼 정체감 위기를 해결한다는 것은 그들에게 주어진 양극의 발달과업을 조정하는 것이 아니라 보다 높은 차원으로의 통합, 즉 성실성(fidelity)을 확립한다는 것이다. 여기서 성실성이란 다른 사람을 신뢰할 수 있고, 스스로를 신뢰할 수 있으며, 그리고 보편적인 인간가치에의 관여를 뜻한다. Erikson에 따르면 정체감의 형성이 청소년기의 기간을 줄이고 성인기의 심리사회적 과제를 준비하도록 만든다고 한다. 반면 위기

해결의 실패는 계속적인 정체감 혼미로 나타나 삶의 이정표를 찾지 못한 채 과거에 대한 감각이 빈약하고 미래에 대한 비전이 결핍된 상태로 머물게 된다.

## 청소년기에 대한 역사적 관점

### 1) 고대 희랍시대

- Platon
  - 『공화국』에서 인간발달의 세 가지 측면은 욕망, 정신 이성이라고 함. 가장 높은 차원의 이성은 아동기에 발달하는 것이 아니라 청소년기라고 부르는 연령 시기에 최초로 발달. 그러므로 아동기에는 스포츠와 음악 교육, 청소년기에는 이성, 즉 합리적 사고를 요구하는 과학과 수학을 지도해야 한다고 주장(인간의 이성이 욕망을 지배하게 될 때 진정한 인간이 됨)
  - 성격형성은 아동기에 형성, 후기경험의 중요성은 언급하지 않음. 인간발달에 있어 초기경험의 중요성에 대한 주장은 후대의 학자들에게 많은 영향을 줌

- Aristoteles
  - 청소년기라고 주장하는 연령기의 가장 중요한 측면은 선택능력의 발달
  - 자기선택에 의한 자기결정(self-determination)이 성숙의 징표. 청소년 초기의 개인은 성숙한 사람에 비해 불안정하고 인내심과 자기통제능력이 부족하다고 생각함
  - 인간발달 간계의 구체적인 시기를 최초로 기술
    ① 유아기(생의 최초 7년) ② 소년기(7세~사춘기까지) ③ 청소년기(사춘기~21세까지)
  - 청소년기 증가된 자기결정의 중요한 기준으로 독립성, 정체감, 직업선택 등의 용어를 사용

### 2) 중세와 계몽기

- **엄격한 교리주의**
  - 아동 및 청소년에 대한 사회의 시각은 매우 냉소적. 아동 및 청소년은 비인격적인 존재로 취급. 아동 및 청소년은 축소된 성인으로 간주될 뿐. 성인들과 동일한 흥미와 욕구를 지닌 것으로 생각
  - 엄격한 교리주의는 아동의 비이성적이고 반문화적인 행동에 대해 악령이 내재되어 있기 때문으로 해석. 혹독한 훈육과 체벌, 노동을 통해 악령을 몰아낸다고 생각. 아동과 청소년은 엄격한 훈육의 대상. 성인과 다른 역할과 지위를 부여받지 못함
- Rousseau(18세기)
  - 청소년에 대한 계몽된 견해를 제시. '축소된 성인'이 아니라 '독립된 인격체'로 주장
  - 아동기와 청소년기의 발달단계 제시: 유아기(4, 5세까지), 야만인기(5~12세), 소년기(12~15세), 청소년기(15~20세)

### 3) 근대말과 20세기초

- **19세기말과 20세기초**: '청소년기'라는 개념이 창안된 중요한 시기
- Stanley Hall: 청소년에 대한 과학적 연구의 아버지
  - 『청소년기』라는 두 권의 저서를 출간. 청소년에 대한 생각을 재정립하는 계기가 됨
  - 『청소년기』는 질풍과 노도를 경험하고 퇴폐 문제의 원인 제공자
  - 청소년은 수동적인 존재로 보이지만, 내적으로 혼란, 방황, 갈등을 경험. 이것은 그들의 퇴폐적이고 타락한 생활을 조장
- Margaret Mead
  - 남쪽 해안에 있는 사모아 섬의 청소년을 연구
  - 청소년의 기본적인 성질은 생물학적 특징이 아니라 사회문화적 특징을 반영
  - 사모아 섬의 청소년은 아동기에서 성인기로 부드럽고 점차적인 형태로 진행되며, 질풍과 노도는 청소년 시기와 무관
  - 성관계 관찰, 아기 출산, 죽음을 자연적인 것으로 수용 등을 허용. 이에 청소년들은 스트레스로부터 비교적 자유롭게 만든다고 주장

- 그러나 미국과 같은 문화에서 아동은 성인과 다르게 간주될 수밖에 없으며 사모아 청소년과 동일한 경험을 가질 수 없음. 미국 청소년은 더 많은 긴장과 스트레스를 경험

#### 4) 20세기 청소년

- 복잡한 사회 변화 속에 복잡한 갈등, 혼란을 경험

## 참고문헌


권이종(2004). **청소년교육개론**. 서울: 교육과학사.

김남선, 이옥분, 정일환, 주동범, 한상철(2001). **청소년교육론**. 서울: 형설출판사.

박명규(2017). 청소년의 신체활동 참여가 체중조절관리 및 정신건강의 관련성 연구. 우석대학교 대학원 박사학위논문.

송명자(1999). **발달심리학**. 서울: 학지사.

이용교(2004). **디지털 청소년복지**. 서울: 인간과 복지.

이윤영(2017). 현실치료를 적용한 집단미술치료가 흡연 청소년의 흡연량과 문제행동에 미치는 효과. 서울벤처대학원대학교 박사학위논문.

임영식, 한상철(2000). **청소년심리의 이해**. 서울: 학문사.

장성화, 구승신, 정옥희, 이주연, 신성철, 정희정(2012). **청소년 심리 및 상담**. 경기: 정민사.

정옥분(2006). **청년심리학**. 서울: 학지사.

홍봉선, 남미애(2007). **청소년복지론**. 경기: 공동체.

Chapter 03

# 학교에서의 청소년문화

1. 학교문화와 청소년문화
2. 학생이라는 신분 속에서의 청소년문화

**학교에서의 청소년문화**

1. 학교라는 조직 속에 있는 청소년은 학업문화, 대안문화, 양가문화 등을 형성하고 있다.
2. 학업문화, 대안문화, 양가문화의 순기능 및 역기능을 이해한다.

## 1. 학교문화와 청소년문화

최근 청소년문제가 사회적 문제로 대두되면서 청소년문제의 원인 및 결과를 밝히는 연구들이 지속적으로 이루어지고 있다. 대개 이 연구들(고기홍, 2003; 정준교, 2001; 조용환, 2000)은 청소년의 삶이 이전과 달라지고 있다는 점과 이러한 변화를 어떻게 이해하고 해석할 것인가를 중심으로 논의하고 있다. 특히 사회문화적 관점의 연구들(김혜영, 2002; Maslowski, 2006; Sellman, 2002)을 살펴보면, 청소년문제는 청소년을 둘러싸고 있는 삶의 양식에서 비롯된다고 보고, 청소년과 관련 있는 하위문화의 탐색을 강조한다.

이런 관점에서 청소년과 관련 있는 하위문화는 학교문화와 청소년문화라는 두 가지 큰 주제로 다루어져 왔다. 한국사회의 청소년은 학교라는 환경과 밀접한 관련성을 맺고 있으므로(정준교, 2001) 청소년의 대표적인 삶의 양식으로서 학교문화는 당연시 되고 있다. 더 나아가 학교문화는 청소년의 전인적 성장에 도움이 되는 순기능적 측면이 강조되면서 청소년의 준거문화로서 수용되고 있다(Clement, 2003).

반면에 학교 밖 청소년의 삶의 양식으로서 청소년집단이 부여하는 독특한 의미체계인 청소년문화가 있다. 이는 대개 역기능적 측면이 강조되면서 전체 사회문화 혹은 학교문화의 규범이나 기준에서 벗어날 경우가 흔한 반문화로 인식되고 있다(김미윤, 2003; 임상록, 2002; Draper, 2001; Hobby, 2004). 이처럼 학교문화와 청소년문화는 병존하기 어려운 청소년의 삶의 양식으로 보고 있으며, 이를 중심으로 청소년문제의 원인과 결과를 추론하고 있다.

그러나 기존의 논의들은 대다수의 청소년이 학생이라는 범주 내에서 준거문화와 같은 학교문화에 영향을 받으며 학교문화의 일면을 공유하면서도, 이들이 속해 있는 청소년의 독특한 문화적 특질을 가지려한다는 점을 간과하고 있는 듯하다(조용환, 2000; 한국청소년개발원, 2005).

일부 문화기술적 연구들을 살펴보면, 청소년은 학생이라는 지위와 역할에서 자신에게 주어진 삶을 보다 의미 있게 재해석하고 변형하려 하며, 이런 과정에서 여러 가지 전략들을 사용한다고 한다. 이로 인해 청소년의 삶의 양식은 보다 전반적이고 포괄적인 측면에서 학업문화, 대안문화, 양가문화 등을 발달시키고 있다.

또한 선행연구들에서 부분적으로 밝혀진 학업문화, 대안문화, 양가문화는 각기 순기능 및 역기능을 지니고 있어 상호 간 유동적 관련성이 있음을 유추해 볼 수 있다(Littrell, 2001). 이를테면, 청소년의 삶 속에 당연시되는 학교문화는 학력지향적인 목표 속에 입시 문화를 발달시키고 있다(김민, 2000; 임상록, 2002; 조용환, 2000). 이는 학교문화의 역기능적 측면을 강조하는 것이지만, 청소년은 오랜 기간 동안 공부 외의 다른 것은 유보해야 한다는 당위적 규정으로서 학업문화를 수용하고 있다.

한편, 청소년은 입시위주의 문화를 수용하면서도 끊임없이 이에 대한 도전의식을 느끼며 그로 인한 불안, 혼란 및 동요는 또래집단에의 귀속의식을 통해 안정감을 회복하려는 보상적 노력으로서 대안문화를 발달시키고 있다(조용환, 2000). 이는 청소년문화의 순기능적 측면이 강조되면서 청소년으로 하여금 학교 밖의 생활 속에서 자유를 추구하는 삶의 전략이 되고 있다.

이상에서 볼 때, 학업문화는 청소년의 부정할 수 없는 삶의 방식으로 존재하며, 동시에 그것에서 끊임없이 벗어나고자 하는 노력의 일환으로서 대안문화가 존재하고 있다는 것을 알 수 있다(임상록, 2002; 정준교, 2001).

더 나아가 청소년은 학업문화와 대안문화를 갈등적으로 공유하면서 또 다른 하위문화를 형성시키고 있는데, 이른바 양가적 문화를 만들어가고 있다. 이는 학업문화와 대안문화의 순기능적 측면으로 청소년의 삶의 양식에 대립되어왔던 학교문화와 청소년문화 간에 조화를 추구하려는 청소년의 삶의 전략으로써 나타나고 있다.

이렇듯 청소년은 학생이라는 개념적 틀 속에 다양한 삶의 양식을 지니고 있어, 때로 갈등하고 때로 보완하면서 올바른 정체성을 확립하기도 하고, 또 반대로 모순적인 정체성을 확립하기도 하는 것이다(정영애·김진화, 2001; Arriaza, 2004; Bulach, 2001).

## 2. 학생이라는 신분 속에서의 청소년문화

대다수의 청소년은 학교라는 조직에 소속된 신분을 가지고 있기 때문에 학생이라는 개념적 틀 속에서 다양한 하위문화들을 유추해 볼 수 있다(정준교, 2000; 조용환, 2000; Maslowski, 2006; Sellman, 2002). 이를테면, 하루의 대부분을 학교에서 보내는 청소년은 자신에게 주어진 삶을 보다 의미 있게 재해석하고 변형하는 과정에서 여러 가지 전략들을 사용한다. 그것이 정상적인 행위규범인지 일탈행동인지 간에 청소년의 일상생활이라는 점에서 학생들이 사용하는 삶의 양식으로 존재하고 있는 것이다(Littrell, 2001).

그러므로 선행연구들을 토대로 청소년의 삶의 양식이 되는 요소로는 크게 세 가지 하위문화로 생각해 볼 수 있다(표 3-1 참조). 먼저, 대학입시를 최우선으로 하는 학력지향의 학업문화, 다음으로 학력지향에 대한 탈피 혹은 도피 욕구로 인해 나타나는 대안문화 그리고 학업문화와 대안문화를 함께 공유하려는 양가문화이다.

**표 3-1 학교에서의 청소년문화**

| 구분 | | | 세부 내용 |
|---|---|---|---|
| 학업문화 | 수업 및 시험위주의 공부 | 김준기(2000)<br>조용환(2000)<br>정준교(2001) | 학업성취를 높이 평가하고 지적인 추구에 보다 많은 관심을 가짐 |
| | 지식전달자로서 교사 | | 암죽식 수업방식으로 시험성적을 올리는 교사가 능력 있는 교사 |
| | 경쟁자로서 교우 | | 경쟁하는 친구가 공부하고 있을 것이라는 짐작에 자신도 공부 |
| | '학생다움'의 수용으로서 학교규칙 이행 | | 학생은 당연히 공부하는 것에 집중해야 하며, 학생이므로 학교의 제반규칙을 반드시 이행 |
| 대안문화 | 학업 이외의 즐거움 추구 | 곽금주·김의철·박영신(1999)<br>한국청소년개발원(2005) | • 또래가 추구하는 취향에 따라 놀이 추구<br>• 연예인 팬클럽 활동 |
| | 동반자로서 친구 | | 공부 이외의 시간을 친구와 함께 즐겁게 소일함 |
| | '학생다움'의 탈피로서 학교규칙 파괴 | | 학교 밖에서 학생으로서의 지위와 역할에 도전(화장하기, 흡연 등) |
| 양가문화 | 재미있는 수업 | 박진규(2003)<br>장원규(2004)<br>한국청소년개발원(2005) | • 중요과목이라도 재미없는 수업은 재미없음<br>• 직접 참여하고 토론하는 수업이 재미있는 수업 |
| | 친구같은 교사 | | 실력은 좀 부족해도 친구처럼 다정하게 가르치는 교사 |
| | 학업과 음악 그리고 연예인 | | 일본 연예인을 좋아하여 일본어를 열심히 공부하는 등 대안문화를 즐기면서 공부 |

### 1) 학업문화

학업문화는 학업성취를 높이 평가하고 학력지향, 학업생활과 학생다움의 수용으로 특징지을 수 있다(김준기, 2000; 조용환, 2000; 정준교, 2001). 이는 학업에 충실해야 하는 '학생다움'의 범주에서 공부 외의 다른 것은 유보해야 한다는 당위적 규정을 내포하고 있다.

청소년은 오랜 기간 동안 이러한 규정에 의해 스스로 강제되어왔고, 이것이 내면화되어 의식적 혹은 무의식적으로 공부 이외의 것은 유보하는 생활습관을 보이는 것이다. 그러므로 항상 공부해야 한다는 생각을 하고 있으며, 이러한 이유로 시험성적을 잘 올릴 수 있는 암죽식 수업방법을 사용하는 교사가 능력 있는 교사로 인식되고 있다. 또한 함께 공부하는 친구는 학창시절을 함께 하는 동료이기보다는 서로 경쟁하는 자로서 인식하는 것이다.

박성미의 연구(2009)에 의하면, 학업문화는 입시풍토 속에 공부를 위한 자유 포기, 경쟁자로서 교우, 시험 위주의 공부 등으로 열거할 수 있으며, 그 구체적인 내용은 표 3-2에 제시되어 있다.

첫째, '공부를 위한 자유포기'는 공부를 위해 자신에게 흥미로운 일을 모두 포기, 공부에 대한 압력으로 즐거운 시간 포기, 오직 대학을 가기 위해 공부활동 만을 수행하는 등의 내용이 포함되어 있다.

둘째, '경쟁자로서의 교우'는 같은 반 교우는 오직 경쟁의 대상자, 친구와 즐거운 시간을 갖고 싶어도 공부에 방해가 될까 봐 스스로 공부선택 등의 내용이 포함되어 있다.

셋째, '시험위주의 공부'는 시험점수를 올리기 위한 공부, 시험을 잘 칠 수 있도록 돕는 교사가 능력 있는 교사, 시험점수에 대한 지나친 기대 등의 내용이 포함되어 있다.

표 3-2 학업문화의 구체적인 내용

| 하위영역 | 하위영역별 세부내용 |
|---|---|
| 공부를 위한 자유포기 | 음악, 문학 등에 대해 좀 더 깊게 알고 싶어도 공부할 시간이 부족하여 하지 않는다. |
| | 다양한 취미생활을 즐기고 싶지만 공부에 방해될까봐 할 수 없다. |
| | 기타, 드럼 등을 배우고 싶어도 '공부해야지'하는 생각에 그것을 실행하지 못한다. |
| | 공부 외의 다른 활동을 하면 대학에 갈 수 없을지도 모른다는 압박감이 느껴진다. |
| | 이성 친구를 사귀고 싶어도 공부에 방해될까봐 하지 않는다. |
| 경쟁자로서 교우 | 같은 학교, 같은 반 학생은 친구이기보다 경쟁의 대상이다. |
| | 같은 학교, 같은 반 학생은 성적을 중심으로 한 라이벌 관계일 수밖에 없다. |
| | 라이벌로 인식되는 친구의 공부하는 모습이 떠올라 공부에 대한 긴장감을 늦추지 않는다. |
| | 놀고 싶어도 공부하는 친구 모습이 떠올라 불안해서 놀 수가 없다. |
| | 친구관계가 공부를 방해해서는 안 된다는 생각에 친구와 어울리기보다 공부를 선택한다. |
| 시험위주의 공부 | 시험의 결과는 성적이므로 시험 때는 어쩔 수 없이 공부한다. |
| | 시험 점수를 올리기 위해 주로 암기과목 위주로 공부한다. |
| | 성적은 대학 진학과 직결되어 있으므로 매우 중요하다. |
| | 시험 출제율이 높은 내용을 요점 정리하여 제시해 주는 교사가 '능력 있는 선생님'이다. |

## 2) 대안문화

대안문화는 학생으로서 당연시되는 생활 풍토에서 탈피하려는 청소년의 또 다른 측면으로 비학업생활과 '학생다움'의 이탈로 특징지을 수 있다(곽금주·김의철·박영신, 1999; 도종수, 2003; 한국청소년개발원, 2005).

이는 학업문화와는 대립되는 삶의 양식으로 과거에는 학업문화에 비해 부차적인 것으로 여겨지던 생활풍토이지만, 급변하는 사회변화 속에 청소년의 삶에 깊숙이 내재하고 있다. 그러므로 대안문화는 학교문화에 대한 반문화가 아닌, 학업문화의 역기능 측면에 대한 도전 혹은 탈피로서 인식되고 있다.

이상에서 볼 때, 대안문화는 학업에 대한 흥미보다 사춘기의 심리에 자극되어 또래가 추구하는 취향, 특히 연예인 선호활동, 학교규칙의 파괴와 '학생다움'의 탈피, 학업 이외의 놀이 등이 포함될 수 있다. 이러한 내용을 박성미(2009)의 경험적 연구에 의하여 확인한 결과, 대안문화는 연예인 선호활동, 학교 규칙의 파괴, 동반자로서 친구, 학업 이외의 놀이 추구 등으로 나타났다(표 3-3 참조).

**표 3-3 대안문화의 구체적인 내용**

| 하위영역 | 세부 내용 |
|---|---|
| 연예인 선호활동 | 연예인 팬클럽 활동을 통해 회원들 간 공동체의식을 발전시키기도 한다. |
| | 연예인 팬클럽 활동은 비회원보다 더 빠르고 정확한 정보를 얻을 수 있어 참여한다. |
| | 연예인 팬클럽 활동은 나와 같은 생각을 지닌 사람들과 만날 수 있어 참여한다. |
| | 연예인 팬클럽 활동을 통해 학창시절을 나름대로 즐겁게 보내고 있다 |
| | 연예인 팬클럽 활동 중 친목모임 혹은 뒤풀이에 더 큰 의미를 부여하여 꼭 참여한다. |
| | 내가 좋아하는 연예인의 사진과 기사를 모아 스크랩북을 만들기도 한다. |
| | 내가 좋아하는 연예인의 대형 브로마이드 사진을 걸어놓기도 한다. |
| | 내가 좋아하는 연예인의 사진을 수첩이나 필통에 끼우고 다닌다. |
| 학교규칙의 파괴 | 학생이라는 신분에 어울리지 않는 미팅, 음주나 흡연을 하기도 한다. |
| | 친구들과 술을 마시면서 서로의 고민에 대해 얘기하기도 한다. |
| | 학생이라는 신분이 어울리지 않는 야한 옷차림 혹은 화장을 하기도 한다. |
| | 교복을 변형(스커트 길이를 짧게 하기, 바지 넓게 하기 등)하여 입고 다닌다. |

| 하위영역 | 세부 내용 |
|---|---|
| | 학교 안에서도 쉬는 시간 혹은 점심식사 시간에 화장실에 가서 흡연을 하기도 한다. |
| | 음주는 써클 활동의 뒤풀이, 수학여행 같은 공식적 학교행사에서도 빠지지 않는다. |
| | 특별활동 시간과 야간자율학습 시간에 '땡땡이' 치기도 한다. |
| | 학교 밖에서는 자유롭게 나만의 스타일(옷차림, 헤어, 화장 등)을 연출하기도 한다. |
| | 정규수업 시간이나 야간자율학습 시간에 떠들거나 '딴짓(쪽지 돌리기)'을 하기도 한다. |
| | 좋아하는 가수의 공연에 가기위해 수업을 빠지는 경우가 있다. |
| | 친구들과 돌아다니면서 옷과 화장품을 구경하고 구입하기도 한다. |
| 동반자로서 친구 | 학창시절에는 친구관계가 제일 중요한 것 같다. 그래서 좋은 친구를 만들려고 한다. |
| | 친구관계에서 제일 중요한 것은 '인간성'과 '성격'이다. |
| | 학교생활은 재미가 없어도 친구만나고 즐거우니까 그런대로 만족스럽게 생각한다. |
| | 학교에서는 친구와 떠들면서 웃고 노는 게 제일 즐겁다. |
| | 친구들이 나를 얄밉게 볼까봐 신경을 많이 쓴다. |
| | 성적이 떨어져도 신경 쓰이지 않는데, 친구랑 싸웠다면 신경이 쓰인다. |
| | 학교생활이 즐겁나 혹은 그렇지 않느냐는 친구관계가 반 이상을 차지한다. |
| | 친구들과 함께 신나는 음악을 들으면서 학업생활의 스트레스를 해소하기도 한다. |
| 학업 이외의 놀이 추구 | 연예인이라고 모두 좋아하는 것이 아니라 '실력 있는' 연예인을 좋아한다. |
| | 항상 새로움을 추구하고 노력하는 '실력 있는' 연예인을 좋아한다. |
| | 연예인을 맹목적으로 좋아하는 것이 아니라 내 삶의 즐거움의 한 방편으로 좋아한다. |
| | 대중가요를 듣는 것은 일상화되었고, 이를 통해 스트레스 해소 및 기분전환을 한다. |
| | 기분이 나쁘거나 우울할 때는 빠른 템포의 음악을 듣는다. |
| | 노래방에 가서 노래 부르면서 스트레스를 해소하기도 한다. |

첫째, 연예인 선호활동은 연예인 팬클럽 활동에 참여함으로써 학창시절을 즐겁게 보냄, 연예인 팬클럽 활동을 통해 참여의식을 높임, 선호하는 연예인에 대한 정보 수집 등의 내용이 포함되어 있다.

둘째, 학교규칙의 파괴는 학교 밖에서의 자유로움 추구, 좋아하는 나의 취미생활을 위해 결석도 할 수 있음, 학생으로서 어울리지 않는 복장을 함, 학생으로서 금기시되는 행동을 할 수 있음 등의 내용이 포함되어 있다.

셋째, 동반자로서의 친구는 학창시절의 즐거움은 곧 친구와의 우정, 무거운 학업수행에 활력이 되는 것은 곧 친구들과의 즐거운 놀이시간, 친구와 거리가 멀어지는 것은 매우 고민스러운 일 등의 내용이 포함되어 있다.

넷째, 학업 이외의 놀이 추구는 대중문화를 통한 기분전환, 무분별하게 연예인을 선호하는 것이 아니라 나름대로 바람직한 의식 속에서 연예인을 선호 등의 내용이 포함되어 있다.

## 3) 양가문화

양가문화는 학업문화를 청소년의 부정할 수 없는 삶의 양식으로 받아들이며, 동시에 그것에서부터 끊임없이 벗어나고자 하는 노력의 일환으로 특징지을 수 있다(박진규, 2003; 장원규, 2004; 한국청소년개발원, 2005). 이는 학생으로서의 학업문화와 자유추구의 대안문화를 주된 내용으로 서로 대립되는 측면을 갈등적으로 공유하면서 청소년의 삶에 있어 보다 긍정적 측면을 강조하는 삶의 전략으로 나타나고 있다. 이상에서 볼 때, 양가문화는 재미있는 참여수업, 학업과 음악 그리고 연예인에 대한 갈망, 친구 같은 교사, 대중문화를 즐기면서 공부하기 등의 내용으로 구성될 수 있다. 박성미(2009)의 연구결과에 의하면 양가문화는 표 3-4와 같다.

**표 3-4 양가문화의 구체적인 내용**

| 하위요인 | 세부내용 |
|---|---|
| 재미있는 참여수업 | 수업에 수동적으로 있기보다 많이 능동적으로 참여할수록 재미를 느낀다. |
| | 수업 중에 학생들 사이에 오고가는 얘기를 선생님에게 들을 때 재미를 느낀다. |
| | 우리 생각을 잘 들어주고, 같이 놀아주면서 잘 가르쳐 주는 선생님이 좋다. |
| | 내가 좋아하는 선생님은 나를 이해하고 나의 얘기를 들어주려는 선생님이다 |
| | 수업의 내용과 관계 없어도 선생님이 우스갯소리를 하면 그 수업이 재미있다. |
| | 나의 일상생활과 관련하여 수업이 이루어질 때 재미를 느낀다. |
| | 주입식 설명보다 학생들 간에 서로의 생각을 나누는 토론식 수업이 좋다. |
| 대중문화를 즐기면서 학업수행 | 중국(일본)가수를 좋아하게 되면서 중국(일본)문화에 대한 지식을 넓히기도 한다. |
| | 연예인이 '여러분 공부 열심히 하세요'라는 말로 격려할 때 공부에 더 집중하게 된다. |
| | 나는 팝송을 들으면서 영어에 대한 관심이 높아지고 있다. |
| 욕구를 충족시키면서 공부하기 | 지루하고 재미없는 수업은 중요과목(국·영·수)이라도 듣기 싫다. |
| | 나는 음악을 들으면 공부에 더 집중이 잘되어 공부가 잘 된다. |
| | 비록 잘 가르치지 못해도 우리에게 잘 해주고 이해해 주는 선생님이 좋다. |

첫째, 재미있는 참여 수업은 재미있는 수업, 수업 중에 교사와의 친밀감 교류, 정서적 측면에서 눈높이를 맞추어주는 교사 등의 내용이 포함되어 있다.

둘째, 대중문화를 즐기면서 학업수행은 대중문화를 기초로 한 지식 획득의 내용이 포함되어 있다.

셋째, 욕구를 충족시키면서 공부하기는 아무리 중요한 교과목이라도 지루한 수업은 싫다, 가르치는 기술은 부족해도 청소년을 잘 이해해 주는 교사가 좋다, 음악을 들으면서 공부해야 공부하는 맛이 있다 등의 내용이 포함되어 있다.

이상으로 학교에서 청소년의 삶의 양식은 지금까지 주로 거론되었던 학교문화, 교사문화, 학생문화는 청소년의 삶의 이루는 양식으로 보기에 지나치게 단순화된 방식의 설명이다.

학교라는 조직 속에서 생활하는 청소년은 지금까지 살펴본 것처럼, 학업문화, 대안문화, 양가문화가 존재하고 있음을 알 수 있다. 이렇듯 사회문화적 관점에 근거하여 청소년을 둘러싸고 있는 제 하위문화들을 고찰하는 것은 청소년을 이해하는 데 적절한 정보가 될 것으로 생각한다.

그러므로 학교문화, 교사문화와 대치된다는 생각하는 청소년의 삶의 양식을 역기능적인 것으로만 이해하여 배척하기보다는 청소년의 삶의 양식으로 존재하는 제 하위문화의 순기능 측면을 강조하며 이를 권장하는 안내 및 지도가 이루어진다면 학교에서 좀 더 행복한 삶을 영위할 수 있을 것으로 본다.

## 참고문헌


고기홍(2003). 학업중단 청소년문제와 상담적 개입 방안. **제주대 학생생활연구소 학생생활연구, 24,** 117-136.

곽금주, 김의철, 박영신(1999). 한국 청소년문화의 형성요인 탐색: 비행과 우울 중심으로. **한국심리학회지: 사회문제, 5(1),** 111-121.

김미윤(2003). 사이버 공간 경험의 의미와 청소년문화. **청소년학연구, 10(4),** 211-232.

김민(2000). 청소년복지실현을 위한 학교문화의 과제. **충북교육학연구, 3(1),** 89-112.

김민정(2003). 청소년문화복지 실태 및 만족도와 요구분석 연구. **청소년학연구, 10(1).** 45-87.

김준기(2000). 학교조직문화의 분석. **원광대학교 교육문제연구소, 19,** 1-36.

김혜영(2002). 학교중도탈락의 사회적 맥락에 관한 연구. **청소년학연구 9(3),** 213-242.

도종수(2003). 정보화시대의 청소년문화 실태와 발전방향. **지성과 창조, 6,** 167-189.

박경희(2012). 청소년소설에 나타난 청소년문화 양상 연구: 2000년대 이후 작품을 중심으로. 목표대학교 교육대학원 석사학위논문.

박진규(2003). **청소년문화.** 서울: 학지사.

은지용(2002). 청소년문화 연구의 대안적 접근. **시민교육연구, 34(2),** 149-176.

임상록(2002). 한국 청소년문화의 현상적 특성에 대한 고찰. **단국대학교 학생생활연구소 학생생활연구, 7,** 63-80.

장원규(2004). **초등학생의 학습문화에 관한 연구.** 전북대학교 대학원 박사학위논문.

정영애, 김진화(2001). 청소년의 엽기문화와 교육적 함의. **창원대학교 인문과학연구소 인문논총, 8,** 143-156.

정준교(2000). 학교문화유형과 학생청소년의 심리사회적 특성의 관계. **한국청소년연구, 11(1),** 143-182.

정준교(2001). 학교문화유형, 학교조직몰입 및 학교중퇴 의도의 관계. **연세경영**

**연구, 38(1)**, 133-168.

조용환(2000). '교실붕괴'의 교육인류학적분석: 학교문화와 청소년문화의 갈등을 중심으로. **교육인류학연구, 3(2)**, 43-66.

최운실(2002). 청소년의 사이버문화 공동체 구축을 위한 교육 프로그램 사례분석. **청소년학연구, 9(3)**, 337-361.

한국청소년개발원(2005). **청소년복지론**. 서울: 교육과학사.

Arriaza, G.(2004). Changing schools for good: A study of school culture and systems. *Education and Society, 22(2)*, 5-22.

Bulach, C. R.(2001). Reshaping school culture to empower its partners. *The Education Digest, 67(1),* 8-11.

Clement, C.(2003). Connecting school principals school culture and school improvement. *Leading and Managing, 9(2)*, 112-116.

Draper, I.(2001). A cultural revolution performance management with a look at the possible impact it will have on school culture. *Managing Schools Today, 10(5)*, 33-35.

Hobby, R(2004). Change your school culture. *Managing Schools Today, 13(6)*, 24-27.

Littrell, J. M.(2001). Transforming the school culture: A model based on an exemplary counselor. *Professional School Counseling, 4(5)*, 310-319.

Maslowski, R.(2006). A review of inventories for diagnosing school culture. *The Journal of Educational Administration, 44(1)*, 6-35.

Sellman, E.(2002). Peer mediation, school culture and substantiality. *Pastoral Care in Education, 20(2)*, 7-11.

Chapter 04

# 또래와 청소년문화

1. 청소년기의 발달과 또래관계
2. 또래집단의 이해
3. 친구만들기의 전략
4. 또래집단의 형성과 역동성
5. 또래집단의 영향과 유형

**또래와 청소년문화**

1. 청소년의 발달에 있어서 또래관계의 의미와 중요성을 이해한다.
2. 청소년의 또래관계가 형성되는 역동을 이해한다.
3. 또래관계가 청소년들에게 미치는 영향과 또래관계의 유형을 이해한다.

## 1. 청소년기의 발달과 또래관계

청소년기는 발달단계상 신체적·심리적으로 많은 변화를 겪고 이에 따른 도전과 위기를 경험하게 되는 시기이다. 아동기까지는 부모, 형제 등 가족과의 관계가 주된 사회적 관계였지만, 청소년기는 가족으로부터의 독립욕구가 강해지면서 평등한 관계를 유지할 수 있는 또래집단에 몰입하는 발달적 특성을 지니고 있다. 그리하여 청소년기에는 상대적으로 또래관계의 영향력이 강해지고 사회적 동조 행동이 많이 증가하며 또래로부터 얻는 지원과 이해 및 인정이 매우 중요하다(이은희, 2005). 특히 초기 청소년기의 또래관계는 평등한 사회적 관계를 정립하는 출발점으로서 청소년의 현재 및 미래의 발달에 매우 중요한 역할을 한다(Sullivan, 1953).

청소년은 긍정적인 또래관계를 통해 정서를 공유할 뿐만 아니라 정체감과 자아개념을 확립한다. 또한 성공적인 사회적 상호작용에 필요한 사회적 기술을 학습하고, 사회성 발달은 물론 인지발달에도 도움을 받는다. 그러므로 긍정적인 또래관계는 청소년기 이후 청년기와 성인기의 바람직한 사회적응에도 지속적인 영향을 미친다(이영선·이경님, 2004; 홍주영·도현심, 2002). 청소년에게 있어 상호적이고 이원적인 또래관계인 친구관계가 잘 형성되었을 때 청소년은 자신이 지지받고 있다는 느낌과 안정감을 느끼고, 호혜성이 높아지고, 갈등이 낮아진다. 청소년에게 친구가 많고 친구관계가 기능적일수록 청소년은 대인관계에 유능감을 느끼게 되고 만족도가 높아진다(서현주·유안진, 2001; 홍주영·도현심, 2002).

Damon(1997)은 또래관계의 발달단계를 세 가지 수준의 단계로 분류하고 있다. 1수준은 놀이를 위한 빈번한 접촉이 시도되고 단기간에 형성되지만 한시적인 관계의 단계이다. 2수준은 상호도움을 교환하는 관계로서 한 사람이 다른 사람의 요구나 필요에 따라 반응하게 되며, 성격이나 기질에 기초하여 주관적이고 현실적인 견지에서 관계가 이루어지는 단계이다. 3수준은 다른 한 사람을 이해하는 관계로서 서로의 생각, 감정, 비밀을 공유하며, 상호 간의 심리적 문제에 도움을 주고 상호이해와 용서가 이루어지는 단계이다.

또래관계의 질적인 측면이 중요한 이유는 또래관계의 질과 청소년의 사회·정서적 발달이 밀접하게 관련이 있으며, 청소년이 사회적으로 적응하고 평생을 살아가는 데 필요한 대인관계를 발달시키는 데 중요한 원인이 되기 때문이다. 장정원(1995)은 또래관계에 있어서 관계의 질이 중요한 이유로 첫째, 친밀한 관계를 갖지 않은 것은 스트레스의 중요한 원인이 될 수 있음을 지적하였다. 친구와 질적인 또래관계를 맺지 못한 청소년은 매우 큰 스트레스를 받으며 고독, 분리, 우울감이 높아진다(Sullivan, 1953). 둘째, 청소년기는 자기노출과 정서적인 교감의 욕구가 커지는데 청소년들은 성인과의 관계에서보다 또래들과의 관계에서 그런 욕구를 채우길 원한다. 그런데 또래관계가 원만하지 못하면 이를 충족시킬 수 없고, 친밀한 또래들로부터의 지원과 사회적 지지라는 중요한 자원의 결핍을 가져올 수 있기 때문이다. 그러므로 질적으로 높은 수준의 친구관계는 매우 긍정적인 또래관계로 청소년의 사회성 발달과 인지 발달에 도움이 되고 청년기 이후의 바람직한 사회적응에 지속적인 영향을 미친다. 반면에 부정적인 또래관계는 청소년의 사회적 고립을 야기하며 비행, 우울 등의 문제행동과 부적응을 가져온다(Kupersmidt & Coie, 1990).

## 1) 부모와 또래관계

부모-자녀관계는 자녀에게 있어 긍정적인 자아형성은 물론이고 대인관계의 기술을 배우는 근원적인 학습의 장이다(구본용 외, 1999). 청소년은 외형적인 멋은 또래들을 따르지만 가치판단이나 직업판단과 같은 중요한 판단기준은 대체로 부모를 따르는 경향이 높으므로, 부모-자녀관계의 질적인 면이 중요한 역할을 한다. 부모가 수용적이고 애정적인 양육태도를 보이는 경우, 자녀에게 동일시할 수 있는 대상을 제공하기 때문에 다른 사람에 대한 보살핌과 관대함을 증대시키고 긍정적인 사회적 행동을 하도록 모델이 되어 줌으로써 자녀는 긍정적인 또래관계를 형성할 수 있다. 반면에 부모의 양육태도가 바람직하지 않고 비판적이며 자녀의 권리를 박탈하는 태도를 보이면, 이에 의해 성장한 자녀들은 또래집단에서 부적절하고 부정적이며 공격적인 상호작용을 일으켜 배척받는 원인이 된다(Putallaz & Heflin, 1990).

한편 부모-자녀관계가 지나치게 밀착되는 경우에도 또래의 공격에 노출될 위험이 높다는 보고가 있다. 부모의 과보호적인 양육행동이 있을 때 초기 청소년 자녀가 또래 괴롭힘에 더 많이 노출되었는데, 이 결과는 특히 남아의 경우에 상관이 높은 것으로 나타났다(이숙·이춘아, 1998). 그러므로 지나치게 통제적인 부모의 양육행동은 오히려 자녀의 긍정적인 또래관계 발달에 저해요인이 된다.

정미경(2002)의 연구에서도 부모의 양육태도를 애정적·자율적·성취적·합리적으로 지각할수록 자녀는 긍정적인 또래관계를 형성하고, 부모의 양육태도를 적대적·통제적·비성취적·비합리적으로 지각할수록 자녀는 부정적인 또래관계를 형성하는데, 특히 애정적인 부모의 양육태도와 자녀의 긍정적인 또래관계는 높은 상관이 있다고 하였다. 그러므로 부모의 애정적인 양육태도가 긍정적인 또래관계에 중요한 영향을 미친다는 것을 알 수 있다.

중요한 것은 어머니들이 자녀의 사회생활에 대해 많이 알수록 자녀들이 일탈적 행동을 저지를 가능성이 줄어든다는 것이다. 또한 부모가 친구관계에 많은 관심을 가질수록 청소년 자녀들은 성인이 제시하는 규범과 행동을 준수할 가능성이 증가한다. 따라서 자녀들이 부모의 통제에서 벗어나 자율성을 추구하는 청소년기에 부모가 자녀의 친구관계를 인정하고 자녀와 함께 토의하는 것은 원만한 부모-자녀관계를 유지하는 데 많은 도움이 된다고 하겠다.

최근 자녀의 사회적 관계 발달과 관련하여 주목받고 있는 가족요인은 부부갈등이다. 현대 가족의 특징인 핵가족은 인간관계의 범위가 부모와 자녀관계로 집중되므로 부부관계는 자녀에게 중요한 인간관계의 모델이 된다(권석만, 2006). 또한 이혼이 증가하고 가정의 붕괴와 불화가 더욱 많아지는 우리 사회에서 부부갈등이 빈번해지고 표면화됨에 따라 부부관계가 자녀의 또래관계에 미치는 영향이 계속 증가한다고 볼 수 있다.

### 2) 또래집단에서의 수용과 인기

다른 사람에게 인정을 받는다는 것은 많은 십대들의 주요 관심사이다. 모든 십대가 다른 십대들에게 인기가 있거나 그들의 주의를 끄는 것은 아니다. 하지만 대부분의 청소년들은 다른 또래친구들이 자신을 좋아해 주기를 바라며, 그들로부터 인정받기를 원한다. 또한 청소년들은 아는 사람의 수가 많아짐에 따라 자신이 어느 집단에 소속되기를 원한다. 특히 남자 청소년은 여자 청소년에 비해 특정 집단의 수용과 인정으로 인한 지위에 더 많은 관심을 가진다. 여자 청소년은 비교적 적은 친구 집단의 구성원들과 친분관계를 형성하는 데 더 많은 관심을 보인다. 그렇지만 남녀 청소년 모두 친구들이 자기를 좋아해 주기를 원한다. 이러한 단계에 있는 청소년들은 자신에 대한 타인의 부정적인 반응이나 비판에 매우 민감하게 반응한다. 따라서 이들은 타인이 자기를 어떻게 생각하는지에 관심이 많다. 왜냐하면 자아개념과 자신의 가치에 대한 생각이나 평가는 주변의 친구를 포함한 타인의 의견이나 반응에 의해 많은 영향을 받기 때문이다. 따라서 청소년들은 발달적 특성상 또래집단의 영향을 많이 받으며, 자신들이 겪고 있는 문제와 갈등을 또래들을 통해서 해결하려는 경향이 크다. 이들은 자신과 비슷한 동성의 또래들에게 적절히 수용되기를 바라며, 사회적이며 심리적인 지지를 받고자 한다(구본용 외, 1994).

또한 아동기에서 청소년기로 넘어오면서 가장 크게 변화하는 것으로 또래관계의 확장을 들 수 있는데, 이들은 부모형제를 비롯한 가족의 영향과 교사를 비롯한 어른들로부터 받는 일반적인 지도와 편달, 그리고 사회적 영향에서 벗어나 자신과 연령이나 상황이 비슷한 또래들과 어울리고 그 속에서 자신의 존재가치를 확인하려고 한다. 이러한 경향으로 인해 이들은 자신들의 사고와 행동을 비교해 볼 수 있는 준거집단으로 또래집단을 선택하고 자신이 속한 집단 속에서 고민이나 갈등을 가장 잘 이해할 수 있고, 자신들의 입장에서 적절한 해결방안을 제시할 것으로 기대하고 있다. 이러한 측면에서 청소년들이 또래들에게 적절히 수용되고 조력적인 또래관계를 통해 사회적이며 심리적인 지지를 받고 고민과 갈등을 해결하는 것은 중요하다고 볼 수 있다(김성훈, 1999).

또래들에게 일반적으로 인기 있는 청소년들은 개인적인 용모에서 깔끔하고, 잘 차려 입고, 멋진 용모를 가지고 있으며, 성격은 친근하고, 행복하고, 재미있으며, 외향적이며, 활기차다. 그리고 이들은 높은 사회적 기술을 발달시켰다(Adams, 1983). 이외에도 청소년기에 또래들에게 주로 수용되는 개인의 특성들은 친절하다, 성실하다, 원만하다, 재치 있다, 자신감 있다, 지적 능력이 뛰어나다, 신체적으로 관심을 끌 수 있는 용모나 음성을 소유하고 있다. 반면 무시당하거나 거절되기 쉬운 개인의 특성은 신경질적이다, 자기중심적이다, 학업성적이 낮다, 도피적으로 대응하거나 변명을 잘한다, 자신감이 부족하다 등이다(Dodge, Coie & Brake, 1982). 비록 어떤 하나의 특성이 사회적 수용이나 거부를 결정짓는 것은 아니지만 가장 중요한 요인은 사람들 사이의 이해이다. 다시 말하면, 다른 사람의 견해나 감정을 이해하는 기술이 높은 청소년일수록 사회적으로 수용될 확률이 높다는 것이다. 자신의 역할을 충실히 하는 것도 수용에 공헌하는 행동일 수 있다(한상철·조아미·박성희, 1997).

## 2. 또래집단의 이해

### 1) 또래집단의 의미

'또래'란 비슷한 연령 또는 비슷한 성숙 수준에 있는 아동이나 청소년을 의미하며 '동년배', '친구'라는 용어가 혼용되고 있다. 또래집단은 사회성 발달은 물론 성격, 인지, 도덕성 발달에 큰 영향을 미친다.

또래집단은 아동이나 청소년 발달에 모두 중요한 영향을 미치지만, 청소년기 또래집단은 아동기 또래집단과는 다소 차이가 있다. 청소년들은 연령이 증가하면서 아동들보다 좀 더 구조화되고 통합된 또래집단을 형성하며, 또래들과 점차 수평적이고 평등한 상호작용이 증가한다. 청소년들에게 부모와 함께 또래집단이 영향력 있는 요인이 됨에 따라 친구들을 중요시하게 되고, 또 참된 우정을 통해 인간관계를 넓혀 간다.

인간의 발달과정에서 아동기에 접어들면서부터는 비슷한 나이의 친구들과 어울리는 시간이 많아진다. 특히 학교에 다니면서부터는 친구들과 접촉하는 시간이 많아져서 또래집단은 중요한 준거집단이 되고 정보교환의 중요한 통로가 된다. 또래집단은 가족이나 학교와는 달리 근본적으로 사교적인 목적으로 존재한다. 즉, 어떤 공식화된 목표가 있는 것이 아니고 상호작용을 통해 우정으로 결속되는 집단이다. 또한 상하관계보다는 대등한 관계가 중심이 된다. 대부분의 청소년들은 그들의 가족과 함께 지내는 것보다 또래친구들과 함께 지내는 것을 더 선호한다. 청소년은 아동보다 부모의 통제를 더 많이 느끼고, 이에 저항하기 시작하며, 평등한 부모-자녀관계를 원한다. 이에 비해 또래관계는 부모-자녀관계보다 훨씬 더 평등하다. 친구들은 부모보다 덜 위압적이고 덜 비판적이고 잔소리를 하지 않으며, 자신이 원하는 것을 기꺼이 준다. 청소년기가 되면서 가족과의 접촉빈도가 줄어들지만 그렇다고 해서 가족에 대한 친밀감이 감소되거나 가족관계의 질이 저하되는 것은 아니다. 비록 또래가 현재의 활동이나 여가생활에 큰 영향을 주기는 하지만, 교육이나 진로 등과 같은 미래 지향적인 영역에서는 여전히 부모의 영향이 크게 나타난다(한상철, 2009).

자신이 친구들에게 어떻게 보여지는가 하는 것은 청소년들의 삶에 매우 중요하다. 어떤 청소년들은 친구들의 집단에 속하기 위해 무슨 일이든지 하는데 왜냐하면 따돌림 당하는 것을 피하기 위해서이다. 청소년들에게 따돌림이란 스트레스와 좌절 그리고 슬픔을 의미한다. 정상적인 사회성 발달을 위해 청소년들에게는 좋은 교우관계가 필수적이다. 사회적 고립은 청소년 비행에서 음주문제, 우울증에 이르기까지 여러 가지 문제행동 및 부적응과 연관되어 있다(Hops, Davis, Alpert & Longoria, 1997). 그리고 Ryan과 Patrick(1996)의 연구에서는 좋은 교우관계가 사회적 적응과 정적인 관계가 있는 것으로 나타났다. 아동·청소년기의 교우관계는 그 이후의 발달과도 연관이 있는데, 아동기에 교우관계가 원만하지 못하면 청년 후기에 학교를 중퇴하고, 비행청소년이 되는 경향이 있으며(Roff, Sells & Golden, 1972), 청소년기의 좋은 교우관계는 중년기의 정신건강과 정적인 상관이 있는 것으로 나타났다(Hightower, 1990).

친구의 영향은 긍정적인 측면도 있고 부정적인 측면도 있다. Piaget(1932)와 Sullivan(1953)은 아동과 청소년이 인간관계에서 상호성을 배우는 것은 친구와의 상호작용을 통해서라고 하였다. 아동들은 친구와 의견이 맞지 않을 때에 해결하는 과정을 통해서 정의와 공평성의 원리를 배운다. 청소년들은 친한 몇 사람과의 친밀한 교우관계를 통해서 상대방의 욕구에 민감하고 능숙한 파트너가 되는 것을 배우게 되는데 이러한 기술은 나중에 이성교제와 부부관계의 기초를 마련하는 데 도움이 된다고 하였다(정옥분, 2006). 반면 친구가 아동·청소년에게 미치는 부정적인 영향도 적지 않다. 또래는 청소년들에게 술과 약물, 문제행동을 소개하기도 하고, 또래에 의해 거부되고 무시당하는 것은 청소년을 외롭게 만들고 적개심을 불러일으키며, 나아가 그러한 거부와 무시는 정신건강을 해치고 범죄 행위와도 연관이 있다.

비행 친구와의 접촉은 청소년 비행의 가장 강력한 단일 예측 요인이다. 비행 친구와 어울리다 보면 문제해결 상황에서 긍정적인 방법보다는 부정적인 방법을 학습할 기회가 더 많아지기 때문이라고 해석할 수 있다. 그러나 청소년기의 반사회적 행동의 원인을 일탈이나 또래의 영향으로만 간주하는 것은 잘못된 일이다. 대부분의 연구자들은 가족 요인이 청소년들의 대인관계 스타일이나 가치를 결정하는 데 더 많은 영향을 미칠 것이라고 추정하며, 부모들이 반사회적 행동 특징을 공유하고 있다는 주장도 제기되고 있다(Fergusson & Horwood, 1996; Patterson, 1986; 한상철, 2009 재인용). Dishin(1995) 등의 연구에 의하면 반사회적 청소년들은 친구들과의 상호작용에 있어서 질이 낮고 지속시간이 짧으며, 불만이 많고, 종종 적대적으로 끝나기도 한다. Marcus(1996)는 일탈 청소년들은 친구관계가 더욱 갈등적이고 공격적이며, 낮은 애착관계를 형성하고 있고, 갈등회복능력이 부족하며, 인지적으로 왜곡되어 있다고 하였다(한상철, 2008 재인용).

## 2) 또래집단의 기능

청소년들은 정서적 및 인지적으로 성숙함에 따라 타인과의 관계에서 신의, 친밀감, 공감적 이해 등을 더 많이 기대하게 된다(Berndt & Perry, 1990). 청소년기가 되면 친구는 단순히 같이 놀 대상에 머무는 것이 아니라 심리적으로 서로 유사하고, 양립할 수 있으며, 개인적인 비밀을 반드시 지켜 주어야 하고, 어려운 상황에서 서로 도움이 되어야 한다고 생각한다. 장휘숙(1999)은 청소년기 친구관계의 다양한 기능에 대해 다음과 같이 언급하였다.

첫 번째는 심리적 지원과 안정감의 제공이다. 청소년은 친구관계에서 자신을 노출하고 타인과 가깝고 신뢰할 수 있는 관계를 맺음으로써 심리적인 지원과 안정감을 제공받는다. 청소년들은 부모로부터 독립하기를 원하는 동시에 부모를 대신해서 자신을 지원해 줄 다른 대상을 필요로 하는데, 또래집단은 부모 대신 청소년들을 지원해 주며, 친구들도 자신과 비슷한 느낌과 갈등을 공유한다는 것을 인식함으로써 정서적 지지를 얻을 수 있다.

두 번째는 동료의식이다. 친구관계는 청소년들에게 시간을 함께 할애하고 공동의 활동을 하는 친구를 갖게 해 준다. 즉, 친구관계는 시간과 자원, 도움을 제공하는 관계로 청소년은 친구와 여가시간을 함께 보내고, 과제나 문제를 해결할 뿐만 아니라 오락을 할 수 있는 기회를 제공한다.

세 번째는 자아지지 및 자아존중감의 근원으로서의 기능이다. 친구관계는 지지, 격려, 피드백을 제공해 줌으로써 청소년들이 스스로 유능하고, 매력적이며 가치 있는 사람이라고 느낄 수 있도록 돕는다. 청소년들은 친구들로부터 자신의 능력과 가치를 평가받으며, 자신을 표현하는 방법과 기술을 습득함으로써 자아지지를 획득하고 자아존중감을 발달시킨다. 또한 친구는 대부분 자신의 있는 그대로의 모습을 지지해 주고, 자신의 선택도 지지해 주므로, 청소년들의 경우 친구를 통해 자아를 지지받고 자아존중감을 증진시킨다(정영숙 외, 2009).

네 번째는 모델링과 행동 표준의 근원으로서의 기능이다. 청소년들은 친구들의 행동을 비교하거나 관찰하고 때로는 모방하기도 하며, 이를 자신의 행동을 위한 준거로 삼는다. 동년배 집단은 청소년들의 의사결정에 영향을 주어 행동 모델의 기능을 수행한다. 특히 청소년기 동안 부모-자녀관계에 갈등이 있거나 부모가 부재 시에 동년배 집단의 영향력은 더욱 증가한다.

다섯 번째 기능은 역할수행의 기회와 피드백의 제공이다. 집단활동의 참여와 구성원들 간의 자유로운 토론은 청소년들에게 서로 다른 역할수행의 기회를 제공하고, 성인기에 필요한 기술을 연습할 수 있도록 돕는다. 아울러 청소년 자신의 생각이나 감정 또는 행동이 다른 사람에게 어떠한 영향을 미칠지에 대한 피드백을 제공한다.

마지막으로 정보교환 기능을 들 수 있다. 또래집단은 구성원에게 흥미 있거나 유용한 정보를 교환하는 역할을 한다. 특히 청소년들은 인터넷 관련 정보, 청소년문화, 이성교제, 게임, 연예 정보 등을 또래집단을 통하여 교환한다. 이 외에도 또래집단은 청소년들이 서로를 비교함으로써 자신의 위치를 알 수 있게 한다.

### 3) 또래집단과 우정

청소년기는 활동, 영향, 지지의 원천으로서 우정관계의 역할이 극적으로 증가하는 때라고 할 수 있다. Sullivan(1953)에 따르면 우정관계의 발달적 특성은 청소년 초기의 단짝친구 관계의 발달로부터 시작되며, 이 시기에는 친밀한 대인관계적 적응이 중요한 과업이 된다. 친밀감에 대한 욕구는 단짝친구 내에서 채워지고 친구가 상대방의 욕구에 민감하고 상호만족을 추구하는 것에 기인하며, 단짝친구 관계를 통해 정보적 지지 및 정서적 지지와 충고를 받으면서 서로를 돕고 지원한다. 또한 서로의 자존감을 증진시키며 정체감 형성에도 기여하게 된다.

우정의 의미와 질은 청소년기 동안 지속적으로 변화한다. 청소년 초기의 피상적이고 활동 중심적이던 우정관계에서 청소년 후기의 친밀하고 보다 정서적인 상호관계로 우정은 전개되어 간다. 청소년기 초기, 중기, 후기의 우정의 특징을 보면 다음과 같다.

먼저 청소년 초기(10~13세)의 우정은 개인적인 특성보다는 태도나 행동, 관심 분야의 유사성에 기초한다. 이때의 우정은 보다 피상적이고 활동중심으로 동성의 친구가 대부분이다. 자기노출이나 친구에 대한 신의가 나타나기 시작한다(Berndt, Hawkins & Hoyle, 1986). 초기 청소년기의 단짝친구는 시간의 경과에 따라, 점차 자기노출과 개인정보의 공유 및 높은 평등성과 상호호혜성을 특징으로 하는 보다 친밀하고 상호적인 광범위한 우정관계로 대체되며, 바로 이 시점부터 청소년기 동안의 우정관계는 더욱 깊어지고 부모와의 관계를 보완하게 된다(Kimmel & Weinner, 1985; 최명구 외, 2009 재인용).

청소년 중기(14~16세)의 우정은 정서적으로 강렬하고 관계중심적이다. 십대들은 친구의 개인적 특성을 고려하기 시작하는데, 특히 신뢰할 수 있고 비밀을 털어놓을 수 있는 친구를 찾게 된다. 이때의 친구는 자기 자신을 상대방에게 노출시키고, 남의 소문을 이야기하고, 비밀을 서로 나눈다. 이때의 우정은 뜨거워졌다 차가워졌다 하는 갑작스러운 변화를 겪으며, 친구와 헤어지는 것, 배신당하는 것에 상당히 민감하다. 이때는 특히 친구가 뒤에서 자신을 욕할까봐 걱정하고, 자기 비밀을 남에게 이야기할까 봐 두려워한다(Frankel, 1990). 그리고 우정에 금이 갔을 때 큰 상처를 입는다. 이 무렵 이성교제가 시작되지만 여전히 동성친구가 이성친구보다 더 중요하다.

## 3. 친구만들기의 전략

원만한 또래관계를 갖는 데는 몇 가지 분명한 개인적인 특성이 작용할 수 있다. 이를 보다 구체화시키면 또래관계를 성공적으로 맺는 데 사용할 수 있는 적절한 전략과 부적절한 전략으로 정리될 수 있다. 한 연구에서는 이를 잘 보여주었는데, 6학년과 7학년을 대상으로 조사한 결과 친구를 만들기 위한 전략으로는 친사회적 행동, 또래에 대한 수용, 반사회적 행동이 중요하게 작용하는 것으로 나타났다(Wentzel & Erdley, 1993).

**표 4-1 친구만들기 전략**

| 적절한 전략 | 예 |
|---|---|
| 친밀한 상호작용 | • 친구에 대해 알기: 이름, 나이, 좋아하는 활동 묻기<br>• 친사회적인 제안하기: 자기소개, 대화 시작, 같이 하자고 초대 |
| 친절 | • 친절하고 사려깊게 대함 |
| 친사회적 행동 | • 정직함과 신뢰로움: 진실을 이야기하고 약속을 지키기, 너그럽고 공유하며 협조적임<br>• 다른 사람을 존중하고 예절을 지키기: 공손하고 예의 바르고 다른 사람이 말하는 것을 주의 깊게 들음 |
| 자신과 타인 존중 | • 긍정적인 태도와 성격을 가짐: 다른 사람에게 개방적이고 친근하며 재미있음<br>• 자기자신의 명성을 높임: 깨끗하고 깔끔하게 옷을 입고 최선을 다하는 행동을 함 |

| 사회적 지지 제공 | • 지지적임: 잘 도와주고 충고하며 자신이 배려하고 있음을 보여줌<br>• 함께하는 활동에 참여: 공부든 놀이든 함께 함. 서로 곁에 앉고 같은 집단에 들어감<br>• 다른 이를 높여줌: 다른 사람을 칭찬함 |
|---|---|
| **부적절한 전략** | **예** |
| 심리적 공격성 | • 존중하지 않는 매너: 편견을 갖고 사려깊지 않으며 다른 이를 이용함<br>• 따돌리고 비협조적임: 남을 무시하고 소외시키며 남과 나누거나 돕지 않음<br>• 명성과 감정을 해침: 가십과 루머를 퍼뜨리고 남들이 당혹스러워지게 만들고 남을 비판함 |
| 부정적 자기표현 | • 자기중심적임: 잘난 척하고 기만적이며 질투하고 과시하며 자신만을 생각함<br>• 비열하고 나쁜 태도나 감정: 비열, 잔인, 적대적, 투덜거리며 항상 화가 나 있음<br>• 자기 자신의 명성을 해침: 위선적, 어리석은 행동, 짜증부리고 말썽을 일으킴 |
| 반사회적 행동 | • 신체적 공격성: 싸우고 침 뱉고 발 걸고 신체적 상해를 일으킴<br>• 언어적 공격이나 통제: 다른 사람에게 소리 지르고 골리고 놀림 비난함. 거들먹거림, 정직하지 않음. 충실하지 않음, 거짓말하고 훔치고 속임, 비밀을 폭로하고 약속을 깨뜨림<br>• 교칙위반: 무단결석, 음주, 약물섭취 |

## 4. 또래집단의 형성과 역동성

친밀한 또래관계를 형성하는 것은 청소년기 동안 일어나는 일반적인 현상이다. 거의 모든 청소년들은 친구들과 함께 어떤 활동에 참여하기를 원하고 친구들과 자신의 생각과 견해를 교환하기를 원한다. 초기와 중기 청소년기 동안 대부분의 청소년들은 최소한 하나 이상의 또래집단에 소속되어 있다. 개인적인 욕구와 사회적 압력은 청소년들로 하여금 최소한 하나의 친구집단을 가지도록 강요하고 있다. 따라서 만약 이러한 관계를 형성하지 못하면 외로움과 고립감을 느낄 수밖에 없다. 비록 대부분의 친구들이 비슷한 지역사회에 살고 윤리적이고 사회경제적으로 유사하지만, 친구관계는 경우에 따라 성, 인종, 나이 그리고 사회계층에 따라 달라질 수 있다.

청소년들의 친구선택은 친밀감이나 안정성보다는 오히려 유사한 활동에 대한 선호도와 가용성이 중요하게 고려된다. 물리적 근접성 역시 또래집단을 형성하는 중요한 요인이다. 빈번하고 즐거운 교제는 친밀한 관계를 촉진시키고, 친밀한 관계는 빈번하고 즐거운 교제를 촉진시킨다.

청소년들은 주로 자기 집에서 가까운 곳에 살고 있거나 같은 학교에 다니는 친구들과 함께 여가시간을 보낸다. 비록 대부분의 경우 친구관계는 학교에서 시작되지만 학교 밖에서 함께 시간을 보냄에 따라 이들의 관계는 더욱 강화된다. 어떤 청소년들은 관계를 시작하거나 지속시키는 데 필요한 사회적 기술이나 자신감이 부족하기 때문에 학교 밖의 또래관계를 형성하지 못할 수도 있다. 또한 불편한 교통수단, 인종, 성별 차이 등은 학교 밖의 또래관계를 형성하는 데 방해적인 요소가 될 수 있다 (Dubois & Hirsh, 1993).

어떤 청소년들은 다른 친구들에 비해 동년배들과 잘 지낸다. 청소년들이 친구들과 얼마나 잘 지내는가는 가정에서 밀접한 관계에 대해 어떻게 학습하느냐에 따라 어느 정도 영향을 받는다. 가족들은 청소년들에게 타인과의 관계에서 어떻게 자기노출, 신뢰, 충성심, 갈등, 양보, 존경을 할 것인가에 대해 일상생활을 통해 학습시킨다. 친구들은 마치 결혼한 부부처럼 시간이 지날수록 비슷해진다(Berndt & Keefe, 1995). 친구들은 취미, 운동, 관심사 등의 여러 다양한 분야의 활동을 같이 하고 서로의 생각에 대해 강화를 준다. 성적이 높은 청소년들은 서로 좋은 성적을 받으려고 노력하지만, 성적에 관심이 없는 학생들은 이러한 친구들을 비웃는다. 대개 어떤 집단이 형성되면 그 집단을 이끌어 가는 리더와 리더를 따르는 구성원의 지배적 위계가 형성된다. 집단의 리더는 구성원들이 추종을 하거나 모방하려는 대상이다. 집단의 리더는 어떠한 활동을 하느냐에 따라 리더의 특성은 달라질 수 있으므로 운동 선수집단의 리더와 사회적 리더는 차이가 있을 수 있다. 그러나 각각의 개인들은 집단의 영향을 받고 집단은 다시 각 구성원에게 영향을 미친다.

Dunphy(1972)는 비록 또래집단에서 지배적인 위치에 있는 리더가 구성원들에게 공공연하게 권위를 행사하지는 않지만 이들이 집단의 의사소통과 의사결정을 통제한다는 것을 관찰했다. 리더는 힘이나 통제를 사용하기 보다는 오히려 집단적 활동을 조화롭게 하고 원활하게 하면서 리더의 역할을 시작한다. 어떤 경우에는 또래구성원들이 생각하는 이상적인 성격을 소유하고 있기 때문에 리더가 되기도 한다. 예를 들면, 친절함, 운동능력, 지능 그리고 인기와 같은 동경하는 특성은 청소년 또래집단에서 리더가 될 수 있는 자격요건이 되기도 한다. 또래집단의 리더는 새로운 아이디어를 가지고 있고 대개 활동을 주도하며, 집단에서 반드시 필요한 존재로 간주된다. 그리고 청소년들이 선호하는 리더의 특성은 연령이 증가하고 성숙하면서 변화할 수 있다.

## 5. 또래집단의 영향과 유형

청소년기 동안 또래의 영향이 긍정적이고 건설적인 면도 많지만, 성인들은 청소년기에 일어나는 반사회적 행동과 파괴적 행동을 설명하는데 또래의 압력을 중요한 요인으로 고려한다. 또래집단의 구성원들은 집단이 형성될 시점부터 서로 유사한 특징을 가지고 있으며, 서로에게 영향을 미쳐 시간이 지날수록 더욱 유사하게 된다. 친사회적인 성향이 있는 또래들은 타인을 배려하는 행동 등과 같은 친사회적 행동의 모델이 되기도 하고, 이러한 행동을 강화하지만 일탈성향이 있는 또래는 반사회적이고 자기파괴적 행동을 고무시킨다. 대부분의 청소년들, 심지어 문제를 일으키는 청소년들조차 문제를 일으키지 않는 또래에게 호감을 느낀다.

한 집단에 속한 구성원들은 서로 유사한 특성을 갖는다. 심지어 어떤 경우, 청소년들은 자기와 비슷한 수준으로 스트레스를 경험하는 또래들과 유대관계를 맺는 경향이 있다(Hogue & Steinberg, 1995). 또래집단 구성원들은 다음의 과정을 통해 서로 유사성을 갖는다. 첫째, 유사한 사회·인구통계학적 요인은 서로에게 근접성을 느끼게 한다. 둘째, 차별적 선택을 통해 자기와 유사한 친구를 찾는다. 셋째, 친구들끼리 서로 상호작용함으로써 서로를 사회화시키므로 더욱 유사해진다. 넷째, 응집력이 높은 집단에 속한 사람들은 종종 혼자 있을 때는 하지 않는 행동도 집단에 속해 있기 때문에 하게 되는 감염효과가 일어난다. 다섯째, 집단에 동조하지 않는 구성원들은 자발적으로 집단을 떠나도록 압력을 가하는 선택적 제거가 행해진다. 이러한 과정은 단계적으로 일어나기도 하지만 동시에 진행될 수도 있다.

이론가들은 또래집단이 어떻게 각각의 구성원들에게 영향을 미치는지를 이해하기 위해 다음과 같은 기제들을 제안했다(Kelly & Hansem, 1987).

첫째, 청소년들은 또래의 특성을 관찰하고 이를 모방한다. 이로 인해 청소년들 사이에서 유행하는 언어적 표현, 머리모양, 패션경향 등을 발견할 수 있다.

둘째, 청소년들의 행동은 칭찬, 비판, 괴롭힘, 가벼운 강요와 같은 또래의 피드백에 따라 수정된다.

셋째, 거부와 따돌림 등과 같은 부정적인 처벌이 발생한다.

넷째, 집단활동에 참여한다.

다섯째, 자신의 사고, 느낌, 그리고 활동을 또래의 그것과 비교한다.

이때 호의적인 비교는 자신을 긍정적으로 생각하게 하지만, 부정적인 평가는 고통스럽다. 이러한 요인들이 청소년들의 행동에 미치는 영향은 또래 상호작용의 구체적인 패턴, 즉 친구와 함께 보내는 시간의 양, 관계의 지속기간 그리고 또래의 영향에 대한 개인의 수용도 등에 따라 다르게 나타난다.

또래집단에서의 인기도를 측정하는 소시오그램(sociogram)의 결과에 따라 또래관계의 유형을 분류하면 다섯 가지로 나눌 수 있다.

첫째, 인기형이다. 신체적으로 매력 있고 머리가 좋으며 사교적이고 행동적이며 지도력이 있다. 이들은 자존감이 높고 여러 종류의 다양한 친구들과 잘 어울린다. 유머감각이 뛰어난 것도 특징이다.

둘째, 보통형이다. 청소년의 반 정도가 이 유형에 속한다. 친구들이 특별히 좋아하지도 인기 있는 것도 아니지만 그렇다고 친구들이 싫어하는 유형도 아니다. 이들은 집단에 무난히 어울리는 보통 청소년이다.

셋째, 고립형이다. 고립되거나 무시당하는 유형으로 친구들의 관심 밖에 있기 때문에 좋은 친구로 지명되지도 않고 싫어하는 친구로 지명되지도 않는다. 이들은 수줍음을 잘 타고 위축된 성격으로 낮은 자존감과 우울, 불안 등 내적인 문제가 있는 경우가 많다.

넷째, 거부형이다. 청소년들이 가장 싫어하는 유형으로 신체적으로나 언어적으로 공격을 많이 하고 교실에서 수업분위기를 망치며 학업성적도 좋지 않다. 역시 인기없는 친구들과 친구가 되며, 자기보다 어린 아이들과 어울린다. 이들 중에는 약물남용이나 비행과 같은 외적인 문제를 갖고 있는 경우가 많다.

다섯째, 혼합형이다. 좋은 친구로 뽑히기도 하고 싫은 친구로 뽑히기도 하는 혼합형은 공격적이고 파괴적인 면이 있는가 하면 자기주장도 강하고 지도력이 있다. 이들은 또래집단에서 눈에 띄고 좋아하는 사람과 싫어하는 사람들도 많아 친구들로부터 복합적인 반응을 유발한다.

## 참고문헌

이은희(2005). 청소년의 친구관계에 대한 연구. 관동대학교 대학원 석사학위논문.

정영숙, 신민섭, 이승연(2009). **청소년심리학**. 서울: 시그마프레스.

정옥분(2006). **청년심리학**. 서울: 학지사.

최명구, 김누리(2009). **청소년의 이해**. 서울: 학지사.

한상철(2009). **청소년학: 청소년이해와 지도**. 서울: 학지사.

한상철, 조아미, 박성희(1997). **청소년심리학**. 경기: 양서원.

Berndt, T. J., & Perry, T. B.(1990). Distinctive features and effects of early adolescent friendship. In R. montemayor, G. R. Adams, & T. P. Gullotta(Eds.), F*rom childhood to adolescence: A transitional period?*. Newbury Park, CA: Sage.

Berndt, T. J., Hawkins, J. A., & Hoyle, S. G.(1986). Change in friendship during a school year: Effects on children's and adolescents' impressions of friendship and sharing with friends. *Child Development, 57,* 1284-1297.

Frankel, K. A.(1990). Girl's perception of peer relationship support and stress. *Journal of Early Adolescence, 10,* 69-88.

Hightower, E.(1990). Adolescent interpersonal and familiar percursors of positive mental health at midlife. *Journal of Youth and Adolescent, 19,* 257-275.

Hops, H., Davis, B., Alpert, A., & Longoria, N.(1997). Adolescent peer relations and depressive symptomatology. Paper presented at the meeting of the Society for Research in Child Development, Washington, D.C.

Roff, M., Sells, S. B., & Golden, M. W.(1972). *Social adjustment and personality development in children.* Minneapolis: University of Minnesota Press.

Ryan, A. M., & Patrick, H.(1996). Positive peer relationships and psychosocial adjustment during adolescence. Paper presented at the meeting of the Society for Research on Adolescence, Boston.

Sullivan, H. S.(1953). *The interpersonal theory of psychiatry.* New York: Norton.

Dubois, D. L., & Hirsh, B. J.(1993). School-nonschool friendship patterns in early adolescence. *Journal of Early Adolescence, 13,* 102-122.

Berndt, T. J., & Keefe, K.(1995). Friends' influence on adolescents' adjustment to school. *Child Development, 66,* 1312-1329.

Dunphy, D.(1972). Peer group socialization. In R. Muuss(Ed.), *Adolescent behavior and society*(3rd. ed.). New York: Random House.

Hogue, A., & Steinberg, L.(1995). Homophily of internalized distress in adolescent peer groups. *Developmental Psychology, 31,* 897-906.

Kelly, J. A., & Hansen, D. J.(1987). Social interactions and adjustment. In V. B. Van Hassler & M. Hersen(Eds.), *Handbook of adolescent psychology.* New York: Pergamon Press.

Wentzel, K. R., & Erdley, C. A.(1993). Strategies for making friends: Relations to social behavior and peer acceptance in early adolescence, *Developmental Psychology, 23*(5), 819-826.

Chapter 05

# 가상현실과 청소년문화

1. 가상현실에 빠져드는 청소년
2. 게임의 순기능과 역기능
3. 게임중독에 빠지는 이유
4. 여가활동으로서의 게임
5. 삶의 의미를 담은 청소년 여가문화

**가상현실과 청소년문화**

1. 4차 산업혁명시대 가상현실 속에 살아가는 청소년의 삶에 대하여 알아본다.
2. 가상현실 중 가장 강력한 문화를 형성하고 있는 게임의 순기능과 역기능을 알아본다.
3. 게임중독에 빠지는 이유에 대하여 알아본다.
4. 게임중독을 극복할 수 있는 건전한 청소년문화의 정착화에 대하여 알아본다.

4차 산업혁명시대는 모든 것이 연결되는 세상, 즉 초연결사회(hyper-connected society)라고도 할 수 있다. 디지털 기술로 사람과 사람, 사람과 사물, 사물과 사물, 온라인과 오프라인이 일대일 또는 일대 다수, 다수 대 다수로 긴밀하게 연결되는 사회이다. 특히 디지털 기술은 현실세계와 가상세계를 연결하는 새로운 문화를 강력하게 형성하고 있다. 특히 가상현실 중 강력한 문화를 형성하고 있는 것 중 하나가 게임문화이다(김정희, 2017).

'2013 국가정보화백서'에 따르면 2012년 7월 현재 국내 만 3세 이상 인구의 78.4%가 인터넷, 모바일을 이용하며, 10대에서 30대에 이르는 젊은 세대의 경우, 인터넷 및 모바일 이용률이 99% 이상에 이른다고 한다. 이것은 인터넷 및 모바일의 사회문화적 영향력을 보여주는 결과로 인터넷 및 모바일이 없는 현대인의 일상은 상상하기 어렵다. IT기술의 발달과 인터넷 보급은 생활의 전반을 바꾸어 놓았다고 해도 과언이 아니다. 전 세대가 인터넷과 모바일을 이용한 생활의 편리함을 누리고 있으며 여가 생활조차도 인터넷 및 모바일 문화에 의존하는 실정에 이르렀다.

특히 한국콘텐츠진흥원(2011)에 따르면 만 9~39세의 한국인이 여가 시간에 즐겨하는 활동으로 '게임'이 1순위로 나타났으며, '2012 대한민국 게임백서'에 따르면 2012년 국내 게임시장은 10조 원을 돌파하고 2014년에는 15조 원에 근접하는 시장 규모를 기록할 것으로 전망하면서 온라인 게임 시장의 꾸준한 성장세를 보고하였다. 이를 반영하듯 우리 청소년들이 컴퓨터 및 인터넷 이용 시 주로 하는 활동이 게임이라고 밝혀진 바(김진숙, 2000; 황상민 · 황희영 · 이수진, 2001, 한국콘텐츠진흥원, 2012), 우리 청소년들의 게임중독에 대한 우려는 더욱 커질 수밖에 없는 현실이다.

## 1. 가상현실에 빠져드는 청소년

사이버 세계라고 생각했던 인터넷은 이제 가상세계이자 현실세계인 것이다. 최원기(2008)는 사이버 문화의 특성으로 ① 익명성의 문화, ② 개방성의 문화, ③ 자율성의 문화, ④ 다양성의 문화, ⑤ 미래적 가치의 문화, ⑥ 저항의 문화, ⑦ 신부족주의의 문화, ⑧ 중독과 몰입의 문화를 제시하였다. 제시된 여덟 가지 특징을 살펴보면 '사이버 문화'의 특징으로 한정짓기에 앞서 현대문화의 특징이라고 지칭하여도 전혀 손색이 없다. 이것은 사이버문화가 현대문화를 주도해가고 있음을 의미하는 것이라고 할 수 있다.

사이버 문화의 특성으로 제시된 '중독과 몰입'이라는 특성은 인터넷 및 스마트폰 게임을 읽어내는 가장 쉬운 표현 중의 하나이다. 몰입은 원래 긍정적 의미로 Csikszentmihalyi(1975)에 따르면 능력을 늘리거나 새로움과 발견에 관련된 위험하고 어려운 활동을 할 때조차도 그들을 계속해서 움직이게 하는 힘이며, 중독은 심리적 장애의 한 종류로서 어떤 활동에 강박적으로 참여하거나 그 활동과 관련된 충동을 조절하지 못하며, 바람직하지 않은 결과에도 그 활동에 집착하는 것을 의미한다(Young,1999).

게임은 재미, 흥미, 호기심, 몰입을 유발하여 즐거움을 주는 것으로, 일반적으로 아동이나 청소년의 인성발달을 도와주는 중요한 도구의 의미(최원기, 2008)였다. 그러나 IT기술의 발달로 오늘날 게임의 유형과 의미는 과거와는 확연히 달라졌다. 게임의 공간적·시간적 영역이 확대되었고 청소년들의 일상 속으로 깊이 들어와 심각한 문제점으로 인식되기에 이르렀다.

사이버 문화가 새로운 문화적 경향성을 주도하면서 다양한 현상들이 나타나고 혁신성, 편리성과 함께 문제점들을 양산해내고 있으며 그 중심에 인터넷 및 스마트폰 게임이 자리하게 된 것이다. 사실, 인터넷 및 스마트폰 게임을 바라보는 시각은 세대에 의해 확연한 차이가 있는 듯하다. 게임을 즐기는 청소년 세대에게는 더없이 매력적인 오락이지만, 그것에 빠져드는 청소년을 바라보는 기성세대에게는 걱정스럽기 짝이 없는, 오히려 없는 게 더 나을 것 같은 우려의 대상인 것이다.

## 2. 게임의 순기능과 역기능

인터넷 및 스마트폰 문화의 효율성과 편리성의 이면에서 발생한 인터넷 및 스마트폰 이용 중독, 특히 게임 중독이 심각한 사회문제로 인식되면서 청소년보호를 위한 '셧다운제'까지 시행하고 있다. 게임에 대한 부정적 평가에서 전개된 제도이지만 일각에서는 부정적 시각으로만 바라볼 것이 아니라 적정수준의 게임 참여는 청소년의 건전한 여가활동으로 인정해야 한다는 입장이다(류성옥·이훈, 2013).

인터넷 및 스마트폰 게임에 대한 부정적 평가는 가상과 현실을 넘나들며 살아가는 청소년들이 심각한 폐해에 빠져 건강한 사회구성원으로 성장하는 데에 지장을 초래하지 않을까 하는 걱정에서 시작된다. '인터넷 및 스마트폰 게임'이라고 하면 먼저 떠오르는 것이 '중독', '청소년', '문제', '걱정' 등의 단어들이다. 대부분 부정적인 연상들이 앞서지만, 사실 게임을 즐기는 당사자들에겐 '즐거움'이자 '성취'일 것이다. 이렇듯 인터넷 및 스마트폰 게임은 누가 어떻게 사용하고 어떤 관점으로 바라보느냐에 따라서 순기능 혹은 역기능으로 나타나는 것이다.

결국 인터넷 및 스마트폰 게임의 순기능과 역기능은 근본적으로 게임이라는 도구를 사용하는 자가 어떻게 사용하고 받아들이는가에 의해 평가할 수 있으며, 보다 구체적으로는 게임을 접하는 당사자의 심리적 태도가 몰입 정도인지, 중독 정도인지의 차이에 의해 구분되는 것이다. 이러한 관점에서 인터넷 및 스마트폰 게임의 순기능과 역기능을 살펴보고자 한다(최원기, 2008).

## 1) 인터넷 및 스마트폰 게임의 순기능

### (1) 스트레스 해소, 긴장완화, 휴식, 여가

청소년의 경우 일상의 대부분을 학업에 소비함으로써 내적 긴장을 유발하는 스트레스를 적절히 해소할 수 있는 휴식 개념으로서의 여가시간을 충분히 갖지 못하고 있다. 또한 그들을 배려한 휴식 공간 및 기회가 부족하여 게임이 그 역할을 대신하고 있는 상황이다. 청소년들에게 게임은 시간적·공간적 차원에서 효과적이고 효율적인 휴식처인 것이다. 다양한 종류의 게임을 하면서 쌓여온 긴장을 완화하고 익명적 타자와의 선의의 경쟁을 시도하면서 스트레스를 해소할 수도 있다. 게임으로의 적절한 몰입은 청소년들의 심리 상태를 스트레스로부터 멀리하게 하여 여가의 의미를 줄 수 있는 충분한 조건이 될 수 있다.

### (2) 다양한 정체성 확립, 긍정적 사회화 경험

게임이란 가상세계 속에 현실적 자아를 대신하는 캐릭터를 설정해 놓고 게임의 법칙에 따라 주어진 목표를 완성해 나가는 놀이로, 현실세계와는 구별되는 또 다른 역할과 정체성을 경험하게 된다. 특히 게임이 온라인상에서 집단적으로 이어지는 전략 시뮬레이션인 경우 새로운 사람들과 현실적으로 맺기 어려운 새로운 연대성 또는 공동체성을 경험하게 되며, 때로는 리더가 되어 지도자로서의 성취감을 얻을 수도 있다. 가상세계의 게임에서는 본인이 희망하는 모든 사회적 역할을 경험하면서 다양하고 광범위한 긍정적 사회화를 경험하게 되는 것이다.

### (3) 자아존중감 강화, 이상형적 자아실현

게임을 통해 본인이 희망했던 이상형적 모습을 시도해 봄으로써 자아존중감을 회복할 수 있으며, 미래의 자기 모습도 미리 예상해 볼 수 있는 경험은 자신에 대한 긍정적 가치와 태도를 강화시키는 계기가 될 수 있다. 게임의 현실은 더 이상 현실적 자아와 구분되어 있지 않고 현실적 자아를 변화시킬 수도 있는 적극적 관계에 놓이게 된 것이라고 할 수 있다. 현실에서 불만족스러웠던 자신을 게임 속 또 다른 나를 통하여 변화의 기회로 삼을 수 있는 것이 게임이 지니고 있는 대표적인 긍정적 기능 중의 하나이다.

### (4) 독립적 사고 및 문제해결능력 강화

게임의 구체적 실행은 그것이 집단적이든 개별적이든 관계없이 결국은 게임을 시행하고 있는 게이머 자신의 자발적인 결정과 능력 등에 의해 이루어진다. 따라서 게임에 적절히 몰입할 경우 독립적 사고력이 증가할 수 있으며, 게임에서의 정해진 목표를 달성하기 위해 그때그때 당면한 문제를 스스로 해결해 나가면서 독립적 능력을 시험·발휘·과시하기도 하는 중요한 장이 될 수 있다.

### (5) 학습 동기부여

일반적으로 게임은 청소년들의 학습 능력 신장과는 대치되는 영역으로 인식되어져 있다. 그러나 때로 게임은 청소년들로 하여금 학습 동기를 자극하는 주요 요인으로 작용하기도 한다. 게임에 등장하는 여러 가지 구성요소를 이해하기 위한 지식습득이 필요하기도 하고 외국어로 구성된 게임의 경우 의미 파악을 위해 해당 언어에 대한 관심을 갖게 되는 경우도 있다. 또한 최근에는 학습을 목적으로 게임들이 만들어지고 있으며, 나아가 게임적 기법을 이용한 청소년 학습 사이트도 제공되고 있는 등 학습 동기를 부여하는 긍정적 기능을 가지고 있다.

### (6) 신체능력 향상

게임에 몰입하는 사람들의 대표적인 신체 변화는 손과 눈의 협응능력의 발달이다. 최근에는 게임을 하는 데 필요한 인체 감각기관의 사용 범위가 증가하고 있는 추세이다. 그것은 게임에 몰입할수록 모든 감각을 사용하여 게임을 즐기고자 하는 인간의 자연적인 욕구 때문일 것이다. 앞으로 게임 개발은 인체의 감각 사용률을 증가시키게 되어 인체의 감각능력들 간 상호연계성을 높이는 계기가 마련될 수도 있다.

### (7) 공격적 성향의 감소

현실 속에서 어떠한 원인에 의해 발생되는 분노나 공격적 성향을 게임을 통해 대리 표출함으로써 현실에서의 그러한 태도를 약화시키거나 해소시킬 수 있다. 길거리에서 종종 발견되는 펀치 기계나 발차기 기계 등이 지니고 있는 역할처럼 가상공격을 통해 내적으로 잠재되고 억압된 분노나 공격성을 자연스럽게 해소할 수도 있다.

### (8) 평등의식 배양

현실세계에 존재하는 인종, 성별, 연령, 학력, 사회적 지위, 경제적 지위 등의 차별과 불평등이 게임이라는 가상세계에서는 존재하지 않는다. 다만, 게임을 잘하는가, 못하는가의 지표만이 있을 뿐이다. 게임 공간 자체가 익명성을 기반으로 이루어져 있기 때문에 오프라인에서 서로에 대해 이미 알고 있는 경우를 제외하고는 서로의 정보를 알 수 없다. 청소년은 기성세대보다 성역할이나 직업관 등에서 성평등 의식이 강한데 이것은 게임 세계의 특성이 가져다준 긍정적 기능의 한 부분이라고 할 수 있다.

### (9) 기술 문명에 대한 친숙감 증가

전 연령층을 통해 인터넷 및 스마트폰 사용이 일상화·보편화되어 그 편리함 앞에서 인터넷 및 스마트폰 사용에 대한 부정적인 태도를 지니고 있는 경우는 극소수일 것이다. 그러나 기습(techniways)이라고 하는 일상적 규범의 차원에서 볼 때 청소년들 중에서도 오늘날 기술 문명에 대해 친숙하지 못한 경우도 있다. 그런 청소년의 경우 흥미를 자극할 수 있는 게임을 통해 점차 기술 문명에 가까워지는 긍정적인 결과를 갖게 되는 것이다.

### (10) 다양성에 기반한 개성 강화

인터넷 및 스마트폰 문화의 특성은 다양성 자체에 기반하고 있으며 게임 또한 마찬가지이다. 게임의 가상적 영역은 상상의 세계에서만 가능한 부분을 현실화하여 경험하게 하고 다양성을 습득하게 한다. 게임 세계에서 만나는 다양성은 개성의 다른 이름으로 개성 있는 삶을 살아가고자 하는 청소년의 일면을 반영하고 있다.

## 2) 인터넷 및 스마트폰 게임의 역기능

### (1) 가상과 현실의 몰구분, 현실적 자아 상실

가상과 현실 간의 차이는 단적으로 물리적 공간의 차이라고 할 수 있다. 가상의 게임세계는 현실세계와는 달리 물리적 공간이 존재하지 않는 세계로서 현실적인 행위나 신체 접촉의 가능성이 존재하지 않는다. 이성적 사고에 기초한다면 현실과 가상 간의 혼돈이 발생할 가능성이 희박하다. 그러나 게임세계에 빠져들 경우 가상과 현실의 구분이 되지 않는 혼동의 상태에 빠지게 될 수 있다. 게임 속의 전투가 현실적 감정을 자극하고 이것으로 인해 실재적 폭력이 발생하기도 하고 가상세계에서의 살해가 던져주는 허구적 느낌이 현실 속으로 투영되어 세상을 떠들썩하게 하는 심각한 사건으로 나타나기도 한다. 가상 게임에서의 자아가 현실적 자아를 혼란스럽게 만든 결과인 것이다.

### (2) 폭력 및 공격 성향 조장

현실에서의 외현적 또는 내재적 공격 성향 및 폭력 성향이 게임에 대한 적정한 몰입으로 해소될 수도 있지만, 그 정도가 지나치게 되고 그 원인이 오랫동안 억압되고 지속되어 온 경우 게임에서의 폭력성은 현실에서의 폭력적 행위로 재현될 수 있다. 게임에서는 게이머 자신을 포함해서 모든 캐릭터들이 죽었다 살아나는 등 삶과 죽음의 경계가 의미 없어진다. 여기서 가상과 현실의 혼란에 빠져들면, 게임에서의 폭력과 공격성이 현실에서의 폭력적 행위로 나타나게 되는 것이다.

### (3) 매체의존성 강화, 물질주의 가치 강화 등에 의한 탈인간화

게임이나 인터넷 및 스마트폰 접속 등은 오늘날 청소년들에게는 필수적인 일상생활이며, 청소년들의 24시간은 거의 on-line 상태이다. 게임을 포함한 신매체들에 대한 의존성이 절대적인 상태로 일상의 온라인화 욕구를 충족시키기 위한 컴퓨터, 스마트폰 등 물질적 수단에 의존할 수밖에 없다. 게임에 중독된 청소년의 경우 일상생활의 모든 중요한 가치는 게임을 할 수 있는 물질적 도구들에 의해 좌우되어 인간화에 역행하는 모습으로 변해가는 것이다.

### (4) 충동적 행동

충동적 행동의 중요한 특징은 스스로의 욕구를 제어하지 못한다는 점에 있다. 사회적 관계 속에서 형성된 자아가 부족한 경우, 본능에 좌우되는 빈도가 많아지면서 충동적 행위가 빈번히 발생하게 될 가능성이 높아진다. 게임에 중독되는 경우, 게임과의 관계가 여타 사회적 관계보다 강하고 또 대부분을 차지하기 때문에 자아의 적절한 조화 관계의 형성에 문제가 발생하게 되며 조절능력의 상실로 본능적 작용이 증가하여 충동성이 높아질 수 있다. 이것이 현실 공간으로 연결될 경우, 다른 문제행동으로 전개될 가능성이 높다.

### (5) 사회 부적응

사회 적응은 현실 속에서 타인과의 적정한 관계에 의해 토대를 구성하게 되는 개념이다. 즉, 가족과 학교, 친구 집단, 사회 등을 통해 타인과의 관계를 맺거나 끊기도 하는 등의 사회화 과정 전반을 거치면서 인간은 타인을 이해하게 되고, 그 속에서 자신을 발견하게 되어 객관화된 자아를 형성하며 사회에 대한 안정적인 적응을 이루게 된다. 게임에 중독된 경우에는 현실에서의 타인과의 관계가 배제됨에 따라 타인의 의미가 상실되고 타인에 대한 흥미 자체도 감소되어 대인관계를 통한 다양한 사회적 기능을 습득하지 못하여 사회 부적응을 초래하게 된다.

### (6) 게임에서의 대리만족에 의한 현실적 공허감, 우울증 유발

게임에 중독된 경우 하나 또는 그 이상의 게임에 지속적으로 몰두함으로써 게임이 제시하고 있는 최대 목표를 달성하고자 한다. 게임에서 어느 정도 위상이 높아지면 24시간 가상과 현실을 오가며 몰두하고 모든 노력을 경주하게 된다. 목표 달성의 과정에서 지속적인 불안감을 경험하게 되고 때로는 일상생활을 유지할 수 없는 상태에 이르기도 한다. 결국 게임에 중독되어 게임의 모든 단계를 마스터했을 때 비로소 게임은 게임일 뿐이라고 하는 현실적 의미를 알게 되며, 결국 허무와 공허, 우울 등의 감정에 빠지게 되는 것이다.

### (7) 신체적 악영향

오랜 시간 게임에 집중하는 경우 의자에 앉아 있음으로 인해 요통, 견통, 손목 및 손가락 근육의 이상 등이 나타나게 되며, 안구 건조증, 시력 저하, 혈액 순환 장애, 소화 불량 등의 현상도 나타날 수 있다. 특히 혈액 순환 장애는 심장 혈관에 이상을 초래하여 돌연사를 초래하기도 하는 등 여타 신체적 악영향을 발생시키는 원인이 되기도 한다. 청소년의 경우에는 신체 발달이 활발하게 이루어져야 하는 시기임에도 영양 섭취 저조와 상기 원인 등에 의하여 신체 발달이 정상적으로 진행되지 않을 수 있고, 정서적 발달 및 지적 수준의 발달에도 커다란 문제가 야기될 수 있다.

### (8) 게임 금단 현상

금단 현상이라는 것은 특정 행위에 대한 중독이 이루어졌을 경우 그로부터 벗어나기 위해 거치게 되는 탈중독 현상의 대표적인 특징이다. 중독된 행위를 하지 못하였을 때 불안하고 초조하며 환상이나 환영이 보이고 식욕이 저하되며 모든 일에 의욕이 저하되는 등의 현상들이다. 게임 중독의 경우에도 이로부터 벗어나고자 할 때 이와 같은 금단 현상들이 발생하게 되는 등 심각한 심리적 문제로 발전될 수도 있다.

### (9) 가족과의 대화 단절

게임 중독이 발생하면 현실세계에서의 모든 사회적 관계가 중지되며, 가족들과의 대화 자체가 단절되는 경우가 발생한다. 가출하여 PC방에 머물 수도 있으며, 본인의 방과 컴퓨터를 떠나지 않는 은둔형 행위가 발생할 수도 있다. 특히 청소년 문제행동의 경우 가족과의 의사소통 문제에서 비롯되는 경우가 많다. 게임에 집중하면 할수록 가족과의 대화 단절은 더 심해지고 결국 가족 내 오해 발생 및 가정 폭력 등으로 이어져 심각한 가족문제로 확대될 가능성이 있다.

### (10) 학습 장애

게임에 투자하는 시간이 절대적으로 증가하고 모든 관심이 게임에 집중됨에 따라 심각한 학습 장애가 발생할 수 있다. 학교에 등교하더라도 학습 내용에는 흥미가 없기 때문에 게임 관련 잡지를 보거나 이야기하는 등 게임에만 신경 쓰게 된다. 심각성이 증가되면 등교를 거부하고 집에서 게임에만 몰두하는 경우가 나타나며, 때로는 PC방 등에서 기거하며 게임에 몰입하여 학업에서 점점 더 흥미를 잃게 되고 최소한의 기초적인 지식 습득도 이루어지지 않아 심각한 인지적·정서적 문제가 발생하게 된다.

### (11) 불평등적 성역할 강화

게임의 특성은 기본적으로 개인의 능력 이외에는 관심을 두지 않는 익명적 특성에 있다. 그러나 게임의 구성은 사회문화적 특성을 포함한 현실적 특성을 반영하기 때문에 게임 구성 내용을 보면 성차별적인 부분들이 다수 존재한다. 예를 들어, 남성에 비해 여성 캐릭터들의 심한 노출을 통해 상품화된 여성성을 발견하게 되는 것이다. 게임에 장기간 몰입하는 경우 게이머들은 자신도 의식하지 못하는 상태에서 왜곡된 불평등적 성역할을 학습하게 된다.

## 3. 게임중독에 빠지는 이유

어떤 활동에 강하게 집중하는 몰입의 상태를 넘어선 과몰입은 중독이라는 부정적 증상으로 나타나 심리적·정서적 및 신체적 문제를 유발하게 되어 일상생활에 지장을 초래할 수 있다(김정희, 2017; 안소영, 2018). 한덕현(2012)에 의하면 심리적·정서적 증상으로 우울감, 강박적 경향, 산만함과 집중력 저하, 충동성, 낮은 자존감, 사회적 불안감, 낮은 자기효능감 등이 나타나며, 또한 병적인 탐닉에 대한 죄의식, 자기조절 실패로 인한 좌절감 등은 우울감을 상승시키고 자존감을 낮춰 더욱 인터넷 및 스마트폰에 몰두하게 하는 악순환에 빠지게 한다. 또한 신체적 증상으로는 수면장애, 위장장애, 긴장성 두통, 척추질환 등이 발생하며 쉬지 않고 PC방 등에서 게임을 하다가 돌연사가 보고되기도 한다. 이러한 위험성을 모르는 것이 아님에도 불구하고 청소년들의 게임중독은 점점 더 심해지는 경향이며 일상생활의 장애와 폭력, 범죄 등의 심각한 사회적 문제로 이어지고 있다. 이에 게임중독에 빠지는 이유에 대하여 개인 심리적 측면, 사회 환경적 측면, 게임 내적인 측면에서 살펴보기로 한다.

## 1) 개인 심리적 측면

### (1) 욕구충족의 실패

Suler(1996)는 현대사회가 인간의 기본적 욕구와 진화된 욕구를 충족시키는 데 실패하고 있고, 이러한 실제 현실에서의 좌절이 인터넷 및 스마트폰을 통한 허위 자기실현을 가능하게 한다고 하였다. 학업이나 재능 계발에 좌절을 경험한 청소년들이 현실에서 자아존중감의 욕구를 실현하는 대신에 가상공간에서 게임을 통해 그 욕구를 충족시킨다는 것이다.

서준호와 이희경(2012)은 기본심리욕구의 충족으로 중독위험성을 낮출 수 있다고 하였다. 청소년들은 자신의 행동을 스스로 선택하며, 그것이 자신에게 의미 있다는 느낌인 자율성과 자신이 쓸모 있고 유능하다는 느낌인 유능성, 개인이 고립되거나 소외되기보다는 중요한 타인들과 연결되어 있고 조화를 이룬다는 느낌인 관계성을 충분히 충족하지 못할 경우 자아존중감이 낮아지고 심리적 부적응을 초래하게 된다. 성취경험이 없거나 자아존중감이 낮은 경우, 일정 수준의 자아존중감을 유지하려는 인간의 본능적 욕구 때문에 사이버 공간에서의 성취를 통한 대리만족으로 자신의 자아존중감을 회복하고자 하는 것이다(이형초, 2001).

### (2) 자기통제력의 상실

인터넷 및 스마트폰은 가상의 현실세계로 여러 가지 스트레스에 처한 청소년들에게 현실 회피의 좋은 피난처가 된다. 청소년들은 시간 및 공간, 규범적 현실의 압박으로부터 벗어나고 싶어 하며, 가상세계인 인터넷 및 스마트폰은 자신이 상상하는 환상과 현실의 차이를 많이 줄여줌으로써 현실에서보다 쉽게 자기만족감을 느끼게 된다. 하지만 때로는 지나친 자기비하로 이어질 수도 있다(한덕현, 2012). 현실에서 벗어난 자기만족이나 자기비하는 외부세계로 투사될 경우 자기통제력을 잃고 억눌린 충동성과 공격성으로 드러나게 되는 것이다.

인터넷 및 스마트폰 게임 중독과 관련된 많은 연구(김계정·이영호, 2012; 김종재·강순화, 2012; 서준호·이희경, 2012; 이영훈·유수현, 2012; 장혜진, 2002)에서 중독의 개인적 변인으로 보고한 요인이 자기조절 실패, 즉 자기통제력 상실과 관련된 요인들이다. 충동성, 공격성, 스트레스, 대인불안, 도피 등의 요인들로 행동에 대한 부적응적인 결과를 초래하는 요인인 것이다.

자기통제력의 상실을 가장 잘 나타내는 성격 특징인 충동성은 중독적인 행동성향을 가지는 사람들의 공통적인 특징으로(장혜진, 2002), 위험이나 불이익이 오는데도 불구하고 시작한 행동을 중단하거나 조절하는 데 어려움을 보인다(Gray, 1987). 자기조절이란 체계(system)가 변화하는 환경 속에서 목표를 달성하기 위하여 자신의 사고, 정서 및 행동을 조절하는 의식적 노력이 포함되는 과정을 말한다(Zeidner, Boekaerts & Pintrich, 2000). 이는 일생을 거쳐 발달시켜 나가야 하는 과제로, 여러 가지 발달과업에 직면하여 도전과 실패를 반복하는 청소년기의 특성상 자기조절에 성공하는 것이 쉬운 것은 아니다. 자신의 충동을 조절하지 못해 공격적인 행위를 하게 되고, 미숙한 방법으로 문제를 처리하거나 중독적인 행동을 보이게 된다. 즉, 충동성이 강한 청소년들은 현실에서 장래의 더 큰 만족을 추구하기보다 가상세계에서 즉각적인 만족을 추구하려는 성향이 강하여(남영옥, 2005) 보다 쉽게 게임에 몰입하게 되는 것이다.

## 2) 사회환경적 측면

### (1) 가족기능의 약화

가족요인은 인터넷 및 스마트폰 게임중독을 비롯하여 청소년의 문제행동에 있어 높은 관련성 있는 요인으로 알려져 있다(이현주·고혜진, 2012). 가족이 어떤 기능을 수행하느냐에 따라 청소년의 발달과업이 달성될 수 있는지 결정되기 때문에 청소년들에게 있어서 가족의 기능은 무엇보다 중요한 환경적 요인이다(윤명숙·김남희·박완경, 2014).

부모와의 역기능적 의사소통, 가족응집력의 저하, 부모의 문제적 습관(음주, 흡연, 중독 등) 등은 청소년들의 정서적 불안정감과 욕구좌절을 야기하며, 이로부터 벗어나고자 하는 욕구는 손쉬운 도피처가 되어주는 사이버세계로 향하게 한다. 저하된 가족기능이 청소년의 인터넷 및 스마트폰 게임중독 경향을 높이게 되는 것이다(박영희, 2002; 이유경·채규만, 2006).

가족기능이 원활한 적응적 가족의 경우 가족구성원들의 서로에 대한 정서적 유대감이 강하여 스트레스 상황에서 서로 의지하고 함께 문제를 해결하려는 안정감을 보여주게 된다. 이러한 가족응집력은 청소년의 자아존중감을 높이고 우울을 감소시키며, 비행 및 문제행동을 완화시킬 수 있을 뿐 아니라 학교적응 수준과 삶의 질을 높일 수 있는 요인으로 작용하는 것이다(윤명숙 외, 2014). 또한 부모-자녀 간 개방적 의사소통으로 이어지고 상호 간 대화수용성이 높아져 청소년들이 일상에서 현실회피적 대처전략을 선택할 필요가 없어진다. 따라서 인터넷 및 스마트폰 게임중독에 대하여 부모-자녀의 개방적 의사소통은 보호요인으로 작용하게 되는 것이다.

### (2) 또래집단으로의 진입 실패

청소년 문제행동을 예측하는 주요 변인 중의 하나인 또래관계 또한 인터넷 및 스마트폰 게임중독을 설명해내는 중요한 사회 환경적 요인이다. 청소년들은 그들의 중요한 사회적 환경이자 심리적 지지 기반인 또래집단을 형성하고 유지하는 과정을 거치면서 또래들과 긴밀한 상호관계를 경험한다. 이 과정에 서로 지켜야 할 예의를 배우고, 타인과 관계 속에 자신을 억제하는 자제력을 습득하고, 리더와 구성원들 사이의 권위체계, 집단 내 자신의 위치와 역할을 익히는 등 사회화 과정을 학습하며 그들만의 규범을 형성해간다(하지현, 2012). 그러나 사회적으로 고립되고 위축된 사람일수록 대인관계에서의 결핍감이나 대처능력의 결함들을 대체하기 위해 인터넷 및 스마트폰이 보상해 주는 매력에 쉽게 빠져들게 되는데(Griffiths, 1999), 대부분의 인터넷 및 스마트폰 중독 청소년들은 또래집단이 만들어놓은 그들만의 규범 속으로 진입하지 못한 것이다. 그에 대한 대처방안으로 가상세계에 빠져들고 친밀한 대인관계를 형성하지 못하여 실제 사회생활에서 어려움을 겪게 되는(권재환, 2005; 권정혜, 2005) 악순환을 반복하게 된다.

대인관계기술이 부족한 경우라 하더라도 누구에게나 소속의 욕구가 있다. 따라서 실생활에서 또래집단으로의 진입에 실패한 경우에는 그 대안으로 가상세계 속으로 들어가는 것이다. 또래집단에 참여하기 위해 인터넷 및 스마트폰 게임을 시작하게 되고 같은 게임을 즐기면서 소속감을 얻게 되며, 몰입의 시간과 정도가 점점 더 증가되면서 게임 중독에 이르게 되는 것이다. 또한 현실세계에서는 또래집단이 주는 긍정적 자원인 응집력 및 소속감뿐만 아니라 때로는 더 큰 상처가 될 수도 있는 집단따돌림과 또래압력이라는 위협을 감수해야 하는 부담이 따르므로 보다 안전하고 자유로운 사이버 세계를 선택하는 것이다.

## 3) 게임 내적인 측면

게임 자체의 특성에 대해서는 「인터넷 및 스마트폰 중독 상담 전략」(한국정보문화센터, 2002)에서 인용하였다.

### (1) 네트워크를 통해 즐기는 게임

통신망을 통해 컴퓨터로 여러 사람이 동시에 진행하기 때문에 일정한 시나리오가 없으며 자신과 상대 게이머의 선택에 따라 상황이 완전히 달라진다. 네트워크 게임은 무수한 상대에 따라 전략을 다르게 사용해야 하며 자신이 스스로 전술을 만들어야 하므로 더욱 게임에 빠져들게 된다. 특히 전 세계인과의 게임이 가능하고, 게임 성적 순위가 기록되는 등의 국제적인 게임의 장이 되고 있어 온라인에 더욱 몰입하게 만든다.

### (2) 무한한 스토리 전개

네트워크를 통한 게임은 상대의 전략에 따라 게이머가 다양한 전략을 구사하기 때문에 전쟁의 양상이 매우 가변적이며 그 내용도 다양하게 전개된다. 머그게임(Multi-User Graphic Games)은 게임진행의 절대원칙이나 방향이 따로 존재하지 않는 자유로운 구성을 가지고 있기 때문에 게이머는 매번 새로운 게임을 할 수 있고 컴퓨터를 상대로 하는 이전의 단순하고 무미건조한 플레이에서 벗어날 수 있다. 바로 이러한 점이 게임에 끝없이 몰두하게 하는 요인이다.

### (3) 가상공동체 형성

게임세계는 현실세계처럼 공동체생활이다. 게이머는 가상세계의 일원으로 활동하며 그곳에서 다른 사람들과 공동체 생활을 하면서 현실세계와 다름없는 생활을 한다. 현실에서처럼 훈련을 통해 자신을 성장·발전시킬 수 있고, 아이템이나 돈을 모아 집을 마련하거나 친구 사귀기, 세금 내기, 전투 등 실생활과 비슷한 활동들을 해나갈 수 있다. 게임을 하는 동안 채팅을 통해 전략을 구상하고 정보교환을 하는 등 서로 교류를 할 수 있고 하나의 공동체를 이루어 활동하기 때문에 구성원들 간에 강력한 유대감을 갖게 되고 소속감과 정체성을 느낄 수 있다.

### (4) 또 다른 나를 키우는 아바타 존재

머그게임 사용자는 네트워크상에 만들어진 가상공간에서 자신과 닮은, 혹은 실제와 다른 제2의 캐릭터가 되어 수백, 수천 명의 다른 게이머들과 함께 모험을 즐긴다. 캐릭터는 사이버 공간에서 가상의 인물로 변장하여 새로운 인격체처럼 행위할 수 있는 것을 가능하게 하며, 게임에 따라 캐릭터를 정해 새 삶을 시작하기도 한다. 현실에서는 표현하지 못했던 또 다른 나의 모습을 자유롭게 표현할 수 있다. 또한 자신의 캐릭터를 지속적으로 성장 발전시켜 나가면서 더욱 강력한 힘을 갖게 되는 재미도 얻게 된다.

게임 자체의 요인을 살펴보면 결국 개인의 심리적 측면 및 사회환경적 측면의 원인과 연계되어 있음을 알 수 있다. 이것은 가상세계가 현실세계에서 개인이 추구하는 삶의 욕구를 잘 반영하고 있음을 반증하는 결과이거나 현실에서의 삶이 불안정하여 끊임없이 도피하고 싶거나 변화하고 싶어 하는 욕구의 반영을 의미하는 것으로 해석할 수 있을 것이다.

## 4. 여가활동으로서의 게임

우리 사회는 전반적인 생활수준이 높아지면서 삶의 질에 대한 관심과 행복한 삶에 대한 기대감이 높아지고 있으며, 여가에 대한 욕구 또한 높아지고 있다. 하지만 청소년들에게는 다소 거리가 느껴지는 부분이다. 우리 청소년들은 생활시간의 많은 부분을 공부하는 시간으로 할애하고 있기 때문에 여가생활을 즐길 시간적 여유가 없고, 사회구조상 여가생활을 누릴만한 여건조성도 미흡한 실정이다(전소현, 2018).

이를 뒷받침하듯, 한국콘텐츠진흥원의 「2011년 게임이용자 실태조사 보고서」에 의하면, 게임을 하는 이유로 '재미있으니까'라는 의견이 35.3%로 가장 많았고, 다음으로 '스트레스 해소'(25.0%), '여유시간 활용으로'(19.0%) 등의 순으로 나타났다. 이러한 조사결과는 게임이용 동기와 여가활동의 동기가 일맥상통함을 보여준다(이현지·정일권, 2011). 또한 여가시간에 주로 이용하는 여가활동 중 1순위는 '게임'이 29.9%로 가장 높게 나타났고, 여가시간에 즐겨하는 활동에 대하여 연령별로 조사한 결과 30대 미만의 경우 '게임'을 선호하는 비율이 가장 높게 나타났다. 특히 청소년의 주축이라고 할 수 있는 만 15~19세의 경우 여가시간에 게임을 즐겨한다는 비율이 44.1%로 가장 높게 나타나 청소년 여가활동의 현주소를 보여주고 있다.

인터넷 및 스마트폰 게임이 이미 여가의 일부로 들어와 있다는 점을 고려할 때, 게임에 대한 무조건적인 부정적 시각은 바람직하지 않다. 여가시간의 부족과 여가 프로그램의 부재는 우리가 보유한 세계 최고 수준의 IT기술에 자리를 내주어 게임이 청소년들의 여가활동으로 자리 잡게 했다. 따라서 적정수준의 게임 참여로 건전한 여가활동이 되도록 지도해야 할 것이며, 과몰입에 빠지지 않고 활동에 대한 참여 정도를 스스로 통제할 수 있는 조절능력을 키우도록 도와야 할 것이다.

## 5. 삶의 의미를 담은 청소년 여가문화

Yalom(1980)은 사람들이 특정한 행위를 자주 반복하는 중독에 대해 "삶의 의미가 낮은 사람일수록 인생 목적이나 꿈을 성취하려고 노력하기보다 주어진 시간을 낭비하며 외부의 어떤 대상을 통해 만족을 얻으려고 노력한다."고 하였다.

삶의 의미란 삶을 살아가는 의도나 이유이며 자신의 삶에 목적을 가지고 있다는 믿음이자 개인이 삶에서 중요하다고 생각하는 것에 의미를 부여한 구성 개념으로, 삶의 의미는 목적이나 방향을 발견하는 데 도움을 준다. 또한 상황에 따라 특정한 의미를 부여함으로써 통제감을 회복시키고 변화무쌍한 삶에 안정감을 제공해 준다(박선영·권석만, 2012). 따라서 성공적으로 자기를 통제하기 위해서는 적절한 목표가 존재해야 하며 그것을 성취하기 위해서는 개인에게 삶의 의미와 가치가 존재해야 한다(신수경·민윤기, 2011).

그렇다면 우리 청소년들에게 삶의 의미는 어떻게 존재하고 있을까? 철저한 입시 위주의 교육환경 속에서 많은 청소년들이 뚜렷한 이유도 목적도 없이 해야만 하는 '공부'를 하고 있는 현실이다. 치열하게만 느껴지고 노력한 만큼 성과가 나오지 않는 공부에 매달려 삶의 의미를 생각하기도 쉽지 않다. 미래의 행복을 위하여 오늘의 행복이나 즐거움을 담보해야 하므로 최소한의 여가시간 확보도 어려운 실정이며 청소년의 여가문화 역시 제대로 형성되어 있지 않다. 따라서 청소년들은 짧은 시간 동안 쉽게 접근이 가능한 선택을 할 수밖에 없으며, 가장 효율적이고 손쉬운 선택이 인터넷 및 스마트폰 접속을 통한 세상과의 소통이다. 건전한 놀이 안에서 긍정적 상호작용을 통해 즐거움을 얻고자 하는 청소년들의 작은 소망조차도 이루어내기 어려운 현실에 비하여 즉시적인 즐거움과 만족감을 얻을 수 있는 게임으로의 몰입은 매우 쉽고 허용적인 것이다.

청소년 여가문화에 대한 인식 부족과 여가 프로그램의 부재는 인터넷 및 스마트폰 게임중독을 증가시키는 변인으로 보고되는 바(윤명숙 외, 2014; 이성식·전신현, 2006, 허준·이윤호, 2012), 현실에서 즐거움과 만족을 느낄 수 있고 삶의 에너지가 되는 청소년 여가활동 활성화 방안을 모색해야 할 때이다.

이현지와 정일권(2011)에 의하면 여가활동을 혼자서 하는 사람일수록 그리고 실내에서 하는 사람일수록 게임 과몰입 증상이 더 많이 나타난다고 한다. 우리 청소년들이 실외에서 그리고 또래들과 상호작용할 수 있는 참여적 프로그램을 마련해야 한다. 타인과 함께 하는 건전한 여가활동은 청소년들의 신체적·심리적·지적 발달에 기여할 것이며, 규칙을 준수하고 공정성을 존중하는 습관을 가지게 할 것이다. 또한 자율적으로 판단하고 능동적으로 자기행동을 결정하는 능력을 함양하여(이병찬·박재성·김경렬, 2005) 스스로 삶의 의미를 발견해 나갈 것이다.

## 참고문헌


권정혜(2005). 청소년의 인터넷 게임 중독: 시간에 따른 변화와 이에 영향을 미치는 변인들. **한국심리학회지: 임상, 24(2)**, 267-281.

권재환(2005). 심리적·환경적 변인과 인터넷 게임중독간 관계: 대인관계기술의 매개효과 검증. 전남대학교 대학원 박사학위논문.

김계정, 이영호(2012). 온라인 게임갈망에 대한 대처방략이 청소년의 게임중독에 미치는 영향. **청소년학연구, 19(2)**, 373-402.

김정희(2017). 스마트폰, 인터넷, 게임 중독 청소년의 심리 행동특성 및 인간관계에 대한 연구. 인하대학교 대학원 박사학위논문.

김종재, 강순화(2012). 삶의 의미와 게임중독과의 관계: 자기효능감과 자기통제력의 매개효과. **청소년학연구, 19(12)**, 257-274.

김진숙(2000). 청소년 PC중독 사례와 상담적 접근. 청소년상담연구보고서, 청소년상담원.

남영옥(2005). 중학생의 인터넷중독, 게임중독, 음란물 중독의 심리적 특성 비교. **청소년학연구, 12(3)**, 363-388

류성옥, 이훈(2013). 청소년의 여가제약이 게임중독에 미치는 영향. **한국관광레저학회, 25(4)**, 289-305.

박선영, 권석만(2012). 삶의 의미에 대한 이론적 고찰과 임상적 함의. **한국심리학회지: 일반, 31(3)**, 741-768.

박영희(2002). 초등학교 고학년학생의 인터넷사용과 대인관계 특성. 연세대학교 교육대학원 석사학위논문.

서준호, 이희경(2012). 게임몰입과 게임중독의 관계에 대한 연구: 기본심리욕구의 조절효과를 중심으로. **청소년학연구, 19(11)**, 23-44.

신수경, 민윤기(2011). 목표 갈등의 해결 과정으로서의 자기통제. **한국심리학회지: 일반, 30(2)**, 525-542.

안소영(2018). 청소년의 중독에 관한 문헌분석: 게임중독, 스마트폰 중독, 눈중독을 중심으로. 고려대학교 교육대학원 석사학위논문.

윤명숙, 김남희, 박완경(2014). 중학생의 인터넷게임중독에 미치는 게임 및 가족, 여가요인의 영향. **청소년학연구, 21(4)**, 309-337.

이병찬, 박재성, 김경렬(2005). 청소년의 여가활동 유형별 여가 만족도. **한국여가레크리에이션학회지, 28**, 203-214.

이성식, 전신현(2006). 청소년 인터넷중독 유형별 설명요인의 모색. **청소년학연구, 13(4)**, 151-171.

이영훈, 유수현(2012). 중학생 욕구불만족이 인터넷 게임중독에 미치는 영향에 대한 연구: 충동성의 매개효과를 중심으로. **정신보건과 사회사업, 40(4)**, 57-85.

이유경, 채규만(2006). 컴퓨터 게임중독과 청소년의 사회적 관계 및 적응과의 관계. **한국심리학회지: 임상, 25(3)**, 711-726.

이현주, 고혜진(2012). 청소년 인터넷게임의 과몰입에 대한 가족요인의 영향: 일반사용자, 잠재적 위험사용자, 고위험사용자에 대한 비교분석. **사이버사회문화, 3(1)**, 85-114.

이현지, 정일권(2011). 여가활동이 청소년의 게임이용 부작용에 미치는 영향. **스피치와 커뮤니케이션, 16**, 75-104.

이형초(2001). 인터넷 게임 중독의 진단척도 개발과 인지행동치료 효과. 고려대학교 대학원 박사학위논문.

장혜진(2002). 휴대폰 중독적 사용집단 청소년들의 심리적 특성: 자기개념, 애착, 자기통제력, 충동성을 중심으로. 성신여자대학교 대학원 석사학위논문.

전소현(2018). 청소년 스마트폰 중독 예측요인과 예방요인: 이용동기, 애플리케이션 유형, 자기결정성 이론에 근거한 부모중재를 중심으로. 중앙대학교 대학원 박사학위논문.

최원기(2008). **청소년과 사이버문화, 청소년문화론**. **한국청소년개발원**. 서울: 교육과학사.

하지현(2012). **청소년기 문화, 청소년정신의학**. **대한소아청소년정신의학회**. 서울: 시그마프레스.

한국정보문화센터(2002). 인터넷중독 상담 전략.

한국정보화진흥원(2013). 2013 국가정보화백서.

한국콘텐츠진흥원(2011). 2011년 게임이용자 실태조사 보고서.

한국콘텐츠진흥원(2012). 2012 대한민국 게임백서 요약문.

한국콘텐츠진흥원(2012). 2012 대한민국 게임백서 제2부 이용자 동향.

한덕현(2012). **충동조절장애, 청소년정신의학**. 대한소아청소년정신의학회, 서울: 시그마프레스.

허준, 이윤호(2012). 청소년의 여가활동과 비행의 관계에 대한 연구. **한국범죄심리연구, 8(2)**, 213-240.

황상민, 황희영, 이수진(2001). **인터넷 중독현황 및 실태조사**. 한국정보문화센터.

Csikszentmihalyi, M.(1975). *Beyond boredom and anxiety: The experience of play in work and games*. San Francisco: Jossey Bass.

Gray, J. A.(1987), "Perspectives on anxiety and impulsivity: A commentary" *Journal of Research in Personality*, 21, 493-509.

Griffiths, M. D.(1999). Internet Addiction: fact or fiction. *Psychologist*, 12(5), 245-250.

Suler, J.(1996). Computer and Cyberspace addiction. John Suler's The Psychology of Cybers. http://www.rider.edu./users/suler/psycyber/cybaddict.html.

Yalom, I. D.(1980). Existential Psychotherapy. New York: Basic Books.

Young, K. S.(1999). *Internet addiction: Symptoms, evaluation, and treatment.* In VandeCreek, L. & T. Jackson(Eds.), Innovations in clinical practice: A source book, 17, 19-33. Sarasota, FL: Professional Resource Press.

Zeidner, M., Boekaerts, M., & Pintrich, P. R.(2000). *Self-regulation: Directions and challenges for future research.* In M. Boekaerts, P. R. Pintrich, & M. Zeidner(Eds.) Handbook of Self-regulation. San Diego, CA: Academic Press.

Chapter 06

# 청소년과 성문화

1. 청소년기의 성행동 발달 특성
2. 청소년기의 성의식 발달 특성
3. 청소년기의 이성관계
4. 청소년기의 이성교제
5. 청소년 이성교제의 기능
6. 청소년의 성행동
7. 청소년 성매매

**청소년과 성문화**

1. 청소년기의 성행동 및 성의식의 발달 특성을 이해한다.
2. 청소년기의 이성관계가 청소년들에게 미치는 긍정적 · 부정적 기능을 이해한다.
3. 청소년기의 성행동의 양상과 청소년 성매매의 심각성을 이해한다.

## 1. 청소년기의 성행동 발달 특성

성행동이란 성(sexuality)과 관련하여 겉으로 드러나는 행동으로서 직접적 성행동과 간접적 성행동으로 분류할 수 있다(백혜정 · 김은정, 2008). 직접적 성행동은 손잡기, 포옹, 키스, 애무, 성관계 등 개인 간의 직접적인 신체 접촉을 통한 성행동을 말한다. 이러한 직접적인 성행동은 두 사람 사이의 사랑이나 친밀감의 표현으로 나타날 수 있는 긍정적인 행동과 폭력이나 강요에 의한 부정적인 행동으로 분류된다. 후자의 경우 성일탈 행위로 이어질 수 있다(이미리 외, 2014).

간접적 성행동은 개인 간의 직접적인 신체접촉 없이 방송, 인쇄, 인터넷 매체 등에서 제공되는 음란물을 보는 행동을 말한다. 이러한 음란매체에 대한 잦은 노출은 청소년에게 성에 대한 왜곡된 정보와 가치관을 심어주고, 그 결과 사회규범에서 벗어난 성적 일탈 행위를 하게 할 가능성을 키운다. 성에 대한 왜곡된 지식은 사회규범에서 벗어난 성행동으로 이어질 가능성이 크기 때문에 간접적인 성행동이 어떤 면에서는 직접적인 성행동보다 성일탈로 이어질 가능성이 크다고 볼 수 있다.

청소년기의 성행동이 아동기의 성행동과 달리 다음과 같은 특징을 보인다(Steinberg, 2011).

첫째, 사춘기 이전의 아동도 키스, 포옹, 자위행위 등의 성행동을 할 수 있다. 그러나 사춘기에 접어들어야 비로소 남자는 사정을 할 수 있고, 여자는 배란을 하여 성행동으로 임신까지 가능한 결과를 가져올 수 있다. 그러므로 아동기의 성행동과 청소년기의 성행동은 의미가 다르다고 볼 수 있다.

둘째, 청소년기의 성행동은 많은 생각을 수반하게 된다. 청소년기의 성행동은 단순히 성적 욕구를 표출하는 행동이 아니라 성적 상대와의 관계에서 성적 욕구를 어떻게 자제하고 때로는 어떻게 적절하게 표현할 것인지 등에 대한 생각을 수반한다. 청소년기의 성행동은 자의적 사고('내가 상대방에게 어떻게 보일까?'), 의사결정('상대방에게 표현을 할까 말까?'), 추측('상대방이 원할까 원하지 않을까?'), 가설적 사고('오늘 상대방이 원한다면 어떻게 할까?') 등의 복합적인 사고를 수반한다.

셋째, 청소년기의 성행동은 사회관계나 사회지위와 밀접한 관련이 있다. 친밀한 애정관계를 유지하기 위해 성행동을 하기도 하고, 특히 남자 청소년의 경우 성행동은 때로 친구들과의 관계에서 자기의 위치를 높이기 위한 수단이 되기도 한다.

## 2. 청소년기의 성의식 발달 특성

청소년기에는 성적 충동과 관심을 갖는 것이 정상적인 발달과정이며, 건강한 성행동의 발달을 통해 자아정체감을 발달시킬 수 있다. 그런데 왜 청소년기 성행동 경험이 성일탈로 이어지는 경우가 발생하는 것인가? 여러 가지 심리적·환경적 요인이 관련되어 있으나 행동에 대해 직접적으로 영향을 미치는 의식 혹은 가치관을 주요 이유로 들 수 있다. 그러므로 청소년기에 발생하는 성적인 행동의 문제를 이해하기 위해서는 그들이 갖고 있는 왜곡된 성의식이 무엇인지에 대해 주의 깊게 살펴보아야 한다.

성의식이란 성에 대한 가치관으로서 성에 대한 신념과 선호의 형태나 정도를 말한다. 성의식의 형태나 정도를 설명하기 위해서 많은 연구자가 다양하게 분류하여 설명하고 있는데, 공통적으로는 도덕성과 전통성을 기준으로 성의식을 분류하고 있다(이미정·변화순·김은정, 2009). 도덕성이나 전통성의 측면에서 입장을 달리하는 성의식을 크게 네 가지로 나누어 살펴보기로 한다.

첫째, 절제를 강조하는 성의식이다. 배우자를 제외한 어떠한 성관계도 허용될 수 없다는 도덕적 가치관을 말한다. 도덕성과 전통성 그리고 합법성에 근거한 성의식으로 많은 사회에서 성규범으로 받아들이는 가치관이다. 그러나 최근 연구에서는 이러한 성의식을 갖고 있는 청년의 비율이 낮음을 알 수 있다. 전국 16개 광역시·도의 청년층 3,600명을 대상으로 한 온라인 설문조사 결과에 따르면(이미정·변화순·김은정, 2009) 혼전순결을 지켜야 한다고 생각하는 비율이 20% 내외였으며, 남자와 여자에 따라 그 생각이 달랐다. 여자의 혼전순결에 대해서는 조사 대상인 19~24세 남녀 모두 23%가 지켜야 한다고 했으며, 남자의 혼전순결에 대해서는 남자는 14%, 여자는 20%가 지켜야 한다고 생각했다. 이러한 실태조사 자료에 따르면 우리나라 청년의 20% 정도가 전통적인 성의식을 갖고 있다고 볼 수 있으나 그 수는 점차 줄어들 것으로 예상된다.

둘째, 애정을 전제로 한 성관계를 허용하는 성의식이다. 애정이 전제된 경우 당사자가 합의한다면 합법적이지 않은 혼전 성관계도 허용될 수 있다는 가치관을 말한다. 전국 60개 대학의 학생 2,385명을 대상으로 한 조사에서는 남자의 66%, 여자의 31%가 애정이 전제된 혼전 성관계에 대해 허용적인 태도를 보였다(손애리·천성수, 2005).

셋째, 애정이 전제되지 않은 성관계도 허용하는 성의식이다(채규만·정민철, 2004). 반도덕성에 근거한 태도로 모든 성행동은 자유로워야 하고 인간은 성적 자유를 통해서 만족감을 느끼고 긴장을 해소할 수 있다는 가치관을 말한다. 즉, 개인의 성충동과 성에 대한 자유의사를 최대한 허용하여야 한다는 입장이다. 따라서 애정이 전제되지 않아도 성충동에 의한 혼전 성관계가 문제되지 않는다고 본다. 또한 원하는 것을 얻기 위해서는 성을 도구나 상품화할 수도 있다고 보는 입장이다(성윤숙·박병식·박나래, 2009). 이러한 성의식에 의한 성행동은 성일탈로 이어질 가능성이 크다.

넷째, 성에 대한 이중적인 잣대를 가지고 있는 성의식이다. 남녀 간에 차별적인 잣대를 갖고 있는 것을 말한다. 즉, 남자는 성행동의 주체이며 여자는 대상이고, 남자는 혼전 성관계를 허용하고 여자는 허용하지 않는 등의 남녀 차별적인 성의식을 말한다. 앞서 첫 번째 성의식 설명에서 예를 든 한국여성정책연구원의 조사 자료에서는 우리나라 19~24세 남자의 23%가 여자의 혼전순결은 지켜져야 한다고 생각한 반면, 남자의 혼전순결에 대해서는 14%만이 지켜져야 한다고 하였다(이미순 외, 2009). 한편 여자는 여자의 혼전순결이 지켜져야 한다고 응답한 비율은 23%, 남자의 혼전순결이 지켜져야 한다고 응답한 비율은 20%로 성별에 따른 차이가 크지 않았다. 이러한 실태는 우리나라 청년층이 성에 대한 이중적인 잣대를 갖고 있는 성의식 수준이 어느 정도 인지를 잘 보여 주며, 이러한 이중적인 성의식은 남자에 대해 더욱 개방적임을 알 수 있다.

이상에서 살펴본 바와 같이 우리나라 청소년이 갖고 있는 성의식은 합법적이고 도덕적이라고 지켜져 왔던 전통적인 성의식에서 많이 달라지고 있음을 알 수 있다. 변화하고 있는 청소년의 성의식은 그들의 성행동 변화를 설명해 준다. 청소년 성일탈의 문제를 파악하고 해결하기 위해서는 건강한 성의식이 무엇이며 건강한 성의식의 발달을 위해서 어떤 노력을 기울여야 할 것인지를 생각하고 실천해야 할 것이다(이미리 외, 2014).

건강한 성의식이 무엇인지는 시대와 사회적 맥락에 따라 다를 수 있다. 그러나 우리나라에서는 대체로 전통적인 성의식에 가까울수록 건강한 성의식이라고 판단하는 경향이다. 즉, 결혼을 하거나 적어도 성인이 되어서 애정을 전제로 상호 합의하여 결과에 대해 책임지는 성행동을 하는 것을 바람직한 성의식으로 본다(백혜정·김은정, 2008).

건강한 성의식과 성행동의 발달을 위해서는 교육이 중요하다. 청소년이 성에 대한 건강한 가치관을 발달시키고 책임질 수 있는 긍정적인 성행동을 수행하기를 원할 때 부모나 교사나 성교육 지도자는 다음과 같은 사항을 고려해야 한다(Steinberg, 2011).

첫째, 청소년은 성숙해 가는 자기 몸의 생김새, 크기, 매력성 등에 대해 편안함을 느껴야 한다. 둘째, 청소년기에 성적 욕구가 생기는 것에 대해 죄의식을 느낄 것이 아니라 정상적인 현상으로 받아들여야 한다. 셋째, 성행동은 일방적이어서는 안 되고 자신과 상대방이 모두 원할 때 가능하다는 것을 알아야 한다. 넷째, 안전한 성행동, 예를 들어 피임법, 감염을 피하는 방법 등에 대해 구체적으로 알아야 한다.

## 3. 청소년기의 이성관계

청소년들에게 있어서 주요 발달과제는 그들만의 독특한 정체성을 확립하는 것, 이성과의 만남을 통해서 친밀감을 발달시키는 것 그리고 새로운 성적 욕망 및 충동을 조절하는 것이다. 이러한 세 가지 발달과제는 청소년들의 사회적 관계, 즉 부모-자녀관계, 동성 또래관계 및 이성관계를 통해 해결 가능하며, 특히 이성관계는 청소년들의 세계에서 사회적 유능성과 사회인지능력의 발달을 촉진해 주는 가장 중심적인 요인이라고 할 수 있다(Feldman & Grwen, 1998; 한상철, 2009 재인용).

사춘기 이전이나 청소년 초기에는 일반적으로 친구관계가 동성의 구성원들로 제한되는 경향이 있다. 이러한 양상들은 문화적으로 강요되기도 하지만 청소년기부터 다양화되고 변화되며 급격히 변화하는 청소년들 자신들의 요구를 상당한 정도로 반영하고 있다. 동성친구들과 의사교환을 하고 관찰함으로써 급격한 신체적·심리적 변화의 시기에 자기 자신과 상대방이 다르거나 또한 특별하게 다르지 않다는 것을 쉽게 발견하게 된다.

이 시기가 지나면서 청소년들은 성적 욕망 및 충동이 증가되고 그들의 사회적 관계망 속에 이성을 포함시키게 되면서 이성과의 접촉이 급격히 증가되어 간다. 이성관계는 넓은 의미의 사회관계 및 또래관계의 한 유형으로서 청소년기의 사회적 조직망의 확대와 함께 복잡하고 다양한 변화를 겪게 된다(장성화 외, 2012).

성숙이 계속되면서 소년과 소녀들은 다른 사람에게 더 많은 주의를 하기 시작한다. 초기의 성적 적대감은 쇠퇴하고 성적 관심이 증가한다. 그럼에도 불구하고 그들의 초기 단계에서는 이성적 관계가 여전히 사춘기 이전의 많은 특징을 반영한다. 자아 선입관은 강하고 이성친구와의 깊은 감정적 몰입은 드물며 이성 상호관계에서는 보통 피상적이고 의도적인 특징들이 나타난다. 이런 시기에 이성과의 집단활동은 흔하며 현재 사귀고 있는 동성친구들과의 안전을 제공하는 데 중요한 기능을 수행한다. 이성 집단활동을 통해 이성친구와 사귀는 방식과 이성친구와의 데이트 관계는 자신이 준비되기 전에는 혼자 대처해서는 안 될 것이라는 확신을 갖기도 한다.

하지만 점차 이성과의 집단활동 경험은 이성 개개인과의 친밀성, 자신감, 관계를 맺는 능력을 증진시켜 준다. 동시에 자아 선입관의 감소와 인간관계 능력의 향상은 이성과의 관계를 더욱 성숙시키고 성적 매력에 열중할 뿐만 아니라 서로의 믿음과 신뢰감, 취미의 공유, 타인의 복지에도 관심을 갖게 될 가능성을 높여 준다.

이성관계는 우정관계와 성적인 연애관계로 나누어서 생각해 볼 수 있으나 이 둘의 구분을 명백하게 한 연구는 찾아보기 힘들다. 우정은 친밀성, 정서적 지지, 감정적 결속이 존재하며 연애관계에는 열정, 신체적 매력, 질투가 존재하는 것으로 보인다. 권이종 외(2010)는 이성관계가 청소년의 발달에 주는 영향을 다음과 같이 제시하였다.

첫째, 이성관계는 자신의 애착 인물집단을 확장시킴으로써 정서적 욕구를 충족시키는 데 유용한 가치가 있다. 연애 파트너는 정서적 지지, 안정, 보호의 차원을 제공해 줄 수 있다. 또한 일탈적인 또래친구와의 관계에서 파생되는 부정적인 효과를 완충해 주는 역할을 한다.

둘째, 이성관계는 청소년들에게 성적 정체감과 성역할 형성에 중요한 영향을 준다. 청소년 초기에는 또래집단 내에서 전통적인 성역할 고정관념을 확증하려는 욕구가 크지만, 청소년 중기와 후기에 이르게 되면 이성과의 상호작용에 필요한 기능과 자신감을 획득할 필요성이 커진다. 이성과의 의미 있는 관계를 발달시키고 새로운 성정체성과 성역할을 획득해 나갈 수 있게 된다.

셋째, 이성관계로의 사회적 관계망의 확대는 청소년의 정신건강과 적응에 긍정적인 영향을 미친다. 여자 청소년의 경우 편안함을 주는 이성관계는 자기존중감의 향상과 연관된다(장성화 외, 2012). 이에 비해 남자의 경우 여자친구의 수가 자신의 이성관계적 유능성과 사회적 유능성과 관련되어 있다. 특징적인 점은 남자의 경우 이성관계의 양적 측면이 유능성과 관련되어 있고, 여자의 경우 이성관계의 질적인 측면이 유능성과 연관되어 있다는 점이다.

넷째, 이성관계가 우정관계에서 연애관계로 발전하게 되는 경우 청소년 초기나 중기의 경우 대부분 성적 욕망이나 호기심 충족이 주요 목적인 것으로 나타나고 있다. 하지만 청소년 후기나 성인 전기의 단계로 가면 애착과 보호, 친화 등이 중요하게 되면서 질적인 차이가 생기게 된다. 그리고 연애관계는 관계성의 변화를 변화시키기도 하는데, 의사결정이나 여가활동, 주제 결정 등에 있어서 동성친구보다는 이성친구를 최우선적으로 고려하게 된다.

다섯째, 이성관계 가운데 특히 연애관계의 시작은 여자 청소년들의 동성 또는 또래관계에 부정적인 결과를 초래한다는 연구들이 있다. 예를 들면, 여자 청소년의 경우 연애관계가 동성 간의 우정을 와해시키는 효과를 지닌다는 것과(Berndt et al., 1986) 이성관계가 연애관계로 전개됨에 따라 여자 청소년들의 경우 절친한 동성친구의 유용성이 점차 사라지는데, 그들의 여가시간을 동성친구보다 연애 파트너에게 더 많이 투자하고 연애 파트너에게 우선권을 주게 되는 것에서 유용성 상실의 증거를 찾을 수 있다는 것(한상철, 2009) 등이다.

이성관계에서 무엇보다 중요한 것은 친밀감을 형성할 수 있는 능력이다. 친밀감이란 사람들이 서로 평등한 토대 위에서 이성뿐만 아니라 자신과도 감정적으로 소통할 수 있는 것을 말한다. 남성들은 친밀감 형성에서 문제가 있다든가, 남자는 사랑할 수 없다든가 하는 식으로 보는 관점도 있다. 물론 많은 남자들이 그러하지만 남자들은 신뢰감을 공유하는 사람이나 약자에게 사랑과 보살핌을 제공하는 데는 뛰어나다는 점도 함께 고려할 필요가 있다(권이종 외, 2010).

## 4. 청소년기의 이성교제

청소년기에는 이성에 대한 생각의 설레임과 부끄러움, 기대와 그리움으로 이어지는 시기이다. 이성에 대한 사랑이란 것이 무엇인지 확실히 알 수는 없지만 머릿속에는 항상 사랑이라는 단어가 맴돌고, 인생에 대해서 낭만적인 환상을 갖고 있다.

청소년기에는 이성에 대한 관심이 증대되고 사회적 관계가 놀라울 정도로 확장된다. 성태도와 성역할 행동이 근본적으로 또래들과의 상호작용을 통해서 형성된다는 점은 의심의 여지가 없을 것이다. 그리고 청소년기 동안에는 성에 대한 태도와 관심을 발달시키고 세련되게 만들어 성행동에 대해서 스스로 실험해 볼 기회도 있다. 대부분의 청소년들은 이성과의 교제에서 필요한 기술을 잘 몰라 상당히 걱정하는 것으로 보인다.

청소년기는 성적인 잠재기인 아동기로부터 벗어나 제2차 성징이 발현되는 시기이다. 이때부터 급격한 심신의 변화를 경험하게 되고, 이성에 대해 강렬한 호기심을 갖고 동경하게 되며, 이성교제를 원하게 되고, 성충동과 성적 갈등으로 고민하게 된다. 이러한 경향은 최근 신체적 성숙연령이 과거보다 상대적으로 훨씬 낮아져서 사춘기 연령도 낮아지고 있기 때문에 더욱 심화되고 있다. 이성교제는 문제 청소년에게만 있는 것이라고 보는 기성세대의 고정관념과는 달리 최근의 추세는 이성교제가 점점 보편화될 뿐만 아니라, 성에 대한 태도 및 실제 성행동과 불가분의 관계에 있다. 그러므로 이성교제에 대한 연구와 성에 관련된 내용은 함께 다루어져야 한다.

사춘기를 지나면서 이성에게 호기심을 갖게 되고 이 상태를 발전시켜 서로 사귀고 싶다고 느끼게 되는 현상은 자연적인 생리현상에 속한다. 이러한 현상은 누구나 다 경험해 가는 과정인 것이다. 그러나 이 모든 것이

문화의 영향을 받고 있다고 할 때, 우리나라의 경우에는 과거에 '남녀칠세부동석'이라는 태도를 사회규범으로 삼고 있었음을 상기하지 않을 수 없다.

그러나 이성 간의 사귐을 원하는 자연현상과 이러한 사회규범 사이에 간격이 있게 되고 청소년은 이 괴리에서 갈등을 느끼게 되지만, 자연현상은 규범을 넘어설 만큼 강렬할 수 있어서 이성 간의 교제는 우리나라에 있어서도 점차 활발해져 가고 있다. 서구 사회와는 달리 우리나라는 자연스러운 이성교제의 기회가 주어지지 못하기 때문에 음성적으로 이루어져 왔으나 조금씩 변화하고 있는 추세이다. 최근의 일반적인 경향으로는 이성교제를 애정관계로 발전시켜 생각하는 것보다는 흔히 있음직한 우정관계의 범주라고 생각하는 것이 일반적이다.

## 5. 청소년 이성교제의 기능

청소년기에 규칙적으로 만날 수 있는 이성친구를 갖는 것은 성인기 이성관계를 준비하기 위한 중요한 과정일 뿐만 아니라 청소년기 교우집단 내에서의 지위를 높여주며 자아존중감을 길러주는 주요 수단이 된다(김남선 외, 2001). 중·고등학교 시기의 이성친구는 단순히 즐거움을 주며 자아존중감을 높이는 데 의미를 갖는 정도에 그치지만, 청년 후기의 이성관계는 성적 정체성을 정립하며 배우자를 찾는 탐색과정으로서 실제적인 의미를 갖는다(송명자, 1999). 청소년기의 이성교제가 갖는 기능은 다음과 같다.

① 사회화의 기능을 갖고 있다. 이성교제는 성숙한 두 남녀에게 상호 접촉할 수 있는 기회를 제공함으로써 각자의 역할을 인지하게 하

고 상호관계의 기술을 발전시켜 사회인으로서의 역할을 수행할 수 있게 한다. 이성교제를 통하여 두 남녀는 개인의 심리적 욕구와 열망을 충족할 뿐만 아니라 이성과 직접 만나 교제하면서 이성에 대한 적응력을 기르게 되며 자신에게 주어진 성적 역할을 경험하며 습득하고 실천함으로써 인간관계의 기본적인 사회적 기술을 습득할 사회화의 계기를 가진다.

② 애정과 이성에 대한 낭만적이고, 비현실적인 생각을 누그러뜨리게 한다. 이성과 사귀어 보기 전에는 애정과 이성에 대한 환상에 젖어 있을 수 있다. 직접 교제해 봄으로써 이런 문제를 경감할 수 있다.

③ 자신감과 안정감을 주고 정서적인 균형감을 가질 수 있게 된다. 이것은 우리 사회의 입시위주 교육에 대한 긴장감, 정서적 황폐 때문에 청소년들이 이성교제를 원하게 될 것을 유추하게 한다.

④ 이성교제가 청소년으로 하여금 또래집단에게서 인정받게 해주고, 위상을 가져다 준다. 동성집단 간에서 뿐만 아니라 이성집단 간에서도 개인적인 지위를 확보하는 데 도움을 준다. 우리나라의 경우에는 학교성적이 중하위권에 있는 학생에게 오기 쉬운 열등감을 이성교제를 통한 지위확립으로써 만회하려고 시도할 수 있다.

⑤ 자아평가의 기능을 가지고 있다. 이성교제를 통한 두 남녀의 상호접촉은 상대방의 반응을 통하여 자신에 대한 자기이해 및 자아의식을 성숙시킬 수 있다. 특히, 자기 자신을 상대방에게 투사하여 자신을 성찰할 수 있는 자기 평가의 중요한 계기가 된다. 이를 통해 젊은이들은 사회가 일반적으로 기대하는 정상적인 인격체로 성장할 수 있게 되고 이성교제를 통하여 자신의 장점과 단점을 알게 되며 이를 바탕으로 행동을 자제함으로써 정신적인 안정과 자아의식을 발달시킬 수 있으며, 정상적인 인격성장을 가능하게 한다.

⑥ 오락의 기능을 가지고 있다. 젊은 남녀는 이성교제를 통하여 여가

를 즐기고 낭만적이고 개인적인 욕구를 충족시키며 자기생활에 흥미와 만족을 느낄 수 있다.

⑦ 배우자 선택의 기능을 가지고 있다. 대부분의 경우에 있어서 이성교제의 궁극적인 목적은 배우자 선택에 있다고 할 수 있다. 이성교제를 하는 많은 남녀는 미혼상태이기 때문에 결과적으로 결혼 상대자로 결정하지 않는다고 하더라도 여러 이성과의 교제경험은 이상적인 배우자 선택을 위한 연속적인 과정에 포함된다.

⑧ 이성에의 적응기능을 가지고 있다. 이성과 직접 만나고 친해지고 사귀는 가운데 어색함과 수줍음과 자기 의식적인 상태를 서서히 벗어날 수 있을 것이다. 그렇게 됨으로써 일반적인 사교생활과 사회생활에 있어서의 자연스럽고 성숙한 대인관계의 기술을 습득할 수 있다.

## 6. 청소년의 성행동

### 1) 성충동 및 자위행위

청소년기는 성적 호르몬의 활성화로 인해 성적 충동과 성에 대한 관심이 증가하여 가족관계나 친구관계 등에도 변화가 나타나게 된다. 이러한 갑작스러운 성충동의 증가는 청소년들에게 성 갈등과 심각한 스트레스를 증가시킨다.

강하게 나타나는 성충동을 조절하는 방법으로 청소년들이 선택하게 되는 성행동 중 하나가 자위행위이며, 자위행위는 대체로 중학교 시기에 시작한다. 김혜원과 이해경(2002)의 연구에서 남녀 고등학생 36.7%가 자위행위를 경험하였으며, 이들 중 절반 정도가 한 달에 1~2회 자위행위를 경험하고 있고, 거의 매일 자위행위를 하는 경우도 9%에 이르고 있는 것으로 조사되었다. 성별에 있어서는 여자 청소년에 비해 남자 청소년이 훨씬 더 많이 경험하고 있는 것으로 나타났다. 김현실(2001)의 연구에서는 중1부터 고3까지 청소년들의 자위행위 경험률은 69.72%인 것으로 나타났다. 또한 남자 청소년 88.18%와 여자 청소년 59.79%가 자위행위를 경험한 것으로 나타났다. 자위행위는 성의 발달 단계에서 성적 정체감을 발달시키며, 자신의 성 기관에 대해 알아가는 정상적이고 건강한 성적 표현이다.

청소년들은 자위행위를 경험하고 난 뒤 죄책감이나 불안 등 심리적으로 부정적인 감정을 갖게 되는데, 이러한 경향은 남학생보다 여학생이 더 많이 나타난다. MBC 청소년백서의 조사에 따르면 65.6%의 청소년들이 자위행위는 해서는 안 되는 것이라 생각하고 있다. 그중에서 64.4%의 청소년들이 도덕적으로 바람직하지 못하기 때문이라고 응답했다. 청소년보호위원회에서 실시한 중학생 성의식조사(청소년보호 2000-38)에서 자위행위 후의 느낌에 대해 20.5%가 죄책감이 들었다고 응답했으며, 여학생의 37.1%가 죄책감을 느낀 것으로 나타났다. 그리고 과도한 자위행위나 일상생활에서의 실패(학업, 교우관계 등)를 잊기 위한 도피수단으로의 자위행위, 청소년들의 잘못된 성지식, 즉 머리가 나빠지고 키가 크지 않는다든지, 결혼 후 성적인 문제나 불임에 대한 걱정 등 어떤 문제를 일으킬 것이라고 생각할 때 생기는 죄책감, 공포, 불안 등이 심리적으로 영향을 미치게 된다. 박찬비(2001)의 연구에서는 죄책감을 느끼는 청소년들은 그렇지 않은 청소년들에 비해 자기존중감이나 정서적 안정성이 낮고, 대인관계 능력도 떨어지는 것으로 나타났다. 그러나 자위행위는 정상적인 성장의 한 과정이며, 그 자체로 심각한 문제를 일으키는 것이 아니라 그 행위로 말미암아 이차적인 문제가 발생하지 않도록 적극적인 지도가 필요하다.

## 2) 성관계 경험

청소년들의 성관계 경험의 증감 추세는 시기나 조사대상자의 연령, 학교, 지역 등에 따라 약간의 차이를 나타낸다. 여성가족부에서 전국의 중·고등학생 18,544명을 대상으로 실시한 '2010년도 청소년유해환경 접촉 실태 조사'의 성관계 경험 결과를 보면 일반청소년의 경우 성관계 경험이 3.2%이며, 집단별로 살펴보면 남학생(4.5%)이 여학생(1.6%)보다 다소 높았으며, 실업계 고등학생은 9.4%의 성경험률을 보이고 있어 다른 유형의 청소년보다 성관계 경험률이 높은 것으로 나타났다. 위기청소년의 경우 소년원 청소년은 성관계 경험률이 65.0%로 높은 성경험률을 보였으며, 한부모 가정의 청소년들도 49.6%로 성경험률이 다소 높은 것으로 나타났다.

김혜원(2003)은 서울, 경기 지역 남녀 고등학생 571명을 대상으로 설문조사를 실시한 결과, 남학생 11.24%, 여학생 3.7%로 평균 7.47%의 청소년들이 성관계 경험이 있음을 보여 주고 있고, 성별에 따른 비율을 보면 모든 연구에서 여학생에 비해 남학생의 성경험 비율이 2배 이상 높은 결과를 보여주고 있다.

그렇다면 청소년들은 과연 어떤 동기에 의해서 성관계를 가지게 되며, 그 성적 파트너는 누구인가를 살펴봄으로써 남녀 간에 존재하는 성에 대한 입장 차이를 밝혀볼 수 있다.

이에 관한 여러 연구들을 살펴보면 강영삼 등의 연구(1997)에서는 성관계 대상으로 남학생의 82.6%, 여학생의 88.9%가 '이성친구'라고 응답하였다. 또한 성관계 이유로는 남학생 중 53%는 '분위기에 휩쓸려서', 16%는 '자신이 원해서' 성관계를 가졌다고 응답한 데 비해 여학생의 경우는 43.4%가 '분위기에 휩쓸려서', 31.1%가 '상대방이 원해서'로 응답하여 성에 대한 주도성에 있어서 남녀 간의 차이를 보이고 있다.

김혜원(2003)의 서울, 경기 지역 남녀 고등학생을 대상으로 한 연구에서도 성관계 상대로는 남학생의 69.5%, 여학생의 80%가 이성교제 상대를 꼽았다. 첫 성관계의 이유로는 남학생의 경우 '호기심'이 27.2%로 가장 많았고, '분위기에 휩쓸려서'와 '성충동'이 각각 18.1%로 그 뒤를 이은 반면, 여학생의 경우는 '분위기에 휩쓸려서'와 '상대방이 원해서'가 각각 40%로 나타났다. 이를 종합해 보면 남자 청소년들은 파트너와의 성관계가 사랑을 전제로 한 행위라기보다는 '분위기에 휩쓸려서' 혹은 '성충동'과 '호기심'에서 성관계를 하는 경우가 많고, 여자 청소년들의 경우는 '분위기에 휩쓸려서'나 '상대방이 원해서' 등 원치 않는 성관계를 하는 경우가 많은 것으로 나타나 청소년들의 성관계 동기에 남녀 청소년 간의 분명한 차이가 있음을 알 수 있다.

### 3) 임신

청소년들의 임신과 낙태 경험에 대한 정확한 통계를 내기는 어려우나 성에 대한 개방적인 분위기 확산과 성행위에 대해 너무 가볍게 생각하고 행동하는 청소년들의 성 경시 풍조, 피상적 성교육, 성폭력 피해 등 여러 가지 이유로 임신과 낙태를 경험하는 청소년들이 갈수록 늘어나고 있다. 이렇듯 청소년들의 성관계 후 원치 않는 임신의 경우 해결방법은 대부분 인공 임신중절, 즉 낙태를 선택하고 그 다음이 출산 후 입양을 하는 것으로 나타난다(한상철 외, 2012). '2010년도 청소년유해환경 접촉 실태 조사'에서도 청소년의 임신경험은 성 경험자 중 일반청소년은 9.4%, 위기청소년 15.6%의 임신 경험이 있는 것으로 나타났다.

한편 성폭력에 의한 청소년들의 임신도 사회적 문제로 대두되고 있다. 성폭력피해자 지원기관인 전국 해바라기아동센터와 여성·학교폭력피해자원스톱지원센터 자료에 따르면 2005년 7월부터 2010년 7월 사이 5년

간 두 기관에서 성폭력 피해상담을 위해 방문한 2만 6,452명 중 10대가 1만 1296명으로 43%를 차지한 것으로 조사되었으며, 성폭력 피해로 임신한 10대 청소년은 183명(1.6%), 20대 청소년은 90명(0.8%)인 것으로 나타났다.

여러 가지 이유로 청소년들의 환영받지 못하는 임신은 늘어만 가는 실정이다. 최근 건강보험심사평가원이 집계한 10대 청소년의 분만 건수는 2006년 1,400여 건에서 2009년 2,000여 건, 2010년 2,230여 건으로 계속 증가하는 추세이다.

원치 않은 임신을 막기 위해서는 부모와 자녀 간에 솔직한 대화를 나누고 보다 효율적인 성교육을 실시하는 것이 필요하다. Gordon과 Everly(1985)는 십대임신을 예방하기 위해 다음과 같은 항목을 주장하고 있다. 첫째, 누군가가 "나를 진심으로 사랑한다면 성관계를 갖자"라고 말하더라도 그것을 경계해야 한다. 둘째, 성행위는 결코 사랑의 담보가 아니다. 셋째, 피임법을 사용하지 않고 성관계를 갖는 것은 낭만적인 것이 아니다. 그것은 어리석은 짓이다. 넷째, "안 돼"라는 말은 입으로 하는 완벽한 피임이다. 다섯째, 남자들이 자신감을 갖기 위해 이용하는 남성 우월주의는 사람들에게 상처를 입히고 상대방을 착취하는 수단이다. 여섯째, 십대 여자를 임신시킨 남자의 대부분이 결국에는 그들을 버린다. 일곱째, 남자의 사랑을 받지 못한다면 자신은 아무것도 아니라고 생각하는 여자들은 사랑을 받은 후라고 해서 또는 받는다고 해서 대단해지는 것은 아니다. 여덟째, 남녀관계에서 가장 중요한 요소는 사랑, 존경, 보살핌, 유머감각, 상대방의 몸과 마음을 구속하지 않는 정직한 대화이다.

무책임하고 충동적인 성관계의 결과는 임신, 낙태, 입양 등 남녀 청소년 모두에게 상상할 수 없는 결과를 초래한다. 특히 여자 청소년들은 주체적이지 못한 성행동, 즉 이성친구가 원해서, 분위기에 휩싸여서, 헤어질까봐 등 비자발적인 동기에 의한 요인이 많은 것으로 분석됨에 따라 청소년들의 후회 없는 사랑과 건전한 이성교제를 위해서는 성에 대한 주체적인 사고와 책임감 등 올바른 성 가치관을 확립할 수 있도록 교육을 강화해야 할 것이다.

## 7. 청소년 성매매

청소년 성매매란 어른들이 어린 청소년에게 금전적인 지원이나 기타 편의를 제공하는 대가로 청소년을 성행위의 대상으로 삼는 행위를 말한다. 예전에는 원조교제라는 말로 혼용해서 사용하기도 했는데, 이는 일본의 성적 타락을 빗대어 표현한 말로 우리나라에 알려진 것은 1990년대 중반이다. 우리나라에서 성행하는 이른바 10대 청소년들의 '원조교제'는 지속적인 데이트 행위가 이루어지는 일본의 '원조교제'와는 달리, 인터넷과 핸드폰 등을 이용하여 만남부터 성행위까지 대부분 일회성 윤락이 대부분이기 때문에 '원조교제'를 대처하는 용어로 '청소년 성매매'라는 용어로 사용하게 되었다. 즉, '원조교제'에는 서로 사귄다는 뜻이 들어 있기 때문에 의미상으로 어울리지 않는다는 판단에 따른 것이다. 서울지방경찰청에서는 '원조교제'를 대신할 용어로 공모를 통해 대체 용어로 '청소년 성매매'를 선정, 청소년 성매매가 성인뿐만 아니라 성을 파는 청소년의 행위까지 포괄한다고 정의하였다. 청소년의 성보호에 관한 법률에서도 청소년을 알선한 자 또는 청소년을 실질적으로 보호·감독하는 자 등에게 금품, 기타 재산상 이익이나, 직무·편의제공 등 대가를 제공하거나 이를 약속하고 청소년과 성교행위 또는 유사행위를 하는 행위를 '성을 사는 행위'로 규정하고 있다.

신변종 청소년 성매매는 인터넷과 정보통신 등의 발달로 성을 파는 청소년들이 늘어나고, 그 대가로 제공받는 편의의 범위가 넓어지는데 비해 규제는 힘들어지는 것이 기존의 성매매와 다른 특징이다. 예전에는 주로 가출이나 부적응 여자 청소년들이 유흥비나 생활비 마련을 위해 성매매를 하였던 것에 비해 요즘은 남자 청소년들도 성매매에 가담하고 있고, 게임 아이템을 위해 인터넷을 통한 은밀한 성매매 거래도 나타나고 있다. 이러한 이유로 시간이 지나면서 전형적인 성매매의 형태가 새로운 변종 형태로 진행되고 있다.

경찰청 자료에 따르면 성매매 사범 중 미성년자는 2005년 547명에서 2007년 1,032명으로 1.9배 증가하였으며, 성매매 사범은 2005년 1만 8,508명에서 2007년 3만 9,236명으로 급증하고 있다. 성매매피해 청소년의 평균 연령은 16세이며, 2006년 자료에 따르면 17~18세 청소년 비율이 40% 미만으로 줄어들면서 다른 연령군의 비율이 높아지는 추세이다. 또한 성매매 피해청소년의 대다수는 여성으로 2008년 7월 보건복지가족부의 보도 자료에 따르면 총 1,226명의 성범죄 피해 청소년 중 여자 청소년이 1,179명(96.2%)에 달하는 것으로 나타났다.

채팅, 전화방, 휴대폰 등과 같은 커뮤니케이션 수단의 발전으로 알선자 혹은 중간매개자가 필요 없는 직접거래가 가능한 방식의 개인형 성매매가 증가하고 있으며, 특히 익명성, 신속성이 보장되는 인터넷 공간이 청소년 성매매 확산의 주요 기제로 작용하고 있다.

## 참고문헌


강영삼, 이기종, 조원호(1997). 청소년의 성에 대한 인지도 조사 및 심층면접 조사 연구. 교육논총.

김남선, 이옥분, 정일환, 주동범, 한상철(2001). **청소년교육론**. 서울: 형설출판사.

김혜원, 이해경(2002). 고등학생들의 성행동 경험분석: 성별, 학교별, 거주지별 비교. **청소년학연구, 9(1)**.

김혜원(2003). 남녀청소년들의 성지식 성태도 성행동의 현황 및 관계분석. **한국심리학회지: 상담 및 심리치료, 15(2)**, 309-328.

권이종, 김천기, 이상오(2010). **청소년문화론**. 경기: 공동체.

백혜정, 김은정(2008). **청소년 성의식 및 행동실태와 대처방안 연구(08-R08 연구보고)**. 서울: 한국청소년정책연구원.

성윤숙, 박병식, 박나래(2009). **여자 청소년의 인터넷 성매매 실태와 대응방안 연구**. 서울: 한국청소년개발원.

손애리, 천성수(2005). 전국대학생의 성의식, 첫 성경험 및 성행동에 대한 성차. **보건과 사회과학, 18**, 73-100.

송명자(1999). **발달심리학**. 서울: 학지사.

이미리, 조성연, 길은배, 김민(2014). **청소년학개론**. 서울: 학지사.

이미정, 변화순, 김은정(2009). **청년층 섹슈얼리티와 친밀한 관계에서의 성폭력 연구**. 서울: 한국여성정책연구원.

장성화, 구승신, 정옥희, 이주연, 신성철, 정희정(2012). **청소년 심리 및 상담**. 서울: 정민사.

채규만, 정민철(2004). 한국대학생의 성에 대한 태도와 행동 및 피해경험에 관한 연구. **한국심리학회지: 건강, 9(4)**, 869-886.

한상철(2009). **청소년학; 청소년이해와 지도**. 서울: 학지사.

한상철, 이수연, 임순선, 류수현, 김우철(2012). **청소년 심리 및 상담**. 경기: 정민사.

Steinberg, L.(2011). *Adolescence*. New York: McGraw-Hill.

Berndt, T. J., Hawkins, J. A., & Hoyle, S. G.(1986). Change in friendship during a school year: Effects on children's and adolescents' impressions of friendship and sharing with friends. *Child Development*, 57, 1284-1297.

Chapter 07

# 청소년의 여가문화와 진로

1. 여가의 의미
2. 청소년과 여가문화
3. 여가활동과 진로발달
4. 여가활동으로서의 청소년 아르바이트
5. 행복지향의 청소년 여가

**청소년의 여가문화와 진로**

1. 청소년기 여가에 대하여 알아본다.
2. 청소년기 여가문화와 진로와의 관계를 알아본다.
3. 여가문화가 청소년기 진로발달에 미치는 영향을 알아본다.

현대사회의 급속한 경제성장과 과학기술의 발달은 현대인의 생활양식의 변화뿐만 아니라 사고방식의 변화, 가치관의 변화를 가져왔다. 보다 복잡해지고 다양해지는 생활로 편리함만큼이나 신체적·정신적 스트레스도 가중되고 있으며, 이에 따라 스트레스를 잘 해소하는 것은 현대인의 또 하나의 과제로 대두되어 '현대인의 건강, 스트레스 해소'라는 것이 상업적 테마로 떠오른 것은 보편화된 일이다. 스트레스를 잘 해소하고 건강한 심신을 유지하는 것은 심리적 안정감에 기여하며 이것은 곧 삶의 질을 높이는 요소가 된다. 경제 수준 향상으로 전반적인 생활수준이 높아지면서 삶의 질에 대한 관심이 집중되고 있는 것이다.

현대인의 삶의 질은 물질적 풍요나 생활의 편리함만으로 좌우되지는 않는다. 즉, 현대인에게 삶의 질이라는 것은 양적인 측면보다는 질적인 측면의 의미가 더 크다고 볼 수 있으며 이것은 개인이 느끼는 행복감과 관련지을 수 있다. 행복감이란 '심리적으로 즐거움과 만족이 있는 정서상태'인 것이다.

늘 바쁜 현대인에게 심리적으로 즐거움과 만족이 있는 상태란 일상의 일과에서 벗어난 상태, 즉 여가의 시간일 것이다. 일반적으로 여가란 '자유롭게 이용할 수 있는 시간'으로 인식되고 있다. 즉, 하루 24시간 중 학업이나 생업, 수면, 식사 등과 같은 생명 유지를 위한 기본적인 활동을 제외하고 남은 시간으로, 보수를 고려하지 않고 자기 뜻대로 활용할 수 있는 시간을 말한다. 현대인의 자유롭게 이용할 수 있는 시간에 대한 욕구는 꽤나 절실한 게 현실이다. 이것은 성인에게만 국한되는 것이 아니라 청소년에게 또한 마찬가지이다. 특히 우리나라 청소년은 생활시간의 많은 부분이 공부하는 시간에 치우쳐 있기 때문에 여가생활을 즐길 여유가 없고, 사회구조상 여가생활을 누릴만한 여건 조성도 미흡한 실정이다. 미래의 행복을 위한 것이라며 청소년들을 입시경쟁에 몰아넣고 있는데 학업과 성적이라는 단편적인 시각으로 미래의 행복을 주장하는 것은 청소년의 건강한 인격형성을 저해하는 행위가 될 수 있다.

Dewey는 교육에 있어 휴양이나 오락 등의 여가를 즐길 수 있도록 준비하는 것보다 더 중요한 책임은 없다고 했으며, 인간은 여가의 함양으로써만 성장이 가능하다고 하였다(조한범·이경일·김미향, 1999). 건전한 여가선용은 청소년기의 인격 형성에 지대한 영향을 미칠 뿐만 아니라 자신의 미래를 탐색하는 기회의 장으로 활용하게 되는 것이다.

내일의 능동적 주체로 살아갈 청소년의 여가문화, 그리고 진로의 관점에서 그들의 삶에 대한 이해의 폭을 넓혀가 보자.

## 1. 여가의 의미

### 1) 기본적 의미

여가는 기본적으로 자유재량권을 가지고 있는 남아 있는 시간이지만, 여가라는 개념은 구체적인 활동으로 표현되는 행위를 의미하기도 하고, 심리적으로 즐거움과 만족이 있는 정서 상태로 표현할 수도 있다. 여가는 인간의 기본이자 자기성장과 계발을 위한 시간이며, 한사람의 삶의 질을 결정하는 중요한 요인임에 틀림없다(노용구, 2002). Miller 또한 여가는 자신을 재창조할 수 있는 활동으로서 여가시간을 사용해서 자신을 풍요롭게 하고 자아를 완성할 수 있는 가치를 추구하는 것이라고 하였다. 즉, 여가는 개인의 삶의 질을 향상시키는 수단인 동시에, 일을 위한 휴식의 시간 그 이상의 의미를 띠면서 그 자체가 만족스러워야 할 활동으로 간주되고 있다. 여가 자체가 목적이 된 것이며, 현대인에게 여가활동은 선택의 의미가 아니라 생활의 일부로 자리 잡고 있는 것이다.

### 2) 여가의 의미 확대

기술과 정보에 의해 영향을 받는 현대사회의 변화 속도는 그 기술과 정보의 수명조차도 단축시키면서 생활 전반의 변화를 유도하고 여가의 의미 또한 변화시키고 있다. 일반적으로 여가활동은 보수와 상관없이 자유로이 추구되어 직접적인 만족을 얻는 활동이다(서재복·윤추호, 2008). 노동과 재화라고 하는 현대인의 필수적 조건에 대립되는 것으로써 무엇인가 비노동적이고, 비물질 추구 행위들을 여가라고 인식해왔다. 하지만 오늘날의 여가란 반드시 노동에 대립되는 의미만을 지니고 있는 것은 아니다. 즉, 노동에 대립되는 개념이 아니라 상황에 따라 노동과 동일시되기도 하는 새로운 복합적 형태로 나타나고 있다는 것이다. Godbey의 주장처럼 경우에 따라서는 노동 자체가 될 수도 있으며, 개인에 따라서는 전혀 여가 같아 보이지 않는 행위가 여가가 될 수도 있는 다양성의 시대가 된 것이다. 비록 강요된 노동이라 하여도 그로부터 스스로의 주체적인 즐거움을 찾고 나아가 그것이 자신의 삶의 질을 상승시킬 수 있는 여유의 토대가 되며, 궁극적으로는 자아를 실현할 수 있는 계기로 작용한다면, 이와 같은 조건을 충족시킬 수 있는 모든 행위는 여가의 유형에 포함될 수 있다는 확대 해석이 가능한 것이다(최원기, 2006).

## 2. 청소년과 여가문화

### 1) 청소년 여가의 중요성

개인의 삶의 질을 높이는 여가활동은 현대인에게는 생활의 일부로 자리 잡고 있으며, 이것이 성인들에게만 적용되는 것은 아니다. 과도한 학업시간으로 인해 다른 생활시간을 위협받고 있는 청소년에게 있어 여가는 다소 엉뚱하거나 별 의미 없는 것처럼 보일 수 있다. 하지만 여가는 성인뿐만 아니라 청소년의 삶의 질에도 중요한 영향을 미친다. 따라서 청소년들에게 있어서의 여가를 공부와 대치되는 활동을 바라볼 것이 아니라 청소년에게 소중하게 제공되어야 하는 하나의 발달과정임을 인식해야 한다(노용구, 2002).

청소년 여가란 청소년들이 자발적으로 주체적인 즐거움을 찾을 수 있고, 이를 바탕으로 그들의 삶의 질이 향상될 수 있으며, 나아가 자아정체성 확립과 실현이 가능하게 하는 모든 영역에서의 행위라고 할 수 있다.

청소년들에게 여가의 의미와 역할이 갖는 중요성을 살펴보면 다음과 같다(최원기, 2006). 개인 차원에서는 ① 건강 및 체력 증진 기능, ② 긴장 완화 기능, ③ 기분 전환 기능, ④ 자아 형성 기능, ⑤ 정서적·사회적 보상 기능이 있으며, 사회적 차원에서는 ① 사회적 학습 기능, ② 학습 의욕 회복 등 재생산 기능, ③ 사회적 통합 기능, ④ 문화적 기능, ⑤ 교육과의 상호 관련성, ⑥ 범죄 방지 등 사회문제 해결 기능이 있다.

긍정적인 여가활동은 사회가 지향하는 가치를 내포하며, 일상적인 학업에서 쌓이는 긴장과 권태를 해소할 수 있고 정서를 순화시켜 원만한 인간관계를 맺어주고 생활에 활력을 불어넣어 청소년의 발달에 보호요인으로 작용한다.

## 2) 청소년의 여가활동의 이면

건전한 여가선용이 청소년의 인격형성에 필요한 신체적·심리적·지적 발달에 영향을 미치고 삶의 질을 향상시킨다는 것에는 의문의 여지가 없으나 청소년들의 여가활동에 대해서는 일부 우려의 시각도 있다. 여가활동의 순기능과 역기능이 함께 공존한다는 것이다.

### (1) 부족한 여가시간

청소년 여가활동의 이면을 살펴보면, 우선 드러나는 것이 여가시간의 문제이다. 우리나라 청소년에게 현실적으로 여가시간이 존재하느냐 하는 것이다.

국민생활시간조사를 토대로 이용교(1998)는 청소년의 생활시간을 생활필수시간, 노동시간, 학업시간, 여가시간, 이동시간으로 분류하였으며, 청소년의 생활시간이 학업시간에 과도하게 치우쳐 있음을 확인하였다. 학업시간의 과도함으로 말미암아 생활필수시간이라고 할 수 있는 수면, 식사, 신변잡일을 하는 시간조차도 최소한에 그치고, 여가시간도 크게 제약받고 있으며, '일의 세계'에서도 추방당하고 있다는 것이다. 인간이 일을 통해서 삶을 배운다고 할 때, 청소년은 수입을 위한 일은 물론이거니와 '가사'조차 거의 분담하지 않는 것으로 나타나 일상생활을 통한 학습이 거의 이루어지지 않음을 알 수 있다. 즉, 청소년이 여가로 활용할 수 있는 시간은 매우 짧다는 것이다. 여가를 구성하는 가장 중요한 요소를 예산과 자유 시간으로 볼 때 비노동인구인 청소년에게는 두 요소의 충족이 매우 미흡한 것이다.

### (2) 여가활동으로서의 대중매체

여가시간의 부족은 여가활동의 질에 직접적인 영향을 미치게 된다.

시간이 부족하다보니 개인의 인격형성에 긍정적인 작용을 하거나 사회적으로 권장되는 가치를 실현할 수 있는 활동들을 탐색하고 선택할 수 있는 여건이 되지 않는다. 따라서 청소년들은 짧은 시간 동안 쉽게 접근이 가능한 선택을 하게 되며, 그것이 바로 대중매체이다. 대중매체는 청소년문화에 깊숙이 관여하고 있는데 청소년들이 대중매체에 몰입하는 이유는 가장 쉽게 접근할 수 있고 가장 용이하게 그들의 긴장을 해소할 수 있는 가장 보편적인 방식이기 때문이다(최원기, 2006). 여가의 속성 중 하나가 여가를 즐기는 개인의 주체적 태도라는 점에서 대중매체의 이용은 주체적이라기보다는 이용자를 객체화하는 경향이 있으므로 진정한 의미의 여가활동이라고 보기는 어렵다.

### (3) 소비지향적 여가활동

청소년들의 여가활동은 소비지향적이라는 것이다. 여가의 주체로서 건강한 여가문화를 탐색하고 즐기기보다는 소비적이고 감각적인 놀이에 쉽게 노출되고 있다. 여가에 대한 올바른 지식과 태도를 갖추지 못한 것이 청소년의 책임이라고 할 수는 없으나 청소년은 현실적으로 비노동인구로 경제적 소득이 없음에도 불구하고 성인의 놀이 문화에 편승하고 있는 것이다. 조아미(2004)의 연구에 의하면 청소년들의 여가활동은 주로 TV 시청, 영화 관람, PC방이나 인터넷으로 게임하기 등으로 나타났으며, 쇼핑이나 술 마시기 등을 여가활동이라고 응답한 경우도 있었다. 이것은 우리 청소년들의 여가 실상이 오락 위주의 소비지향적이라는 것을 보여주는 결과이다.

### (4) 문제행동으로서 여가생활

청소년 발달에 위험요인으로 작용하는 문제행동들이다. 청소년의 여가시간은 방과 후 시간과 휴일이다. 현실적으로 청소년 여가활동을 위한 제도나 시설, 프로그램이 정립되지 않은 상황에서 청소년에게 주어진 여가 시간은 대부분 학교 밖에서 무방비상태로 놓이게 된다. 청소년들이 학교 밖에서 보내는 시간이 많게 되면 문제가 발생할 확률이 높다. 청소년 비행이 주로 여가시간에 일어나고 여가시간이 많을수록 청소년 비행이 많이 발생한다는 것이다(Godbey, 1978; 김정주, 2002). 이것은 청소년 여가활동에 대한 사회적 관심과 여가교육에 대한 필요성을 시사하는 바이다.

청소년의 바람직한 여가활용은 그들의 인격형성은 물론이고 신체적으로나 정신적 건강, 그리고 공부나 일의 능률 향상을 위한 에너지 축적에 많은 도움을 준다. 특히 청소년의 경우는 신체적 성장과 더불어 정신적으로 성숙해져가는 시기이므로, 신체의 조화로운 발달과 사회성 발달에 여가활동이 차지하는 비중이 매우 높다. 즉, 건전한 여가활동은 정서적 안정과 긴장을 해소시켜 줌으로써 청소년의 인격형성과 청소년 문제의 완화에도 기여하는 것이다.

반면 올바른 가치관을 정립하지 못한 상태에서 사회적 관심을 벗어난 여가문화의 확산은 청소년을 노동의욕의 상실과 한탕주의 등 타락된 대중문화로 유인하여 청소년비행을 야기하는 역기능으로 작용하기도 한다.

여가문화의 보편화·대중화가 이루어진 현대사회에서 청소년들에게 여가활동에 대한 올바른 이해와 지도가 없다면, 여가 때문에 생기는 스트레스와 빈부 격차로 인한 여가 혜택의 상대적 빈곤으로 말미암아 오히려 청소년에게 비행의 원인으로 작용할 수도 있을 것이다(서재복·윤추호, 2008).

### 3) 건강한 청소년 여가활동

여가가 자유롭게 선택할 수 있고 여가활동을 통해 즐거움을 얻는 것이라고 볼 때, 우리는 자연스럽게 여가활동을 문화활동이라는 맥락에서 이해할 수 있다. 즉, 청소년의 문화활동을 통해서 그들의 여가생활을 엿볼 수 있다는 것이다. 이러한 측면에서 에너지 충전과 재창조의 기회가 되는 청소년 여가를 문화활동 영역을 통해 살펴보기로 한다(김건태, 2012).

### (1) 문화감성활동

청소년문화감성활동은 예술활동, 스포츠활동, 동아리활동, 봉사활동 등을 통하여 문화적 감성과 더불어 살아가는 능력을 함양하는 체험활동을 말한다.

### (2) 과학정보활동

21세기 교육에서 절실히 요구되는 것 중 하나가 창의성이다. 창의적인 사람은 독창성, 융통성, 유창성, 정교성 등의 지적 능력을 지니며, 적극적으로 도전하는 태도와 지식과 기술을 활용하여 새로운 것을 창출하려는 특성을 지닌다. 지식정보사회에서는 정보기술능력이 우수한 개인이 앞서 가는 사회가 될 것이며, 국가의 미래는 국민 개개인의 정보를 다루는 능력에 달려 있다. 따라서 국가는 국민들의 정보기술능력 육성을 위해 정책적인 노력과 교육과정을 변경하는 등 교육개혁에 많은 노력을 쏟고 있으며, 이것은 미래의 주역인 청소년에게 더욱 기대하는 활동이다.

### (3) 봉사협력활동

청소년 자원봉사활동은 체험학습을 통해 개인의 만족감을 증진할 뿐만 아니라 사회참여의 기회와 사회적 책임을 실천할 기회가 된다는 이중적인 의의를 가진다. 또한 청소년들은 학교에서 배우는 교과학습을 통하여 얻은 지식과 기술을 지역사회에서 실천함으로써 그 지식과 기술을 보다 실제적인 것으로 만들 수 있다는 것이 청소년 봉사활동의 중요한 의의가 된다.

### (4) 모험개척활동

모험개척활동은 다양한 체험 프로그램 개발을 통한 청소년 정신문화 및 수련활동, 체험학습, 놀이문화 등을 보급하며, 건전하고 건강한 체험 수련활동의 참여를 통하여 정신과 신체가 건강하고 밝은 청소년을 육성한다. 문화유적 탐방 활동, 레저스포츠 활동, 극기 훈련식 체험활동, 지도력 배양활동, 전통문화 체험 및 예절 활동, 국제교류활동, 자연체험 수련활동, 사회봉사활동, 사랑과 나눔, 후원 활동 등 다양한 영역으로 점차 확대되고 있다.

### (5) 환경의식활동

인구의 급격한 증가와 산업활동으로 인하여 지구 환경이 빠르게 변화되면서 자연이 균형을 상실하고, 생활환경이 악화되어 환경문제는 생존을 위협하는 심각한 문제로 대두되고 있다.

환경교육은 자연과 생명의 존엄성을 배우고 가르치는 윤리교육인 동시에 국가 수준의 지속발전가능을 위한 토대인 사회구성원의 올바른 환경 가치관 확립을 위한 교육활동이다.

### (6) 직업준비활동

21세기는 지식정보화사회로, 분야와 영역을 초월하여 새로운 환경변화가 몰고 오는 변화의 물결과 그 영향력을 올바르게 평가하고, 그 결과를 토대로 특정 분야의 발전방향을 모색하고 실천과제를 설정하는 문제는 해당 분야의 발전적 성숙을 위한 기본 전제 조건이다. 스마트사회에 대비하는 사회, 문화, 정치, 경영, 교육 등 지식을 토대로 새롭게 전개되는 변화의 양상과 영향은 그 어떤 변화 요인보다 그 파급효과가 크다. 따라서 예측불허의 불연속적이고 불확실한 변화의 일상화에 유연하게 대처할 수 있는 직업준비활동이 적극적으로 모색되어야 한다.

## 3. 여가활동과 진로발달

### 1) 여가활동을 통한 진로 탐색

문화활동은 특히 발달 시기에 있는 청소년기에 단순히 학업과 분리된 개념으로서가 아니라 학업을 더욱 증진하고, 성장기의 다양한 신체적·정신적·사회적 발달을 촉진하는 중요한 역할을 한다(오치선, 2002). 청소년기에 체험하는 경쟁적인 놀이나 사회적인 놀이는 그 안에서의 규칙과 사회적 상호작용을 배우고 사회적 일원으로서의 자기를 인식하게 하며, 소속감을 느끼고 심리적 안정을 갖게 하여 그런 가운데 자아개념과 자신감을 형성하는 것이다. 또한 여가활동 시간을 통하여 학업과 관련된 시간에 얻지 못하는 다양한 경험을 하게 되므로 장래의 직업 선택에 큰 도움을 주기도 한다(문화체육관광부, 2010). 즉, 청소년기의 여가활동은 흥미의 발달을 촉진시키며 흥미발달은 의사결정에 영향을 미치는 중요한 요소로써 청소년의 진로발달 및 성숙에 도움이 된다(Sharf, 1992).

Super는 여가활동에 대한 참여가 직업발달 과정의 통합을 촉진시킨다고 하였다. 또한 여가활동은 사회성 발달에 중요한 조건과 환경을 만들어 주며 개인으로 하여금 유용한 기술을 습득하게 하고, 심리사회적 정체감을 만들며 미래의 포부에 대해 생각할 수 있도록 한다(Grancy, Willits & Farrell, 1986). 특히 여가는 청소년에게 자신에 대해, 그리고 가능한 진로방향에 대해 탐색하고 실험하며 피드백 받을 수 있는 자유를 제공하기 때문에 진로발달에 중요한 역할을 한다. 또한 여가활동에 있어 스스로를 유능하고 효과적으로 인식하게 되는 경우 청소년의 진로 목표와 관심은 보다 분명해지는(Munson & Savickas, 1998) 것이다.

## 2) 생애역할로서의 여가

Super는 진로발달단계를 성장기, 탐색기, 확립기, 유지기, 쇠퇴기의 다섯 단계로 나누었다. 이 다섯 단계에서 Super는 탐색기와 확립기의 진로발달을 중요시했는데, 이 시기가 선호하는 직업에 대해 명료화하고 구체적인 선택이 이루어져 그 직업에 들어가 직업적인 안정과 발전을 이루며 직업적 자아개념을 완성해 가는 시기이다. 청소년들은 진로탐색기(15~24)에 놓여 있으며(Super, 1990), 진로탐색기란 자신의 욕구, 능력, 가치, 취업기회 등을 고려하여 자신에게 알맞은 직업(진로)을 탐색하여 잠정적으로 직업을 선택하는 단계이다. 성숙한 청소년들은 학교생활, 여가활동, 시간제 일 등을 통해 자아 검증, 역할수행, 직업탐색을 하게 되며(Gottfredson, 1981; Super, 1990), 그로 인해 자신에게 가장 합리적이고 현실적인 직업을 선택할 수 있게 된다.

여가와 진로발달의 관계는 Super의 생애역할 개념에 대한 출현으로 중요해졌다. Super는 사람의 일생을 생애진로 무지개로 개념화하여 생애역할을 제시하였는데, 일생 동안 아홉 가지의 중요한 역할-아동, 학생, 여가생활자, 시민, 근로자, 배우자, 가장-주부, 부모, 연금생활자(은퇴자)-

을 수행한다는 것이다. 이러한 생애역할들은 상호작용하는 것으로 한 개인이 여러 가지 역할을 동시에 수행하며 한 가지 역할의 성공은 다른 역할에서의 성공을 촉진한다. 한 가지 역할에만 집중하고 나머지 다른 역할들을 무시하게 되면 역할상 갈등이 초래되어 건강한 직업적 자아개념이 형성되지 않는다.

Super가 제시한 생애역할 중 여가생활자 역할의 기본 개념은 삶의 질은 일에 소비하는 시간과 여가생활에 투자하는 시간의 균형에 의해 이루어진다는 것이고, 이러한 준거틀 안에서 삶의 질은 인간에 대한 전체적인 관점과 진로발달을 통해 획득된다고 볼 수 있다(박미진·김진희, 2003)

여가활동과 진로발달 간의 관련성 연구를 통해 여가활동의 긍정적 결과가 진로성숙에 유익한 영향을 미치고 있음을 확인할 수 있다. 미국 대학생을 대상으로 한 Munson과 Savickas(1998)의 연구에 따르면, 여가활동 내에서 자신감과 통제감을 더 느끼는 학생일수록 직업적 목표와 흥미 및 적성 등에 있어 더 명확한 인식을 하고 있으며 여가활동의 참여수준이 높을수록 진로선택과 관련한 결정능력과 직업세계에 대한 탐구에 더 높은 긍정적인 태도를 보인다.

여가가 진로에 미치는 영향은 특정 영역의 기능과 기술 습득이라는 이점뿐만 아니라 진로발달에 긍정적인 영향을 미치는 자기효능감과 같은 긍정적인 심리상태를 가져온다. 또한 여가가 지닌 유희적 속성으로 인해 스트레스와 같은 부정적인 심리상태를 완화시켜주는 효과가 있는 것이다(노법래, 2013).

## 4. 여가활동으로서의 청소년 아르바이트

아르바이트는 경제적 대가를 위한 노동 행위이므로 보수와 상관없이 자유로이 추구되어 직접적인 만족을 얻는 활동이라는 본래적 의미에서는 여가활동으로 간주하기는 어렵다. 하지만 우리의 현실에 비추어 봤을 때 청소년(후기 청소년기를 제외한 중고등학교 시기)의 대부분은 학생이라는 전제가 가능하다. 이러한 전제하에 청소년(중고등학생)의 아르바이트는 본연의 역할행위인 학업행위를 제외한 시간, 즉 여가시간에 이루어진다는 측면에서 여가활동으로 간주하여 살펴보고자 한다.

청소년의 아르바이트는 일반적인 의미의 여가선용 활동(관람 및 감상, 스포츠활동 등)에 비해 보다 직접적으로 진로에 영향을 줄 수 있다. 청소년기의 일 경험은 성인이 된 후까지도 지속적으로 영향을 줄 수 있는 중요한 사건이 된다(유성렬, 2005)는 점에서 진로발달에 영향을 미칠 것으로 본다.

최근 들어 노동시장에 참여하는 청소년의 수가 증가하고 참여의 범위가 확대되면서 청소년의 노동시장 참여 경험에 대한 관심이 고조되어 왔다. 중고등학교 교육이 대학 입시라는 최대 과제에 초점을 두고 있는 상황에서 공부에 전념해야 할 학생들이 돈을 벌기 위해 학교 외부의 장소에서 일을 한다는 것(유성렬, 2005)은 일반적이거나 보편적인 상황은 아니다. 청소년기가 자아개념 형성에 매우 중요한 시기라는 점에서 청소년기의 일 경험이 매우 의미 있는 영향을 줄 것이라는 긍정적인 측면도 있으나, 한편에서는 청소년의 아르바이트를 바라보는 시선에 우려가 담겨 있는 것이다.

## 1) 청소년 아르바이트에 대한 인식

성장과정에 있는 청소년기라는 특수성으로 인하여 여가시간을 활용한 청소년의 아르바이트에 대해서는 일반화된 의견을 찾기가 어렵다. 유성렬(2005)의 연구를 인용하여 청소년 아르바이트 경험이 가져오는 영향에 대한 기존의 연구를 다음과 같이 세 가지 측면으로 정리하였다.

### (1) 긍정적 측면

청소년의 아르바이트 경험은 청소년들에게 긍정적인 영향을 준다는 입장이다. 즉, 노동시장 참여 경험은 청소년들로 하여금 자신감과 책임감을 획득하게 할 뿐만 아니라 자신이 유용하게 쓰일 수 있다는 생각과 더불어 긍정적인 직업가치관을 갖게 하며 미래에 하고 싶은 일에 대해 구체적으로 생각할 수 있는 기회를 제공한다는 것이다. 또한 아르바이트를 하는 청소년들은 학교, 직장 및 교우관계를 잘 유지하기 위해 시간을 적절히 관리해야 하며, 이러한 경험은 다중 역할을 수행하는 데 필요한 능력을 신장하는 데 도움이 된다는 것이다.

### (2) 부정적 측면

청소년의 아르바이트 경험은 부정적인 영향을 준다는 입장이다. 현대사회에서 청소년들이 갖게 되는 직업들은 대부분 특정 기술을 요하지 않는 단순직으로 미래의 직업 준비과정으로 보기에 적합하지 않다는 것이다. 특히 청소년들은 직업 경험과 관련된 스트레스에 대처할 수 있는 적절한 기술이 부족한 상태에서 성인 수준의 책임을 지게 됨으로써 지나친 스트레스에 노출되어 정신 건강에 부정적인 영향을 받게 된다. 그리고 아르바이트의 지속기간이나 강도가 높을수록 가족이나 친구들과 함께 보내는 시간이 적어지므로 적절한 교우관계나 가족관계를 발전시키는데 어려움을 겪고 학업에도 소홀하게 된다. 또한 나이가 많은 사람들과의 접촉 기회와 시간이 늘어남에 따라 음주나 흡연과 같은 행위에 쉽게 노출되고, 성인들이 사용하는 스트레스 방법을 모방함으로써 청소년에게는 적합하지 않은 행동을 하게 된다는 것이다.

#### (3) 작업의 성격에 초점을 두는 측면

청소년이 수행하는 작업의 성격에 초점을 두는 입장이다. 청소년의 근로경험이 긍정적 혹은 부정적인 영향을 준다는 주장은 지나치게 단순한 지적이라는 것이다. Mortimer와 연구진(1994)에 따르면 청소년이 작업장에서 수행하는 일의 성격에 따라 근로경험이 주는 영향은 긍정적으로 혹은 부정적으로 나타날 수도 있다는 것이다.

### 2) 지능정보사회의 공부 · 일 · 여가

우리는 4차산업혁명시대를 맞이하면서 인공지능, 사물인터넷, 빅데이터, 클라우드 등의 키워드로 설명되는 지능정보사회에 살아가고 있다. 오늘날의 청소년들은 공부 이외에 일과 여가를 함께 해야 하는 시대에 살고 있다. 다시 말하면 지능정보사회는 청소년기, 성인기, 노년기의 구분 없이 공부, 일, 여가를 동시에 수행하고 즐겨야 하는 사회인 것이다.

이러한 사회현상을 평생학습사회라 하는데 평생학습사회는 곧 평생 공부하는 사회이며, 평생 일하는 사회이며, 평생 여가를 즐기는 사회이다. 이제 일과 여가에 도움이 되지 않는 공부, 공부와 일과 연계되지 않는 여가, 공부와 여가에 관계없는 일은 의미를 갖지 못한다.

오늘날 청소년들은 한 가지씩 따로따로 할 수가 없는 융복합(convergence)

시대에 살고 있는 것이다.

이상의 사회현상에 따른 청소년의 공부, 일, 여가에 대한 관계를 그림으로 나타내면 **그림 7-1**과 같으며, 오늘날 청소년의 일 경험은 공부, 여가와의 적절한 조화를 요구한다는 측면에서 바라볼 수 있다.

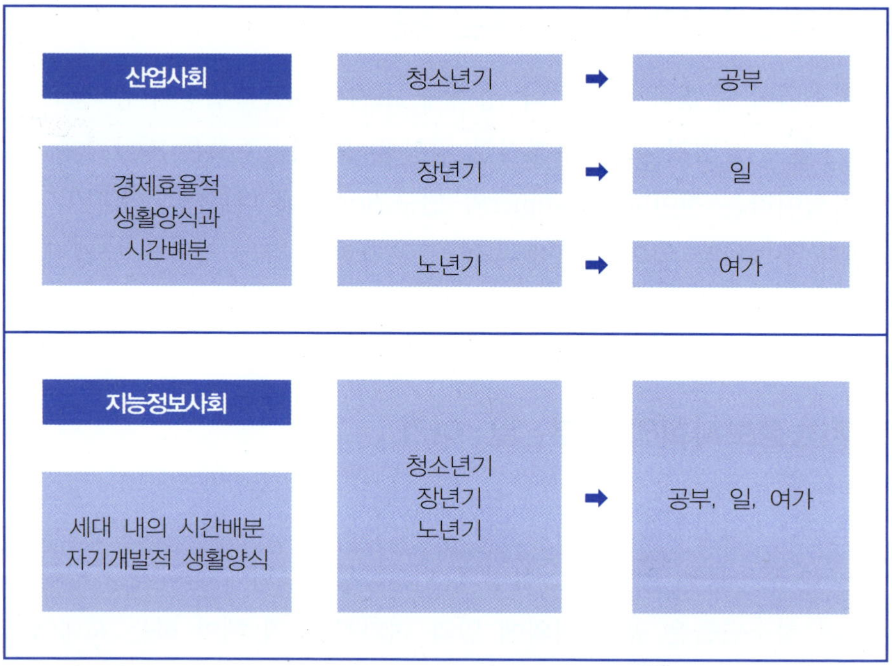


**그림 7-1** 산업사회 및 지능정보사회에서 공부, 일, 여가의 관계

## 5. 행복지향의 청소년 여가

인간의 궁극적 삶의 목표는 행복이며, 우리는 행복을 위해 끊임없이 노력하고 변화하고 성장하기를 원한다. 행복을 '삶에 만족하여 기분이 좋은 상태'(박종일 외, 2010)로 정의할 수 있으며 행복에 영향을 주는 요소는 시대, 상황, 개인의 가치에 따라 다양하게 나타날 수 있다. 시대의 변화에 따라 현대인의 행복지수를 가늠하는 요소 중 하나로 떠오른 것이 '여가'이다. 종래에는 여가는 일로부터 해방된 일하지 않는 휴식 시간의 의미였다면 현대사회에서는 일을 위한 휴식 그 이상의 의미를 띠고 그 자체가 만족스러워야 할 활동으로 간주되고 있다. 여가가 노동을 하는 성인에게만 해당되는 것은 아니다. 미래 주역으로서의 준비과정을 거치고 있는 청소년에게 있어 여가는 하나의 발달과정인 것이다.

앞서 논의된 내용을 토대로 여가가 청소년의 삶에 미치는 영향을 정리하면 다음과 같다.

### 1) 교육적 기능

다양한 스트레스를 안고 사는 현대인에게 여가는 삶의 질을 향상시키는 수단이자 생활의 일부로 그 자체가 목적이 되었다. 여가가 현대인의 삶에 기여하는 긍정적인 작용이 크다는 의미이다. 특히 청소년기는 인생의 바탕이 되는 인격을 형성하는 시기로 여가가 개인적·사회적 차원에서 여러 가지 긍정적인 기능을 하면서 다른 어느 세대보다 여가의 교육적 기능이 큰 의미를 가진다. 여가활동의 다양한 체험을 통해 청소년은 실패로 인한 손실이나 위험 요소에 대한 우려 없이 언어를 숙련하고, 자아를 발전시키면서 사회적 기술을 배울 수 있기 때문이다. 또한 청소년기 여가활동은 성인기에 수행할 여가활동의 방향을 좌우한다는 점에서도 중요한 의미를 가진다. 성장기에 이루어진 여가의 사회화가 일생에 걸친 여가활동의 선택에 영향(Roberts, 1999)을 주어 성인기 여가활동으로 이어질 수 있기 때문이다.

### 2) 자아존중감 증진

청소년의 여가활동 참여는 자아존중감을 증진시킴으로써 주관적 안녕감에 직접적으로 영향을 주게 된다(차경호, 2004). 자아존중감의 형성과 변화 및 발달은 인생의 전 과정에 걸쳐 진행되지만 청소년기가 특히 중요한 이유는 자아에 대한 인식과 평가가 다른 단계보다 이 시기에 더 활발하고(류시영·강방훈, 2012) 낮은 자존감은 청소년기 부적응으로 이어져 사회적 문제로 나타나기 때문이다. 여가 만족과 자아존중감 간의 영향에 대한 여러 연구들(박진경, 2010; 송영민·이영진, 2011; 이광수·김관진, 2010; 이미리, 2005)에서 청소년의 자아존중감은 가족, 친구, 학업 등 여러 가지 요소에 의해 영향을 받지만 방과 후 자유 시간에 이루어지는 여가활동이 미치는 영향도 큰 것으로 나타났다.

### 3) 대인관계기술 증진

건전한 여가활동은 능동적인 인간이 되게 하며, 규칙을 지키고 공정성을 존중하는 사회인으로 성장하는 데 많은 기여를 한다. 집단적 상호교류를 통해 이루어지는 여가활동은 자신의 발전과 질서의식, 책임의식과 함께 타인을 존중할 줄 아는 사회성을 발전시키는 기능을 가지고 있기 때문이다. 청소년들의 강력한 사회적 지지원인 또래들과의 여가활동으로 갈등과 긴장을 해소하고 상호 이해와 존중의 경험을 하게 됨으로써 새로운 에너지 충전과 재창조의 기회로 만들어 나가는 것이다.

### 4) 진로발달 촉진

여가활동은 청소년의 진로발달에 중요한 영향력을 가진다(조한범·이경일·김미향, 1999; 노법래, 2013). 대학입시와 학력위주의 우리나라 교육현실에서 청소년기의 직업 탐색과 구체적인 직업 준비교육이 실제로 쉬운 일은 아니다. 따라서 다양한 여가활동을 통하여 자신의 흥미와 적성을 탐색하고 능력과 소질을 발휘하는 기회로 삼아, 그것이 직업과 어떤 관계가 있는지 탐색하며 일의 가치와 직업의 의미를 정립해가는 기회로 활용할 수 있기 때문이다.

이상과 같이 다양한 신체적·정신적·사회적 변화 속에서 발달과업을 완수해 가는 시기에 놓인 청소년들에게 여가는 행복 추구의 시간이며, 건전한 여가활동은 삶을 배우며 성장해 가는 자기 자신을 만나는 통로가 될 것이다.

## 참고문헌

김건태(2012). **청소년복지와 문화활동**. 경기: 한국학술정보.

김정주(2002). 청소년 여가행동 유형과 문제행동의 관련성 분석. 경산대학교 청소년문제연구소. **청소년행동연구**, 7, 141-157.

노법래(2013). 후기청소년의 진로발달 궤적에 관한 종단연구: 경제적 불안정과 여가의 영향을 중심으로. **한국청소년연구, 24(3)**, 171-193.

노용구(2002). 청소년 여가의 현황 및 대안모색. **한국여가레크리에이션학회지. 22**, 65-75.

류시영, 강방훈(2012). 청소년의 체험활동 만족과 자아존중감, 행복감 간의 관계: 아시아태평양잼버리 참가자를 중심으로. **한국청소년연구, 23(4)**, 27-50.

문화체육관광부(2010). 문화정책백서.

박미진, 김진희(2003). 고등학생의 여가생활과 진로결정의 관계. **진로교육학회지, 16(1)**, 137-153.

박종일, 박찬웅, 서효정, 염유식(2010). 한국 어린이-청소년 행복지수 연구와 국제비교. **한국사회학, 44(2)**, 121-154

박진경(2010). 여가만족이 자아존중감과 삶의 만족에 미치는 영향. **경기관광연구, 16**, 45-60.

서재복, 윤추호(2008). 청소년의 여가활동 방안 연구. **인문과학연구, 13(0)**, 182-204.

송영민, 이영진(2011). 청소년 스트레스 완화요인으로써 여가만족의 영향. **청소년학연구. 28(12)**, 609-634.

유성렬(2005). 청소년 아르바이트 관련 변인에 대한 탐색적 연구. **한국청소년연구, 16(1)**, 255-282.

이광수, 김관진(2010). 대학생의 여가 스포츠 참여동기와 라이프스타일이 여가만족, 여가몰입 및 자아존중감에 미치는 영향. **한국레크리에이션학회지 34(2)**, 59-70.

이미리(2005). 청소년기 자아존중감과 가족, 친구, 학업, 여가, 직업 변인들의 관계: 긍정적 자아평가와 부정적 자아평가를 중심으로. **한국청소년연구, 16(2)**, 263-293.

이용교(1998). **청소년의 생활시간, 청소년문화론**. 한국청소년개발원, 경기: 양서원, 115-130.

조아미(2004). 강남구 청소년의 여가활동에 있어서 문제점과 개선방안에 관한 연구. 명지대학교 여성가족생활연구소. **여성가족생활연구**, **8**, 207-225.

조한범, 이경일, 김미향(1999). 여가활동 참여와 진로 성숙의 관계. **한국체육학회지**, **38(4)**, 950-959.

차경호(2004). 자아존중감 및 여가활동 참여와 주관적 안녕감과의 관계. **여가학연구**, **2(2)**, 27-38.

최원기(2006). **청소년과 여가문화**. **청소년문화론**. 한국청소년개발원, 서울: 교육과학사, 181-208.

Godbey G.(1978). *Recreation, Park, and Leisure Service*. Philadelphia: W.B. Saunders.

Gottfredson, L.(1981). Construct validity of Holland's occupational typology in terms of prestige, census, Department of Lador, and other classification system. *Journal of Applied Psychology*, 651, 697-714.

Grancy, M., Willits, F. K., & Farrell, P.(1986). Adolescent activities and adult success and happiness: Twenty-four years later. *Sociology and Social Research*, 70, 242-247.

Mortimer, J. T., Shanahan, M. J. & Ryu, S.(1994). *The effects of adolescent employment on school-related orientation and behavior*. In R. K. Silvereisen & E. Todt(Eds.) Adolescence in context: The interplay of family, school, peers, and work in adjustment(304-326). NY: Springer-Verlag.

Munson, W. W., & Savickas, M. L.(1998). Relation between Leisure and career development of college students. *Journal of Vocational Behavior*, 53(2), 243-253.

Roberts, K.(1999). *Leisure in Contemporary Society*. Oxon: CABI Publishing.

Sharf, R. S.(1992). *Applying Career Development Theory to Counseling*. Pacific Grove, CA: Brooks/Cole.

Super, D. E.(1990). *A life-span, life space to career development*. In D. Brown, L. Brooks, et al.(Eds.). Career choice and development: Appling contemporary theories to practice. San Francisco: Jossey-Bass.

Chapter 08

# 청소년과 외모주의

1. 신체상
2. 행복감
3. 청소년의 외모인식
4. 청소년기의 신체상과 행복감
5. 오늘날 청소년, 과연 행복한가?

### 청소년과 외모주의

1. 청소년기 신체적 자아의식을 이해한다.
2. 신체적 자아의식으로 비롯된 청소년의 생활양식으로 외모주의에 대하여 알아본다.
3. 외모주의의 순기능과 역기능을 이해한다.

우리나라 청소년들은 편향된 관심과 통제로 인해 불행한 삶을 보내고 있다는 주장이 제기되면서 근래에 청소년의 행복감에 대한 연구가 사회 전반에 걸쳐 진행되고 있다(박종일·박찬웅·서효정·염유식, 2010). 어린 시절의 행복감이 성인이 된 후 개개인의 전체적 행복감에도 영향을 줄 수 있다는 점(Yang, 2008)으로 인해 그 중요성이 더욱 증대되고 있는 것이다.

대개 청소년의 불행한 삶에 영향을 미치는 변인들로는 학업 스트레스, 학교 스트레스 등 다양한 것들이 있으나 최근 새롭게 부각되는 것 중 하나가 자신에 대한 신체상이다. 성장기 청소년은 급격한 신체적·생리적 변화로 인해 자신의 외모에 대한 관심이 증가하고, 외부로부터의 자극과 영향에도 매우 민감하게 반응하게 된다(박지현, 2007; Hansen & Hansen, 1988). 이로 인해 자신의 외모에 과도하게 열중하고 때로는 잘못된 평가를 내림으로써 심리적·사회적 문제를 겪는 청소년의 수가 매우 많은 것이 사실이다.

국가청소년위원회와 한국청소년정책연구원은 전국 중고등학생 5,951명을 대상으로 '2008년 한국청소년 행복지수'를 조사한 결과, 우리나라 청소년의 행복지수가 100점을 기준으로 53.08점에 불과하고, 10명 중 7명이 자신의 외모에 대해 불만을 가지고 있는 것으로 나타났다(류민정, 2009). 실제로 요즈음 우리사회는 외모가 개인의 능력을 평가하는 하나의 기준으로 작용하면서 다수의 사람들이 외모에 집착하는 새로운 사회적 흐름을 형성하고 있다. 즉, 겉모습으로 사람을 판단하는 외모지상주의인 루키즘(lookism)이 하나의 사회적 현상으로 자리 잡게 된 것이다. '얼짱', '몸짱' 등의 신조어는 이러한 사회적 현상을 잘 반영해 주고 있으며, 특히 청소년기에 있어 그 영향력은 지대한 것으로 드러나고 있다. 청소년들의 비만, 다이어트, 섭식 장애와 같은 건강 문제(Jung & Forbes, 2007; Stice, 2002)는 신체에 대한 부정적 사고에서 기인한 사회적 현상의 일면인 것이다.

무엇보다 심각한 것은 루키즘이 청소년들로 하여금 자신의 신체적 외모를 객관적으로 이해하며 수용하는 데 도움이 되지 못하며, 오히려 신체상에 대한 부정적인 사고를 부추기고 있다는 점이다. 신체상(body image)이란 자신의 신체에 대한 평가와 지각상을 의미하는 것으로, 자아를 정립하고 평가하는 데 중요한 심리적 요인이 된다. 즉, 신체상은 자아에 대한 존중감, 자아만족, 사회적 불안, 불행감 등에 다양한 측면으로 영향을 미친다는 점에서 볼 때 그 중요성이 매우 크다고 할 수 있다(박지현·최태산, 2008; 육영숙, 2008; 이수경, 2005; Duncan & Brooks, 2000; Kim & Kim, 2001). 이러한 연구결과들은 청소년의 신체상에 대한 긍정적 개념은 행복감으로, 신체상에 대한 부정적 개념은 불행감으로 연결되어 있다는 점을 시사해 준다.

이처럼 청소년이 신체상으로 인해 불행감을 느낀다면, 우리 사회의 새로운 삶의 양식으로 등장한 루키즘이 청소년들의 건강한 성장에 위해하다는 것을 알 수 있다. 물론 외모지상주의가 청소년으로 하여금 자신감을 회복하게 하고, 성숙된 모습으로 사회화되는 데 긍정적인 영향을 줄 수 있다는 입장도 있다. 그러나 자아를 형성하는 과정 속에 있는 청소년들에게, 특히 뚜렷한 판단 기준이 미흡한 청소년들에게 바람직한 영향을 기대하기란 의문의 여지가 많다. 이러한 논의를 바탕으로 청소년기 신체상과 행복감에 대하여 면밀하게 탐색해 보고자 한다.

## 1. 신체상

신체상은 우리 마음속에 있는 자기 신체의 청사진(Schilder, 1950), 즉 자신의 신체적 모습에 대해 개인이 갖고 있는 정신적 심상으로, 여기에는 체형을 비롯하여 눈, 코, 입, 목, 팔, 다리, 엉덩이, 대퇴부 등 매우 세부적인 신체 부위에 대한 이미지들 및 이들에 대한 종합적인 심상이 포함될 수 있다(Luckmann & Sorensen, 1974). 또한 신체에 대해 가지는 느낌이나 태도로서 자신의 각 신체 부분과 기능에 대해 느끼는 만족 또는 불만족의 정도이며(Secord & Jourard, 1953), 자기 신체에 대해 가지는 의식적·무의식적 태도의 총합을 의미하는 것으로 자신의 신체구조, 기능, 외모에 대해 갖고 있는 태도와 느낌에 대한 개인 내적인 경험(Stuart, 1983)이라 할 수 있다. 신체상은 자신의 외모나 행동에 대한 다른 사람들의 평가 및 반영과 깊은 연관성을 가지므로 자아개념의 발달에 기본이 되고, 성격 특성에 기여하며, 사회적 행동에 중요한 영향력을 가진다(Velde, 1985).

또한 신체상은 고정되어 있지 않고 일생을 통해 끊임없이 변화하는 역동적인 것으로서(Norris, 1978), 일생 동안 각 발달단계를 거치면서 성장과 발육, 인간과의 상호작용을 통해 형성되고 재조직된다(Jasmin & Trygstad, 1979). 즉, 출생 시에는 자신의 신체상을 갖고 있지 않지만 유아기가 되면서부터 부모의 영향을 받아 자신의 신체상을 갖기 시작하고, 학령기에는 자신의 신체에 대한 인식이 점차 커지게 된다. 이때는 또래와의 관계가 발달하면서 사회적 환경이 확장되고(김경희, 1989), 자신과 타인의 신체에 대한 관심이 증가하며 다른 이에게 보여지는 자신의 모습에 대해 많은 관심을 갖게 된다. 그리고 청소년기로 넘어가면서 신체의 빠른 성장과 2차 성징의 발달로 신체에 대한 관심이 매우 증가되고, 변화된 신체에 따른 새로운 신체상을 형성하게 되는데 이 시기의 신체상은 자아개념 형성,

성공, 원만한 사회관계를 이루는 주요 요인이 된다.

## 2. 행복감

우리나라 청소년들이 불행한 삶을 보내고 있다는 주장이 제기되면서 초등학생 및 청소년의 행복감에 대한 연구가 지속적으로 이루어지고 있다(박종일 외, 2010). 이는 어린 시절의 행복감이 성인이 된 후에도 전체적 행복감에 영향을 준다는 보고(Yang, 2008)에 기인하고 있으며, 행복감에 대한 관심이 사회전반에 걸쳐 확산되고 있는 추세이다. 따라서 연구자의 학문적 접근에 따라 행복감에 대한 정의는 다양하며 이를 측정하는 구성요인 또한 매우 많이 존재한다.

### 1) 행복감의 구성요인

대개 사전적 의미의 행복이란 '생활에서 충분한 만족과 기쁨을 느끼는 흐뭇한 상태(국립국어원, 1999)'를 말한다. 그러나 김신영과 백혜정(2008)은 행복감을 보다 넓은 의미에서 주관적 안녕감에 가깝게 정의하고 있다. 이는 사전적 의미의 행복감은 삶에 대한 개인의 긍정적인 감정 상태를 중점적으로 다루는 측면이 강한데 비하여, 주관적 안녕감은 사회 속 개인의 삶의 질에 대한 주관적 평가의 총합이라는 의미에서 보다 광범위한 의미를 지니고 있기 때문이다. 이에 김신영과 백혜정(2008)은 한국청소년의 행복감으로 ① 경제적 안녕(economic well-being), ② 자신에 대한 만족(satisfaction with self), ③ 안전(safety), ④ 학업성취(academic achievement), ⑤ 사회적 관계(social relationships), ⑥ 정서적 안녕(emotional well-being) 등 여섯 가지 영역으로 구분하고 있다.

이와 유사한 입장이지만 대상을 달리하여 강영하(2008)는 초등학생 5, 6학년을 대상으로 '어떤 친구가 행복한 사람인가요?'라는 질문에 자유롭게 기술하는 방식으로 행복감의 구성요인을 탐색하였다. 그 결과를 토대로 초등학생의 행복감을 ① 자기존중감, ② 낙관주의, ③ 친구관계에 대한 긍정적 지각, ④ 가정환경에 대한 긍정적 지각 등 네 가지로 구분하였다.

이러한 구분에 의해 드러난 요소를 살펴보면 행복감의 구성요인으로 각기 다른 요인들을 제시하고 있는 것처럼 보이지만 그것은 단지 표면적인 차이에 불과하다. Cummins(1997)의 주장처럼 개인이 삶을 구성하는 다양한 영역에 부여하는 중요도는 각기 다를 수 있고, 행복감을 측정하는 방법은 또한 매우 다양할 수 있음에도 불구하고 개인의 행복감을 구성하는 영역들은 대부분의 연구들 간에 서로 유사하며, 각 영역에 대하여 개인이 부여하는 중요도 또한 매우 유사하게 나타나는 것이다.

## 2) 주관적 안녕감

한편, 어린이-청소년 행복지수를 정의하고 국제비교를 한 연구(박종일 외, 2010)에 의하면, 행복은 일반적으로 '삶에 만족하여 기분이 좋은 상태'를 의미한다고 하였다. 동시에 해당 용어와 대체 가능한 단어로서 행복감, 삶의 질, 주관적 안녕감을 제시하고 있다. 여기서 행복감은 삶에 대한 개인의 긍정적 감정 상태를 의미한다. 삶의 질은 삶에 대한 만족도와 밀접하게 연관되어 있으며, 객관적 삶의 질(경제적·사회제도적 조건)과 주관적 삶의 질(심리적 안녕감 등)로 나눌 수 있다. 객관적 삶의 질이란 삶의 질이 외적 기준이나 조건에 의해 측정될 수 있다는 입장으로 개인이 살아가는 데 필요한 바람직한 외부환경 조건인 교육수준, 사회적 신분, 소득, 여가시간, 건강상태 등과 같은 사회경제적 지표를 의미한다. 그러나 객관적 지표는 삶의 만족도나 안녕감, 행복과 깊은 연관성을 가지고 있지 못하다(김신영·백혜정, 2008)는 한계점이 드러나 주관적 삶의 질 또는 삶의 만족에 관한 연구가 이어지면서 사회 속에서의 개인의 삶의 질에 대한 긍정적 감정 상태를 의미하는 행복감을 주관적 안녕감으로 정의하였다.

주관적 안녕감에 대하여 Diener(1984)는 삶에 대한 인지적 평가 측면과 개인의 정서적 측면으로 나누어 논의하고 있다. 삶에 대한 인지적 평가를 중요시하는 입장에서의 주관적 안녕감은 객관적인 삶의 질 지표와는 독립적으로 한 개인이 자신의 삶에 대해 얼마나 긍정적으로 평가하고 판단하는지를 의미한다. 또한 삶에 대한 개인의 정서적 측면을 강조하는 입장에서의 주관적 안녕감은 긍정적 감정, 부정적 감정, 삶의 만족감과 같은 정서적 측면에서 이해하고자 하는 것이다.

잇따르는 연구(Abbey & Andrews, 1986; Veenhoven, 1984)에서 주관적 안녕감을 정서적 측면과 인지적 측면으로 구분하여 측정하는 유용함을 지지하고 있다. 일반적으로 연령이 증가함에 따라 전반적인 정서적 행복감은 줄어드는 반면, 삶에 대한 만족도로 표현되는 인지적 행복감은 증가하는 경향이 있는데, 이렇듯 연령에 따라 변화하는 행복감과 삶에 대한 만족도를 이해하는 데 보다 유용하다(김신영·백혜정, 2008)는 것이다.

행복감에 대한 국내외의 많은 연구들이 연구자의 관점에 따라 다양하게 정의되고 측정되고 있으나, 개인의 궁극적 지향으로서의 행복, 즉 주관적 안녕감이란 개인의 정서와 인지의 총합이라고 할 수 있다.

## 3. 청소년의 외모인식

청소년기는 발달과정상 자아개념이 확립되어 가는 때이며, 급속한 신체의 성장, 사회성의 발달로 자신의 신체 및 외모에 관심이 집중되고, 사회적 활동이나 대인관계에 적극 참여하는 시기이기 때문에(송인섭, 1998) 타인에게 매력적으로 인식되고자 하는 욕구를 갖게 된다. 따라서 청소년들에게 있어 외모는 자신을 표현하는 하나의 중요한 척도이며, 자신의 신체에 대한 만족도는 여러 가지 정서적·심리적 요인에 영향을 미치게 되는 것이다. 청소년의 신체상은 자신의 외모에 대해 현실적으로 인지하는 신체상과 이상적으로 생각하는 신체상으로 구분되는 경향이 있는데, 자신의 현실적 외모상과 이상적인 신체상의 차이가 적을수록 자신의 신체에 대한 만족도가 높다. 하지만 선행연구들에 의하면(류민정, 2009; 이성호, 2006; Borzekowski & Bayer, 2005), 청소년들의 외모에 대한 만족도는 높지 않은 것으로 나타난다. 정상체중이라도 미국 여학생의 40%가 자신이 과체중이라고 생각하고, 우리나라 청소년 가운데 실제 비만은 20% 미만이지만 중고등학생의 30% 이상이 자신을 뚱뚱하다고 생각한다. 신체만족도는 외모에 대한 주관적인 평가이므로 객관적 지표보다 스스로 만족하는 정도나 주변의 평가가 더 중요하게 작용하는 것이다(조윤경, 2010). 특히 청소년들은 신체적 특징에 대해 과민하게 반응하고 자신의 외모에 관심을 가지면서 자신의 신체만족도에 따라 긍정적 혹은 부정적 자아개념을 갖게 된다. 이것은 또한 청소년기의 행복감, 즉 주관적 안녕감으로 이어지는 것이다. 자신의 신체에 대한 만족감이 행복감이 되기도 하는 청소년기라는 관점에서 청소년의 신체만족도에 영향을 미치는 요인을 살펴보기로 한다.

### 1) 대중매체

외모가 연애·결혼 등과 같은 사생활은 물론, 취업·승진 등 사회생활 전반에까지 영향을 미친다며 외모지상주의를 부추기는 가장 큰 요인은 대중매체이다. 현대사회의 가장 강력하고 보편적인 문화도구인 텔레비전과 인터넷은 우리 생활에 밀착된 상태로 수많은 정보를 쏟아내고 있다. 텔레비전은 행위자에게 있어 보다 수동적 형태로, 인터넷은 행위자의 적극성을 토대로 외모지상주의 가치관을 쏟아내고 있는 것이다.

대부분의 여가시간을 대중매체에 의존하는 청소년들은 대중매체를 통해 전달되는 외모지상주의적 미의 기준을 여과 없이 내면화하는 경향이 있다. 외모가 모든 내면의 가치 및 능력에 선행되는 듯이 왜곡된 가치관을 갖게 되는 것이다. 이로 인해 청소년들은 대중매체를 통해 접하게 되는 연예인과 같이 비교적 마른 체형을 이상적인 신체상으로 선호하면서 자신이 실제보다 뚱뚱하다고 왜곡하여 지각하는 경향을 보인다. 이러한 현상으로 인하여 청소년들에게도 성형수술과 다이어트는 보편화되어 있으며, 그에 따른 부작용이 사회문제로 대두되기도 한다. 섭식장애, 성형 부작용과 그에 따른 우울증 등의 형태로 나타나 청소년이 감당하기 힘든 정신장애로 이어지기도 하는 것이다.

대중매체는 외모가 모든 것을 해결할 것 같은 잘못된 가치관을 조성하는 '짱 신드롬'을 부각시키는 데 일조하였고, 최근에는 '미인 만들기 및 몸매관리 프로그램'까지 등장하면서 외모지상주의 문화에 불을 지피고 있다. 외모에 대한 만족도가 여러 가지 심리적 요인에 영향을 미친다는 것이 부정적인 측면만을 의미하지는 않지만 많은 청소년들이 자신의 현실적 신체상과 이상적 신체상 사이의 차이가 크다고 지각하여 외모에 대한 왜곡된 인식을 한다는 점에서 우려를 낳고 있는 것이다.

## 2) 또래집단

청소년들에게 또래집단은 강력한 사회적 지지원이다. 사회적 지지란 한 개인이 사회적 상호작용을 통해 대인관계로부터 얻을 수 있는 모든 긍정적인 자원으로 관심, 도움, 인정 등을 의미한다(이창식·박미자·장은순, 2010). 특히 불안감과 스트레스가 많은 청소년기에 또래집단의 지지는 긍정적인 환경요인으로 작용하여 희망과 심리적 안녕감을 줄 뿐만 아니라 정신적 건강에도 중요한 역할을 한다. 반면, 사회적 지지의 결핍은 우울증과 같은 부정적인 결과를 초래하기도 하며(강승호·문은식·차미영, 2011; 조한익, 2011), 때로 청소년기 또래집단의 지지는 동조압력의 형태로 나타나 스트레스의 원인이 되기도 한다(김의철, 박영신, 1999).

또래집단은 접근성, 유사성, 지향성에 의해 형성되며(한국청소년개발원, 2006), 청소년들은 또래집단 내에 형성된 그들만의 공통 관심사에 몰두하게 된다. 특히 매체를 통한 정보습득이 용이하여 습득한 정보를 또래들과 공유한 뒤 하나의 문화로 도출해낸다. 청소년의 주요 관심사 중 하나인 외모 역시 그 과정에 놓여 있어 대중매체를 통해 접하게 되는 연예인과 동일시함으로써 심리적 일체감을 느끼기도 하고, 또래집단과 유사한 체형이나 이미지를 표현하기 위해 시간과 노력을 투자하기도 한다. 그들의 소통통로인 대중매체와 또래집단이 가지는 특수성이 맞물려 더 강력한 영향을 미치게 되는데 그 과정에서 비현실적인 미를 사회적 기준으로 받아들이고 이를 내면화하게 되는 것이다.

## 3) 가족커뮤니케이션

청소년의 신체만족도가 형성되는 과정은 복잡하고 다양한 요인들의 영향을 받는데 앞서 언급된 대중매체와 또래집단보다 부모가 청소년의 신체만족도에 더 큰 영향을 준다(조윤경·김은미, 2008)는 주장이 제기되었다. 부모와의 커뮤니케이션이 또래집단 또는 미디어보다 외모에 대한 인식에 직접적으로 작용한다는 연구결과는 가족 커뮤니케이션이 개방적일수록 긍정적 신체이미지가 형성되며 섭식장애가 적게 나타나고(Botta & Dumlao, 2002; Nathanson & Botta, 2003), 부모가 자녀의 외모에 대해 부정적으로 평가하면 청소년의 신체만족도는 낮아진다(Paxton, Schutz, Wertheim & Muir, 1999; Wertheim, Mee & Paxton, 1999)는 것이다. 신체만족도는 주관적 인지로 미디어나 또래를 통해 형성되기에 앞서 부모의 영향을 받고, 부모는 친밀감을 바탕으로 구체적인 내용을 전달하여 활발한 인지작용을 가능하게 한다. 또한 미디어보다 즉각적인 영향력을 발휘하므로(조윤경·김은미, 2008) 자녀의 외모에 대한 부모의 긍정적인 평가나 건강을 강조하는 언급이 신체만족도에 직접적이고 강력한 영향을 미치는 것이다(조윤경, 2010). 박영신 외(2012)의 연구에서 '청소년이 지각한 전반적으로 행복한 때'에 대한 응답으로 '가정의 행복'이라는 응답이 많았다는 점과 연관지어 볼 때 개방적인 가족커뮤니케이션은 청소년들에게 전반적으로 긍정적인 영향을 미치며, 신체만족도에 미치는 영향 또한 보다 현실적이고 긍정적일 것으로 예측할 수 있다.

한편 청소년기 신체상에 관한 연구나 행복감에 관한 연구들은 두 변인이 사회적 이슈에서 비롯된 만큼 그 학문적 관심에 따라 측정되는 지표 역시 상이하다는 점을 발견할 수 있다(Lippman, 2005). 앞서 논의한 긍정적 및 부정적 신체상에 따른 행복감에 대한 관련성(육영숙, 2008; Duncan & Brooks, 2000)을 보다 분명하게 탐색함으로써 오늘날 청소년의 이해에 한 걸음 더 나아갈 수 있을 것이다.

## 4. 청소년기의 신체상과 행복감

신체상과 심리적 행복감의 관계에 대하여 Rodin(1993)은 미국 남성 40%와 여성 50%가 체중 때문에 불행함을 느낀다고 보고한 바 있으며, 국내 연구에서도 한국 여성들의 85~88%가 자신의 체중에 만족하지 않는다는 연구결과를 제시하고 있어 이들 변인이 서로 관련이 있음을 시사하고 있다(육영숙, 2008). 또한 신체상에 대한 왜곡된 인식과 무리한 다이어트 및 절식 행동은 신체적·정신적 건강상태에 심각하게 위협이 될 수 있으며(염계화·유진, 2007), 신체에 대한 불만족은 자아존중감 및 행복감에 부정적 영향을 미친다는 것이다(육영숙, 2008; Duncan & Brooks, 2000).

신체상은 신체자아에 대한 만족감을 표현해 주고, 자아정체의 기초를 이루는 사회적 산물이자 인간행위에 대한 중요한 결정요소로서(정은순, 2001), 개인의 행복감에 영향을 미치는 직접적 요인으로 작용하기도 하며, 행복감의 매개요인으로 작용하는 자아존중감, 사회적 관계, 정신건강 등에 영향을 미치기도 한다.

### 1) 신체상과 자아존중감

사람들은 누구나 자신의 신체적 모습에 대해 정신적 심상, 즉 신체상을 가지고 있는데, 여기에는 자신의 신념, 가치, 목표, 성격 및 자신에 대한 타인의 견해 등이 통합되어 있다(Luckman & Sorensen, 1974). 신체상은 식습관, 행동, 운동습관뿐만 아니라 심리사회적 적응에도 중요 요인으로 작용한다(Brown, Cash & Lewis, 1989). 최근 들어 대중매체의 영향으로 '얼짱', '몸짱' 등의 신조어가 탄생하고, 다이어트, 성형 열풍 등 신체적 외모에 대한 관심이 증가하면서 사회적 관계에서의 신체 모습에 대한 중요성

(Hatfield & Sprecher, 1986)이 부각되었다. 특히 청소년기에는 사회적 환경이 점차 확장되고 신체에 대한 인식과 관심이 증가하게 되는데, 이러한 관심과 신체에 대한 느낌은 자아형성뿐만 아니라 성격 전반에 걸쳐 영향을 미치는 것이다. 신체상과 자아존중감에 대한 연구를 살펴보면, 일반적으로 신체상은 자아존중감과 정적 상관이 있는데(박지현·최태산, 2008; 이경희, 1992; 이계원, 1993; 정승교, 1998), 신체상이 부정적이면 낮은 자긍심을 초래하고(Cash & Grant, 1995), 신체에 대해 불만족할수록 우울 성향이 높고 자아존중감이 낮다(Tiggemann, 1996)는 것이다. 청소년을 대상으로 한 국내연구에서도 외모만족도가 높은 청소년일수록 자아존중감이 높고, 타인과의 관계도 좋으며, 자신이 지도력과 인기를 갖고 있다고 생각하고, 학교적응을 잘 하고 있는 것으로 나타났다(장선철·송미현, 2004). 반면 자신의 신체상을 부정적으로 지각한 학생은 긍정적으로 지각한 학생보다 자아존중감 수준이 더 낮게 나타났다(조지숙, 1992). 또한 자아존중감이 낮은 사람은 자기거부, 자기불만이 원인이 되어 부정적인 감정으로 이어진다는 것이다(송인섭, 1998).

## 2) 신체상과 사회적 관계

최근에는 성적 성숙이 가속화되어 10대 초반에 사춘기가 시작되는데, 이때의 급격한 변화는 이 시기 어린 청소년의 심리적 불안정과 부적응 행동을 유발하기도 한다. 또한 자신의 외모에 대한 다른 사람들의 판단에 민감하게 반응하면서 사회불안을 경험하게 될 가능성이 높아진다(오경자·양윤란, 2003). 자신을 매력적이지 않다고 지각하는 사람들은 사회불안이 더 높은 경향이 있는데(Leary & Kowalski, 1995), 지나치게 말랐거나 비만한 체격을 가진 청소년의 경우, 대부분 정상적인 사회적 접촉을 제대로 못하며 뚜렷한 정서적 부적응을 보인다. 극단적인 경우 내성적이 되고 고립감을 느끼는 경우가 많아진다(Clifford, 1971). 이금룡(1998)은 청소년의 사회성에 영향을 미치는 외모의 요인이 외모에 대한 자신의 평가가 아니라 남들로부터 외모에 대한 칭찬을 받는 정도와 더 밀접한 관련이 있다고 밝혔다. 이것은 신체상에 대한 타인의 평가가 사회적 관계를 형성하는 과정에서 중요한 요인으로 작용한다는 의미이며, 청소년은 타인의 시선에 예민하게 반응하면서 사회적 관계에 적응해가는 것이다. 그 과정에서 자신의 신체적 매력을 부정적으로 인지하는 경우 자신감을 잃게 되고, 그것은 또한 타인의 시선을 과도하게 의식하게 하는 요인이 되면서 행동이 부자연스럽고 위축되게 한다. 이로 인하여 자신을 더욱 과소평가하여 또래관계에서의 상호작용의 어려움을 겪게 되고 다른 영역에서의 역할 수행에서도 자신감을 잃게 되는 악순환을 경험하게 되는 것이다. 반면 신체적 매력이 높을수록 자기를 긍정적으로 수용하는 정도도 높아(Adams, 1977) 대인관계가 좋고 조화로운 사회적 적응을 해나가는 것이다.

### 3) 신체상과 정신건강

신체상은 정신건강과 깊은 관련이 있다(Adams, 1981). 신체상에 대한 불만족은 낮은 자긍심을 초래할 뿐만 아니라 사회적 불안이나 억압, 성기능장애 등과도 관련이 있는 것으로 밝혀졌다(Cash & Grant, 1995). 특히 신체적·정신적·인지적으로 많은 변화를 경험하는 청소년기는 성인에 비해 자신의 신체, 용모에 대해 더 많은 관심을 갖게 되고, 외부로부터 오는 자극과 영향도 증가하게 되므로(Hansen & Hansen, 1988), 이 시기의 신체상은 성격과 정서의 형성에 중요한 요인으로 작용한다. 국내 연구를 살펴보면, 청소년의 부정적인 신체상은 자신에 대한 왜곡과 불만족으로 대인불안에 영향을 주고(박경애, 2002), 중, 고, 대학생의 경우 신체상이 긍정적일 때 불안수준은 낮게 보고되어(이계원, 1993) 신체상과 대인불안이 부적 상관관계가 있음을 알 수 있다. 이와 같이 부정적 신체상을 가진 청소년은 스트레스를 더 받고 대인불안이 높아(김경진, 2009; 심우엽, 2011 등) 우울, 자기부정 및 자기비하, 자포자기, 폐쇄적 생활태도가 높고 외모에 대한 과도한 집착을 하는 등 심리적 부적응 상태에 놓이게 되는 것이다(김성희, 2005; 박현정, 2010; 심우엽, 2012; 장선철·송미현, 2004; 주경숙, 2011).

### 4) 신체상과 행복

앞서 살펴보았듯이 청소년기의 신체상은 자아존중감, 사회적 관계, 정신건강에 영향을 준다. 긍정적인 신체상을 가진 경우, 자아존중감이 높고, 사회적 관계를 조화롭게 형성하며, 정신건강에서의 어려움이 크지 않은 반면, 부정적인 신체상을 가진 경우, 세 가지 영역에서 모두 부정적인 영향을 받는다. 결국 이러한 요인들은 개인의 행복감에 영향을 주는 매개요인으로 작용하여 행복감을 좌우하는 경로가 되는 것이다.

결국 신체상은 전체적 자아평가, 인간이 인간답게 사는 데 필요한 주체성, 자아존중감, 자기 가치의 근본(Wassner, 1982)으로 인간의 심리상태 및 행동을 결정하는 지표가 되고 인간을 전체적으로 이해하는 데 필수적인 요소로(이경희, 1992) 개인의 행복감에 영향을 미치고 있다. 성인과 청소년 모두 행복감은 성취, 외모, 지위, 인정 등 여러 가지 요인에 의해 좌우되는데, 특히 청소년기는 외모에 대한 관심이 높기 때문에 외모에 대한 만족이 행복감으로 직결되기도 하는 것이다(김명소 외, 2003; 김신영·백혜정, 2008).

### 5) 현실과 이상의 괴리-외모가 스펙인 사회

외모지상주의는 청소년들로 하여금 자신의 신체적 외모를 객관적으로 이해하고 수용하는 데 도움이 되지 못하며, 오히려 신체상에 대한 부정적인 사고를 부추기고 있다는 비판을 받고 있지만, 청소년으로 하여금 자신감을 회복하고 성숙된 모습으로 사회화하는 데 긍정적인 영향을 준다는 점을 고려할 때 무조건 비판만 할 수 있는 상황은 아니다.

외모만족도가 높은 청소년이 자아존중감도 높고, 대인관계 및 정신건강이 좋으며, 심리사회적 적응을 잘 하면서 행복감을 더 많이 느낀다면, 긍정적인 신체상을 갖게 하고 외모만족도를 높일 수 있도록 도와야 하는 것이 당연한 일일 것이다. 하지만 우리나라 청소년들은 외모에 대한 관심은 높은 반면, 외모만족도는 낮은 것으로 나타나고 있어(한국청소년개발원, 2006), 사회적 문제로 대두될 가능성을 내포하고 있다.

청소년의 긍정적 신체상과 높은 외모만족도를 위하여 할 수 있는 것은 자신이 만족할 수 있을 정도의 외모관리행동을 하게 하는 방법과 자신에 대한 올바른 인식을 하게 하는 방법이 있을 것이다. 그러나 청소년들에게 외모관리행동을 권장하는 것이 청소년을 지도하는 건강한 방법이라는 생각이 들지는 않는다. 그것은 이미 만연화되어 있는 외모지상주의를 부추기는 결과를 가져올 것이기 때문이다.

최선의 방안은 자신의 신체상에 대한 합리적 인식을 할 수 있도록 돕는 것인데 그것이 말처럼 쉬운 일은 아니다. 우리 사회는 이론적·원론적 측면에서는 개인의 매력이 외모로 결정되는 것은 아니며, 누구에게나 독특한 개성이 있고 각자의 고유한 장점이 경쟁력이 되어야 한다고 주장하고 있지만, 이미 우리 사회는 '외모가 스펙'인 사회가 되어버린 것이다. 청소년들이 인지하는 현실적 자아상과 이상적인 자아상이 다르듯이, 외모지상주의를 대하는 우리 사회의 태도 또한 현실과 이상의 괴리에 봉착해 있는 것이다.

## 5. 오늘날 청소년, 과연 행복한가?

시대를 막론하고 청소년은 언제나 중요한 대상으로 존재한다. 인간의 발달과업상 거치는 격심한 변화의 시기이기도 하거니와 우리의 미래를 맡겨야 한다는 생각에 그들에 대한 우려와 기대는 늘 공존할 수밖에 없다. 따라서 청소년은 사회적 관심의 중심에 서 있으며 때로는 그 관심이 필요 이상인 경우도 있다. 하지만 정작 그들에게 필요한 관심은 간과해버리기도 한다. 특히 우리나라는 더 생각해 볼 여지도 없이 학업에 대한 관심에 편향되어 있다. 당사자인 청소년도, 부모도, 사회도 학업 중심의 삶을 지향하고 있다. 하지만 그 지향점은 모두에게 부담으로 작용하고 있으며, 누구도 그 삶에 만족하지 못하는 것이 아이러니한 현실이다. 그것을 입증하려는 듯이 한 학회에서 학술발표 주제로 '오늘의 청소년, 과연 행복한가?'(한국청소년복지학회, 2007)라는 화두를 던진 적이 있다. 미래를 앞세워 그들의 진정한 행복을 간과해온 것인지도 모른다.

이미 오래전부터 청소년의 행복에 대한 연구들이 전개되어 왔으며 시대의 변화에 따라 연구 또한 여러 측면에서 다양해지고 있다. 오늘날의 청소년을 이해하고 그들의 행복을 논하기 위한 시도로 진행된 박종일 등(2010)의 「한국 어린이-청소년 행복지수 연구와 국제비교」는 다소 놀라운 결과를 보여준다. 국제비교에서 한국은 '교육'에서는 최상위권으로 나타났으나 '주관적 행복' 영역에서는 비교 대상 국가 중 최하위에 위치해 있는 것으로 나타났다. 우리 사회, 우리 청소년의 실상이 그대로 드러난 것이다. 이를 뒷받침하듯 2012년 통계청 자료에 따르면 우리나라 청소년들의 고민거리로 가장 높은 비중을 차지한 것이 성적(55.3%)으로 나타났다. 최상의 교육을 지원한다는 명목으로 청소년들을 학업 스트레스에 몰아넣고 있는 것이다. 성적에 이어 두 번째로 나타난 고민거리는 외모(16.6%)였다. 우리 사회의 새로운 이슈로 부각되고 있는 현상으로 현대사회의 급격한 변화를 틈타 부지불식중에 외모지상주의가 확산된 것이다.

청소년들은 학업성취로 자기효능감을 높이는 경우가 많으나, 외모가 개인 간의 우열뿐만 아니라 인생의 성패까지 좌우한다고 믿어 외모에 지나치게 집착하는 풍조가 확산되면서 외모를 능력으로 간주하기에 이른 것이다. 청소년 집단이 갖는 특수성으로 그들만의 독특한 집단 문화를 형성하고 그 안에서 상호 간 동조와 지지체계를 만들어 그들의 세계에서 내적 기준을 도출해 낸 결과라 할 수 있을 것이다. 하지만 청소년은 변화의 과정 속에 놓여 있고, 아직 정신적 미성숙의 단계이므로 현실을 균형 있게 바라보기보다는 비현실적 기준을 내면화하는 경향이 있다. 따라서 그들의 강력한 소통통로이자 보편화된 문화인 대중매체의 영향을 크게 받게 되며, 매체가 전달하는 비현실적인 기준에 맞추어 자신을 평가하고, 그것은 또한 또래집단 내의 암묵적 합의가 되기도 한다.

이러한 과정에서 청소년들은 현실적 자아상과 이상적 자아상 간의 간극을 좁히기 위하여 성형수술 및 다이어트와 같은 외모관리행동에 시간과 노력을 투자하며, 그 간극을 좁히지 못하는 경우 자아를 부정적으로 왜곡 인지하는 등 자아존중감에 상처를 남기게 된다.

선행되어온 연구결과들에서 보고되듯이(유미숙 외, 2013; 심우엽, 2012; 박지현, 최태산, 2008; 황진숙·나영주·이은희·고선주, 2005) 청소년기 신체상과 자아존중감, 그리고 행복감은 정적상관이 있는 것으로 나타난다. 청소년들에게 외모 만족은 행복에 직접적으로 영향을 미칠 뿐만 아니라 자아존중감에도 영향을 미치고, 자아존중감은 다시 행복감에 영향을 미치고(심우엽, 2012) 있는 것이다.

외모도 능력이라고 생각하는 외모지상주의에 대한 부정적인 비판에도 불구하고 발달과정의 특성상 청소년들의 외모에 대한 관심은 어쩔 수 없는 부분이기도 하다. 따라서 외모 중심적 가치관에 대한 무조건적인 비판보다는 외모에 대한 현실적인 지각과 합리적인 기준을 갖도록 지도해야 할 것이다. 그리고 직접적 지지원이 되는 가족과 또래의 긍정적 관계는 외모불만을 완화시키는 보호요인으로 작용하므로 자신에 대한 올바른 인식과 수용, 신뢰감을 형성하는 데 도움이 될 것이다.

가족관계 및 또래관계는 청소년의 행복감에 영향을 주는 주요 요인으로 꼽힌다. 가족 및 또래집단 내에서의 긍정적인 대화는 긍정적인 외모인식과 높은 자존감으로 연결되며, 자기 자신을 긍정적으로 평가하고 다양한 상황에서 긍정적인 대처전략을 사용할 수 있는 유연함을 길러낼 것이다. 그 과정에서 청소년은 세상에 대한 다양한 기준과 건전한 가치관을 내면화할 것이며, 스스로 행복감을 확장시켜 나갈 것이다.

## 참고문헌


강승호, 문은식, 차미영(2011). 생활사건 스트레스, 사회적지지, 우울과 자살생각의 관계: 남고생과 여고생의 비교. **교육심리연구, 25(2)**, 277-293.

강영하(2008). 초등학생의 행복감 구성요인 탐색. **초등교육연구, 21(2)**, 159-177.

국립국어원(1999). 표준국어대사전.

김경진(2009). 중학생의 외모스트레스와 자기효능감이 학교적응에 미치는 영향. 석사학위논문, 전주대학교 교육대학원.

김경희(1989). **아동심리학**. 서울: 박영사.

김명소, 김혜원, 차경호, 임지영, 한영석(2003). 한국 성인의 행복한 삶의 구성요인 탐색 및 척도개발. **한국심리학회지: 건강, 8(2)**, 415-442.

김성희(2005). 고등학생의 외모만족도와 대인관계, 자기주장성 및 학업성취도와의 관계 분석. 강원대학교 교육대학원 석사학위논문.

김신영, 백혜정(2008). 한국청소년행복지수 개발연구. **한국사회학, 42(6)**, 140-173.

김의철, 박영신(1999). 한국 청소년의 심리, 행동특성의 형성: 가정, 학교, 친구, 사회 영향을 중심으로. **교육심리연구, 13(1)**, 99-142.

류민정(2009). 중학생의 운동선호에 따른 지각된 신체적 유능감과 신체 이미지의 차이 및 관계 검증. **체육과학연구, 20(1)**, 158-168.

박경애(2002). 청소년의 신체상, 자존감 및 대인불안간의 관계연구. 고려대학교 대학원 석사학위논문.

박영신, 김의철, 한기혜, 박선영(2012). 청소년이 지각한 행복의 수준과 요인: 가정, 학교, 여가생활을 중심으로. **청소년학연구, 19(9)**, 149-188.

박종일, 박찬웅, 서효정, 염유식(2010). 한국 어린이-청소년 행복지수 연구와 국제비교. **한국사회학, 44(2)**, 121-154.

박지현(2007). 청소년의 신체이미지 연구. **한국놀이치료학회지, 10(3)**, 75-85.

박지현, 최태산(2008). 청소년의 신체이미지가 자존감에 미치는 영향. **한국놀이치료학회지, 11(1)**, 117-129.

박현정(2010). 초등학생의 신체적 매력이 행복감, 자존감, 학교적응 및 성격추론에 미치는 영향. 전남대학교 교육대학원 석사학위논문.

송인섭(1998). **인간의 자아개념 탐구**. 서울: 학지사.

심우엽(2011). 초등학생의 외모만족도와 행복감 관계에서 자기효능감의 매개효과. 교원교육, 27(3), 133-150.

심우엽(2012). 고등학생의 외모만족도와 행복감 관계에서 스트레스에 대한 적극적 대처의 매개효과. 교원교육, 28(2), 101-121.

염계화, 유진(2007). 신체상 자기-차이가 운동행동과 정서에 미치는 영향. 한국체육학회지, 46(1), 347-358.

오경자, 양윤란(2003). 청소년기 사회불안의 발생과 유지의 심리적기제I: 행동억제기질, 부모양육 태도 및 외상경험의 영향. 한국심리학회지: 임상, 22(3), 557-576.

유미숙, 정계숙, 박수홍, 차지량, 홍광표(2013), 아동 및 청소년이 지각하는 행복에 대한 인식 연구. 한국가정관리학회지, 31(3), 15-26.

육영숙(2008). 여대생의 신체상과 섭식행동 및 자아존중감의 관계. 한국스포츠심리학회지, 19(4), 105-115.

이경희(1992). 미용 성형수술을 원하는 여성의 신체상과 자기존중감에 관한 연구. 이화여자대학교 대학원 석사학위논문.

이계원(1993). 청소년의 신체상이 자기만족, 불안 및 자기표현에 미치는 영향. 이화여자대학교 대학원 석사학위논문.

이금룡(1998). 외모가 청소년의 사회성에 미치는 영향에 관한 연구. 학생생활연구, 11, 상명대학교 학생생활연구소.

이성호(2006. 5. 12). 청소년 가장 큰 건강고민은 키... 실제보다 자신이 뚱뚱하다 생각해. 국민일보.

이수경(2005). 여자중학생의 신체성장에 따른 신체이미지 및 자기존중감, 의복태도 형성 모델. 한국의류학회지, 29(3), 438-448.

이창식, 박미자, 장은순(2010). 조손가족 청소년의 스트레스 대처, 사회적지지, 자아존중감이 우울에 미치는 영향. 한국가족관계학회지, 15(1), 1-20.

장선철, 송미현(2004). 고등학생의 외모만족도와 자아존중감 및 학교적응의 관계. 청소년학연구, 11(3), pp. 115-133

정승교(1998). 여중생의 체형지각에 따른 체중조절 실태, 신체상, 자아존중감 및 우울에 대한 연구. 세명논총, 7(1), 619-632.

정은순(2001). 여자대학생의 비만지수와 신체상에 관한 연구. 여성건강간호학회지, 7(4), 622-630.

조윤경(2010). 청소년의 외모에 대한 인식과 인터넷 이용, 그리고 가족 커뮤니케이션의 관계. **한국언론학보, 54(2)**, 210-232.

조윤경, 김은미(2008). 미디어 이용과 대인 간 상호작용이 청소년의 외모에 대한 인식에 미치는 영향. **한국언론학보, 52(5)**, 255-274.

조지숙(1992). 청소년의 신체상·신체적 매력, 신체상의 왜곡과 자아존중감과의 관계. 부산대학교 대학원 석사학위논문.

조한익(2011). 초등학생의 심리적 안녕감에 영향을 미치는 사회적지지, 희망, 우울증 및 학업성취도의 구조적 관계 분석. **교육심리연구, 25(1)**, 153-174.

주경숙(2011). 청소년의 외모만족도와 자존감이 심리적 안녕감에 미치는 영향: 다요인 인성검사와의 관련성 탐색. 서강대학교 교육대학원 석사학위논문.

통계청(2012). 2012 청소년통계.

한국청소년개발원(2006). **청소년문화론**. 서울: 교육과학사.

한국청소년개발원(2006). 고교생의 생활의식과 친구관계에 대한 국제비교연구: 한·중·일·미 4개국 비교. 연구보고. 06-R21.

한국청소년복지학회(2007). 한국청소년복지학회 춘계학술발표논문집.

황진숙, 나영주, 이은희, 고선주(2005). 가족과 학교 관련 요인에 따른 청소년 세분집단의 신체 이미지와 자아존중감. **한국의류학회지, 29(7)**, 948-958.

Abbey, A. & F. M. Andrews(1986). *Modeling the Psychological Determinants of Life Quality*. 85-116 in A. Andrews(ed.) Research on the Quality of life. University of Michigan.

Adams, G. R.(1977). *Physical Attractiveness Research*. Human Development, 28, 217-239.

Adams, G. R.(1981). The effects of physical attractiveness on the socialization process in Lucher, G. E., Ribbens, K. A., & Macnamra, J. A., Jr.(ed.) psychological aspects of facial from. *Cranio Facial growth series. Ann Arbor*: Univ. of Michigan.

Borzekowski, D., & Bayer, A.(2005). Body image and media use among adolescents. *Medicine Clinics, 16(2)*, 289-313.

Botta, R., & Dumlao, R.(2002). How do conflict and communication patterns between fathers and daughters contribute to or offset eating disorders?

*Health Communication*, 14(2), 199-219.

Brown, T., Cash, T., & Lewis, R.(1989). Body Image disturbances in adolescent female bingepurgers: A brief report of national survey in the USA. *Journal of Child Psychology and Psychiatry*, 30, 605-613.

Cash, T. F., & Grant, J. R.(1995). *The cognitive-behavioral treatment of body-image disturbance*. In Van Hasselt V., & Hersen M.(Eds.), Source book of psychological treatment manuals for adult. New York: Guilford Press.

Clifford, E.(1971). Body satisfaction in adolescence. *Perceptual Motor Skills*, 33, 119-125.

Cummins, R. A.(1997). "*Assessing Quality of Life.*" 116-150. in R. I. Brown (ed.). Quality of Life for People with Disabilities(2nd ed.). London: Stanley Thornes.

Diener, E.(1984). Subjective Well-Being. *Psychological Bulletin*, 95(3), 542-575.

Duncan, G., & J. Brooks-Gunn.(2000). Family Poverty, Welfare Reform, and Child Development. *Child Development*, 71(1), 188-196.

Hansen, C. H., & Hansen, R. D.(1988). Finding in the crowd: an anger superiority effect. *Journal of Personality and Social Psychology*, 54, 44-57.

Hatfield, E., & Sprecher, S.(1986). *Mirror, mirror: The importance of kooks in everyday life*. A Albany State University of New York Press.

Jasmin, S., & Trygstad, L. N.(1979). *Behavioral Concepts and The Nursing Process.* London: Mosby Comp.

Jung, J., & Forbes, G. B.(2007). Body dissatisfaction and disordered eating among college women in China, South Korea, and the United States: Contrasting predictions from sociocultural and feminist theory. *Psychology of Women Quarterly*, 31, 381-393.

Kim, O., & Kim, K.(2001). Body weight, self-esteem, and depression in Korea female adolescents, *Adolescence, 36*, 142, 315-322.

Leary, M. R., & Kowalski, R. M.(1995). *Social anxiety*. New York: Guilford Press.

Lippman, L.(2005). *Indicators and Indices of Child Well-Being: A Brief History*. A KIDS COUNT Working Paper. Baltimore, Maryland: The Annie E.

Casey Foundation.

Luckmann, J., & Sorensen, K. C.(1974). *Medical-Surgical Nursing*. W. B. Saunders Company.

Nathanson, A., & Botta, R.(2003). Shaping the effects of television on adolescent' body image disturbance: The role of parental mediation. *Communication Research*, 30(3), 304-331.

Norris, C. M.(1978). The professional Nurse and Body image, physical attractiveness and depression, *Journal of Consulting and Clinical Psychology*, 53(1) 88-94.

Paxton, S. J., Schutz, H. K., Wertheim, E. H., & Muir, S. L.(1999). Friendship clique and peer influence on body image concerns, dietary restraint, extreme weight-loss behaviors, and binge eating in adolescent girls. *Journal of Abnormal Psychology*, 108(2), 255-266.

Rodin, J.(1993). Culture and determinants of weigh concerns. *Annuals of Internal Medicine*, 119, 643-645.

Schilder, P.(1950). *The Image and Appearance of the human body*. New York International Universities Press, NY.

Secord, P. F. & Jourard, S. M.(1953). The Appraisal of Body Cathexis: Body Cathexis and Self. *Journal of Consulting Psychology*, 17(5), 343-347.

Stice, E.(2002). Risk and maintenance factors for eating pathology: a meta-analytic review. *Psychological Bulletin*, 128(5), 825-848.

Stuart, L. A.(1983). *Principal and Practice of Psychiatric Nursing*. St. Louis: Mosby.

Tiggemann, M.(1996). “Thinking” versus “feeling” fat: Correlates of two indices of body image dissatisfaction. *Australian Journal of Psychology*, 48, 21-25.

Veenhoven, R.(1984). *Conditions of Happiness*. Dordrecht, Holland: Reidel.

Velde, C. D.(1985). Body image of one's self or others: Development and clinical significance, *American Journal of Psychiatry*, 143(5), 527-537.

Wassner, A.(1982). The Impact of Mutilating Surgery or Traum on Body Image, *International Nursing Review*, 29(3), 86-90.

Wertheim, E. M., Mee, V., & Paxton, S. J.(1999). Relationships among adolescent girls' eating behaviors and their parents' weight-related attitudes and behaviors. *Sex Roles*, 41(3/4), 169-187.

Yang, Y.(2008). Social Inequalities in Happiness in the U. S. 1972-2004: An Age-Period-Cohort Analysis. *American Sociological Review*, 73(2), 204-226.

## Chapter 09

# 청소년의 언어문화

1. 청소년과 언어
2. 청소년 언어생활
3. 청소년 인터넷 댓글문화
4. 청소년 언어 유형
5. 청소년 언어문화 향상 방안

**청소년의 언어문화**

1. 청소년의 언어생활을 살펴봄으로써 청소년의 언어문화를 이해한다.
2. 청소년이 사용하는 언어유형의 종류를 알고 청소년의 언어문화의 특성을 파악한다.
3. 청소년의 건전한 언어문화 향상방안에 대해서 제시할 수 있다.

## 1. 청소년과 언어

언어는 생각, 느낌을 나타내거나 전달하는 데 쓰는 음성 문자의 수단 또는 그 음성이나 문자의 사회적 체계이다(국립국어원, 1999). 즉, 언어는 인간에게 있어 타인과 의사소통을 하기 위해 꼭 필요한 도구이다. 언어는 자아를 실현하고 세계를 이해하게 하는 통로로서 언어를 통한 표현은 인간의 인지, 가치척도 및 인간관계에 매우 중요한 영향을 미친다. 그리고 언어는 누가, 어디에서 사용하느냐에 따라 변화한다(이주형, 2011). 인간은 성장하면서 발달단계에 따라 일정한 언어수준을 가지게 되며, 특별히 어느 발달단계에 이르러 각자 풍부한 언어 창조의 기회를 갖게 된다. 그리고 인간은 발달과정단계에 따라서 상이한 언어문화를 형성하게 된다.

청소년들은 자신들만의 은밀한 의사소통을 원한다. 그래서 다른 세대 및 계층이 알아듣지 못하게 언어를 변화시키고 새롭게 만들어 사용하는 것에 재미를 느낀다. 과학이 발달한 오늘날에는 언어의 변화가 엄청나게 빨라졌다. 게다가 세대 간에 사용하는 언어가 다양하여 다른 세대의 언어는 특별히 노력하지 않고는 알기 어렵게 되었다(서낙수, 2005). 청소년은 기성언어와 다른 언어를 구사하는 언어변화를 주도하는 계층으로 유행어와 은어를 많이 만들어 쓰고 통신 언어도 가장 많이 사용하는 세대이다(양명희, 2005). 이렇듯 언어는 항상 빠른 속도로 변하고 있기 때문에 언어 사용에 대한 연구는 지속적으로 이루어져야 하며, 언어변화의 주도층인 청소년 언어에 대한 관심도 꾸준히 가져야 한다.

현대는 정보화사회이며 인터넷의 발달로 인터넷 사용 시간이 늘어나고 있다. 청소년들도 인터넷 사용 시간이 늘어나면서 자연스럽게 인터넷에서 언어를 많이 사용하고 있다. 특히 인터넷 댓글을 통한 언어 사용이 많이 이루어지고 있다. 인터넷 신문기사를 볼 때 기사와 댓글을 함께 볼 정도로 인터넷 상에서 하나의 텍스트를 접한 후 댓글을 읽고 쓰는 것은 매우 자연스러운 행위이다. 또한 댓글을 작성하는 일은 어려운 일이 아니라 일상생활이라 할 수 있다. 이처럼 많은 청소년들이 인터넷 상에서 댓글을 통해서 언어를 사용하고 있다.

따라서 이 장에서는 청소년의 언어 사용 실태를 알아보고 그들의 언어문화를 이해하고자 한다. 특히 청소년 언어가 주로 사용되고 있는 인터넷 댓글문화의 특성을 파악하고 건전한 사용방안을 모색해 보고자 한다.

## 2. 청소년 언어생활

청소년들이 사용하는 언어는 그들이 가진 가치관과 생각의 표현양식이다. 청소년은 자신들의 집단에 대해 동조적 성향이 강하며, 그들이 사용하는 언어는 정서적 긴장감을 해소시키고 친밀감의 놀이행동으로 표현되는 특징을 가지고 있다. 이러한 청소년의 언어는 자신들의 집단에 대한 비밀보장과 의사소통, 소속감 강화, 스트레스 해소라는 순기능과 세대 차이 증대, 패거리문화, 언어체계의 혼돈을 가져온다는 역기능을 포함하고 있어 양면적인 모습을 보이고 있다.

## 1) 청소년 언어생활 실태

청소년의 언어생활 실태에 관하여 알아보기 위해 국립국어원(2005)에서 서울, 대구 지역 고등학교 2학년을 대상으로 한 설문조사를 분석한 결과를 살펴보면, 먼저 청소년들의 인사 생활 실태를 알아보기 위해 부모님께 대한 아침 인사에 대해 질문하였다. 절반 이상의 학생들(53.8%)이 아침 인사를 안 하는 것으로 나타났다. 대화 생활에서는 학생들이 평소에 가장 많이 대화를 하는 상대는 동성 친구(71%)였으며, 그 외에 어머니(14%), 이성 친구(7%)와 대화를 하는 것으로 나타났다. 계열별로는 특목고, 인문계, 실업계 순으로 동성 친구와 더 많이 대화를 하는 것으로 나타났으며, 주로 이야기하는 소재는 학교생활(36.8%), 운동 등 취미생활(18.3%), 영화, 텔레비전 프로(14.6%)순이었다. 성별로는 여학생이 남학생보다 학교생활에 대해 더 많이 대화하는 것으로 나타났으며, 서울의 경우 강남의 학생들이 강북의 학생들보다 학교생활에 대해 더 많이 대화하는 것으로 나타났다.

청소년들의 듣기 생활 실태를 알아보기 위해 질문한 라디오, 텔레비전 시청 시간 조사 결과, 학생들은 라디오(22.4%)보다 텔레비전(80%)을 약 4배 정도 더 많이 보며, 텔레비전 시청 시간은 하루 1시간 이상~2시간 미만이라고 응답한 학생들이 가장 많았다(32%). 계열별로는 전문계, 인문계, 특목고 순으로 텔레비전 시청을 많이 하는 것으로 나타났고, 라디오는 전문계, 특목고, 인문계 순으로 라디오를 듣지 않는 것으로 나타났다. 이러한 결과는 청소년들이 텔레비전의 영향을 많이 받을 것이라는 예측이 가능하다.

청소년들의 읽기 생활 실태를 알아보기 위해 질문한 신문 읽기에 대한 설문 조사 결과, 학생들은 무료 배포 신문(37.8%)을 가장 많이 보며 그 다음으로 포털 사이트의 인터넷 신문(32.5%)을 많이 보는 것으로 나타났다. 일간지 종이 신문은 17.2%의 학생들이 본다고 대답하여 청소년들이 일간지 종이 신문보다는 무료 배포 신문이나 포털 사이트의 인터넷 신문을 훨씬 많이 보는 것이 확인되었다. 학생들이 주로 보는 면은 연예면과 스포츠면으로 연예면은 여학생들이, 스포츠면은 남학생들이 더 관심이 많은 것으로 나타났다. 학생들은 대체로 한 달에 1~2권의 책을 읽으며(43%), 거의 한 권도 안 읽는 학생들(38%)도 1/3이 넘었다. 성별로는 여학생이 남학생보다 책을 더 많이 보는 것으로 나타났으며 계열별로는 실업계 학생들이 책을 많이 읽지 않는 것으로 나타났다.

학생들은 대부분(68%) 손으로 편지를 쓰지 않는 것으로 나타났으며, 여학생이 남학생보다는 손으로 편지를 많이 쓰는 것으로 나타났다. 손으로 편지를 쓸 때는 '심심할 때', '안부를 전할 때', '이성 친구에게 연애편지를 쓸 때'라고 응답하였는데 실업계 학생들의 경우 연애편지를 쓸 때 손으로 편지를 쓴다는 응답이 다른 계열의 학생들보다 높게 나왔다(39.3%). 대부분의 학생들은 인터넷을 이용한 전자우편을 쓰지 않는 것으로 나타났으며(84.6%), 사용한다고 해도 하루에 1~2회를 넘지 않는 것으로 나타났다. 전자우편은 주로 성인들의 의사소통 수단임을 확인할 수 있었다. 일기는 반 이상의 학생들(53.5%)이 거의 쓰지 않으며, 특별한 일이 있을 때만 쓰는 학생은 1/4(25.9%) 정도였으며, 매일 쓰는 학생도 적지만(6.4%) 있었다. 요즘 학생들은 의사소통 수단으로 휴대전화를 이용한 문자 사용을 많이 하여 하루에 5회 이상을 쓰는 학생들이 절반이 넘는 것으로 나타났다(67.6%).

## 2) 청소년 언어 사용 실태

청소년 언어 사용 실태 선행연구는 청소년이 사용하는 일상어 언어(박갑수, 2002; 백경녀, 2001), 인터넷 청소년 언어(오정희, 2003)에 관한 주제로 주로 연구가 되어왔다. 이러한 선행연구에서 조사된 청소년 언어들의 특성 분류는 은어, 욕설, 인터넷 용어, 댓글 등이며, 이들 분류는 각 범주 안에서 서로 중복되는 영역을 가지고 있다. 이처럼 청소년 언어가 갖는 독특함으로 인하여 청소년 언어에 관한 많은 연구들이 2000년 이후 수행되어져 왔다. 청소년 언어가 가지는 의미를 알기 위해서는 그들만의 문화에 접근할 수 있는 각 지역, 학교, 성별에 따른 특수한 상황을 이해해야 하며, 청소년들이 사용하는 언어는 청소년 내부에서만 조성되는 것이 아니라 사회적 관계성 속에서 형성되는 것이라는 시각에서 접근해야 한다.

청소년의 언어 사용 실태를 조사한 결과(전은진·이상형·김정선·김태경·이필영·장경희, 2001), 청소년들의 비속어·유행어·은어·윗사람에 대한 욕설 사용 실태는 매우 심각한 수준이었고 학교 수업시간에 무분별한 사용이 학교급이 높아질수록 증가하는 것으로 나타났다. 또한 청소년들은 친구와 대화 시 평균 20어절당 한 번꼴로 비속어·유행어·은어를 사용하고 있고, 심하게는 모든 문장에 비속어·은어가 포함된 경우도 있다.

또한 청소년들이 비속어와 은어를 가장 많이 사용하는 곳으로 인터넷(48%)에 이어 학교(42.7%)로 조사돼 일선 교육현장에서 적절한 언어 사용 지도와 교육이 제대로 실행되지 않고 있는 것으로 나타났다. 비속어와 은어를 사용하게 된 동기나 영향을 받은 곳으로는 PC통신(49.3%)이 가장 많았고, 또래친구(41.3%)도 큰 비중을 차지했다. 청소년들이 비속어, 은어 등을 사용하는 이유로는 '남들이 다 사용하니까'(32.3%), '재미있으니까'(21.7%) 등을 꼽아 아무런 거리낌 없이 비속어와 은어를 일상언어처럼 사용하고 있는 것으로 분석됐다. 하지만 '어른들과 대화 시 비속어나 은어를 사용하다 혼나거나 제지를 받은 적이 있느냐'는 질문에 대해 '없다'(43.3%), '거의 없다'(19.3%)고 응답해 사회적으로도 아무런 제지가 없는 실정을 반영하고 있는 것으로 나타났다.

## 3. 청소년 인터넷 댓글문화

### 1) 댓글의 개념

인터넷의 다양한 문화적 양상 중에서 인터넷 게시판 문화는 중요한 분야를 차지하고 있다. 뉴스나 생활정보, 광고, 개인의 의견 등의 정보를 알려주는 게시판 문화는 기존의 한 방향으로만 이루어지는 텔레비전이나 영화, 잡지와는 다른 피드백이 가능한 양방향 의사소통의 역할을 수행할 수 있어 중요한 의미를 갖는다. 그러한 양방향 의사소통을 할 수 있는 이유는 바로 댓글을 사용하기 때문이다(정선임, 2006).

댓글은 인터넷 게시판 이용자들 사이에 주고받는 글쓰기 문화를 통틀어 일컫는 개념으로, 인터넷 문화의 하위 범주에 속한다. '댓글'이란 '대답하다', '응수하다'를 뜻하는 영어 단어 '리플라이'(reply)를 한국어로 옮긴 것이다. '리플라이'를 줄여 '리플'이라고 부르기도 한다. 즉, 댓글이란 인터넷에 오른 원문에 대하여 짤막하게 답하여 올리는 글을 말한다(국립국어

**Q. 연예인들은 대부분 가식적이라고 생각하시나요?**

**** 님이 6/5 8:03 pm 에 올린 질문 [생각없는 리플놀이] 댓글 : **14**

14) 그럴거라는..; -- 백원만 *** 1/24 12:32pm

13) 가식의 뜻을 몰라 답을 할 수가 없군..—_—;; -- 복잡한인생을가진 ** 1/16 9:31pm

12) ............ -- 앵두 ** 1/16 12:55pm

11) 가식이라고 나쁜뜻이 아니잖아요. 뭐,, 가식이 이중인격자를 말하는것 아닌가요? -- ▷◁해피 ** 1/8 3:07pm

10) 가식이..뭐지??(무식.. -- 만월을 찾아서& *** 12/27 11:25pm

9) 원래 컨셉이 가식아닌가? 흐흣 -- mi * 9/17 3:29pm

8) 매우매우 가식적이죠.. -- 토*★ 8/22 10:16am

7) 흠... 좀 과장하는 편이 있다고 생각해요..(없는사람은 없는듯..——;;) -- ★별**★ 6/6 9:30pm

6) 네,-_-; -- 날아라동태** 6/6 11:59am

5) 가식적인 모습이 필요하면 가식적으로 되는거고.. 그런짓 안해도 뭐 돈벌고 웃기는데 지장 없으면 걍 그대로 하는거고.. 그러는거 겠지.. -- 콰지 ** 6/6 1:49am

4) 뭐 그바닥(?)이 다 그렇지 뭐.. 그리고 그사람들도 돈 벌라구 그짓(?)을 하는거니까.. 돌 벌려면.. 돈에 맞게 자기를 맞춰야 겠고.. 그렇게 맞추는 가운데서도 안맞는 구석이 있을테니까.. 그 안맞는 구석을 어떻게 가식으로 매우는거지... 별거 있나?.. 사실 티비라는거.. 그냥 할일없고 시간죽일때나 보는건데.. 그속에서 뭘 어쩌구 한다는것 자체가.. 좀 웃기는일 아닌가?.. -- 콰지** 6/6 1:48am

3) ...보통사람도 대부분 가식적인데요 뭐. 연예인이라고 덜하지는 않을걸요. 더할거에요. 아마.; -- Funny ** 6/5 11:30pm

2) 가식없이 살아가는 것 그자체가 불가능 아닌가요? 특히나 이미지관리가 중요한 그 세계에선 가식이란 아이템 필수라고 생각하는데요. -- Jen * 6/5 10:25pm

1) 당연.솔직하다는 걸 들고 나오는 연예인들(신x 등등) 그런 인간들 조차도 뜯어서 생각해보면 가식 그 자체다. -- |*∞| 6/5

**그림 9-1** '아이두'의 '생각 없는 리플놀이'의 댓글

연구원, 1999). 댓글은 인터넷 상에서 이용자가 타인의 미디어 콘텐츠에 대해 자신의 의견을 표현하는 글이다(조수선, 2007). 이는 인터넷 속의 모든 콘텐츠 아래에 달릴 수 있는 짧은 글을 의미한다.

댓글은 인터넷에서 게시물이 제공되는 곳이면 어디나 등장한다. 댓글이 생산되고 소비되는 무대는 크게 뉴스의 공간과 전자 게시판으로 구분된다. 이에 따라 댓글도 기사 댓글과 게시판 댓글로 나뉜다. 기사 댓글은 기자가 쓴 기사에 대해 네티즌이 자기 의견을 제시한 글이다. 게시판 댓

글은 자유 게시판, 주제 게시판, 자료 게시판, 토론방, 방명록 등 전자 게시판에 올려진 게시물(게시글, 사진, 동영상 등)에 대해 이용자가 덧붙인 글이다. 댓글을 통해 새롭게 등장하는 사이버 공간의 문화는 청소년들이 만들어 가고 있으며, 사이버 공간의 문화적 특성은 청소년들이 가진 심리적 특성과 비교적 일치한다(황상민, 2000).

## 2) 댓글문화의 특성

댓글은 다음과 같은 몇 가지 특징을 지닌다. 첫째, 댓글을 항상 특정한 게시물과 연관되는 미디어 텍스트 종류로서 해당 게시물과 댓글 사이에 상호텍스트성, 즉 유형 상호적 연관성이 존재한다(조국현, 2005). 둘째, 댓글은 서평, 독자투고, 반박문 등에 비해 원칙적으로 상호텍스트에 대한 의존성이 더 크다(조국현, 2007). 셋째, 댓글은 게시물에 대한 작성자의 반응이라는 점에서 게시물 댓글은 서로 대화적 텍스트 유형에 속한다(박용익, 2000). 넷째, 선행 텍스트인 게시물과 후행 텍스트인 댓글의 출현 사이에 시차가 있다는 점에서 댓글은 전자우편과 대화방 메신저 텍스트와 달리 공개된 공간에서 생산되고 소비되는 글이다(조국현, 2007).

과거 10~20대 젊은 층에서 주로 이용하는 싸이월드에는 하루 500~600만 개의 댓글이 달렸으며, 현재는 각 웹사이트에도 하루 수백만 건의 댓글이 새로 만들어지고 있다. 인터넷 강국이란 인터넷 참여율과도 맥을 같이 한다고 볼 수 있는데, 이 인터넷 참여율을 나타내는 것이 댓글이다.

인터넷이나 SNS상의 게시판 이용자들이 이 같은 댓글을 주고받으며 생긴 트렌드인 댓글문화는 또 하나의 청소년문화를 형성하고 있다. 이 밖에도 수많은 누리꾼들이 댓글 문답을 통해 지식을 공유하는 지식 검색 서비스와 온라인 쇼핑몰의 상품평도 대표적인 댓글문화의 사례로 들 수 있다. 현재 댓글문화는 청소년이 형성했지만 사회적으로 확산되고 있는 하나의 트렌드라 할 수 있다.

청소년들에게서 댓글과 사이버 언어가 대두된 가장 큰 이유는 인터넷의 보급 때문이라 할 수 있다. 우리가 생각한 것을 바로 글로 옮기려 하면 속도가 중요한 문제가 되고, 그러다 보니 자판을 좀 더 빠르게 치기 위해 줄임말 형태의 한글의 변형이 나타난 것으로 볼 수 있다. 또한 글로 표현하면 말로 표현할 때처럼 감정을 적절하게 표현할 수 없으므로, 댓글이나 사이버 언어를 사용하면 말하는 사람의 얼굴을 마치 보고 대화하는 것처럼 감정이나 어투를 느낄 수 있으므로 청소년들이 더욱 선호하는 것으로 보인다. 이 뿐만 아니라 이러한 언어를 사용하면서 청소년들은 자신들만의 문화를 만든다고 생각하고 있다. 즉, 그들만의 동질성을 찾고, 다른 세대와는 구별되는 자신들을 표현하고 싶은 욕구의 일환이라 할 수 있다(김은영, 2009).

## 4. 청소년 언어 유형

### 1) 청소년 언어 형태의 특징

청소년들이 사용하는 언어 형태에는 다음과 같은 특징이 있다(이정복·양명희·박호관, 2006). 첫째, 집단적 소란 현상: 통제되지 않은 장소에서 청소년들이 소집단으로 놀이나 대화를 하는 경우 필요 이상으로 떠들어 주위를 소란스럽게 하는 현상을 말한다. 둘째, 경음화와 고성화 현상: 원래 말이 갖는 부드럽고 온화한 느낌은 줄어들고 날카롭고 건조한 어감이 증폭되는 경음화와 옥타브가 올라가 흥분케 하는 고성화되는 현상을 말한다.

예를 들어 '작다–짝다', '장–짱', '과방–꽈방', '간다–깐다', '잡새–짭새' 등이 그것이다. 셋째, 은어, 속어, 욕설의 증가 현상: 자기들만의 비밀스러운 언어세계를 향유하며, 기성세대를 따돌리고 동지적인 결합을 이루어내는 은어, 속어의 증가와 일상 언어생활에 욕설이 증가하고 있는 현상이 나타난다.

## 2) 청소년 은어와 속어

### (1) 은어

은어는 특수한 집단이나 계층 또는 자기들끼리 비밀스럽게 사용하는 언어를 말한다. 은어는 특수한 집단 내에서 이익과 비밀을 지키기 위하여 생산되어 사용되는 말인데, 중고등학교 청소년 사이에서 많이 사용되고 있다. 이는 청소년들의 세계를 반영하고 자기표현의 고유한 상징으로 이해된다.

은어의 필요성과 이유는 다음과 같다(박연자, 2008). 첫째, 자기 집단의 이익과 비밀을 유지하기 위함이다. 외부에 알리고 싶지 않은 것들을 은밀한 언사로 은어를 만들어 사용한다. 둘째, 사회풍자와 신선한 표현력 조장을 위함이다. 일상적인 언어로 표현하면 현실성과 긴박성이 떨어지기 때문이다. 셋째, 조직에 대한 소속감과 집단의식을 강화시키기 위함이다. 자기들끼리만 통하는 말을 통해서 일체감을 증진시킨다. 넷째, 금기의 목적에서이다. 다섯째, 일시적 쾌감의 발로와 욕구불만의 표출과 사회구조의 복잡성에 의해서이다.

### (2) 속어

은어가 주로 비밀유지를 목적으로 사용하는 말이라면 속어는 반드시 비밀유지를 필요로 하는 것은 아니다. 속어는 장난기 어린 표현이나 사람의 주목을 끌기 위한 수단으로 대화에서 신선한 느낌을 주기 위한 말놀이를 말한다. 속어는 통속적으로 쓰이는 말 또는 낮은 말을 지칭한다. 속어는 유행어처럼 그 표현이 해학적이고 신선하며 야유적·냉소적인 면을 많이 갖고 있다. 예를 들어, 욕설도 속어의 범주에 속한다고 할 수 있다.

속어의 발생과 사용되는 이유는 다음과 같이 정리할 수 있다(이정복·양명희·박호관, 2006).

첫째, 유머 있게 말을 하기 위함이다. 정상적인 어구의 표현으로는 너무 진부해서 만족을 못하는 경우에 사용된다. 둘째, 반항적인 심리와 냉소적인 심리에서 생겨난다. 셋째, 기이한 표현을 써서 타인을 놀라게 할 심리에서 생겨난다. 넷째, 사태를 쉽게 표현하면서도 대화 상대 간에 친밀감을 유지하기 위함이다.

결국 속어는 정상적이고 엄숙한 분위기에서 행해지는 어구에서는 사용되지 않는다. 그러므로 속어의 사용은 생기발랄한 청소년층과 친숙한 사이에서 행해지는 일종의 언어적 유희라고 할 수 있다(노용오, 2005).

### (3) 청소년들이 은어와 속어를 쓰는 이유

청소년 세대의 언어문화에는 모방과 창조라는 순환 관계 속에서 유행어와 신조어를 양산하여 은어와 속어를 사용하는 모습을 띠고 있다. 청소년이 은어와 속어를 사용하는 이유는 다음과 같다(박연자, 2008). 첫째, 새롭고 자극적인 말을 만들어내고, 이것을 친구들 사이에서 퍼뜨리는 것을 자랑으로 삼고 있다. 둘째, 또래집단에서 소외되거나 뒤처졌다는 느낌을 갖지 않기 위함이다. 셋째, 강박관념이나 스트레스를 해소하기 위해 불평, 불만이 담긴 은어를 사용한다.

### 3) 사이버 언어(댓글 포함)

최근 인터넷과 핸드폰의 보편화로 인해 청소년들만의 사이버 은어, 휴대폰 문자메시지(SMS)라는 그들만의 대화법은 신속한 의사소통과 실감나는 표현의 필요성, 자신들만의 문화를 구축하기 좋아하는 그들의 성향이 그들만의 언어 사용으로 표출된 것이라 할 수 있다(김은영, 2009).

#### (1) 사이버 은어

사이버 은어란 인터넷상에서 사용하는 네티즌의 언어이다. 우리나라는 인터넷 사용자 3,000만 명을 넘어서고 또한 초고속인터넷 보급률은 세계 1위의 수준이다. 인터넷 강국답게 인터넷과 관련한 여러 가지 새로운 문화들이 생겼는데, 인터넷 상에서 주로 사용하는 네티즌들의 언어, 사이버 언어에 대해 살펴보고자 한다.

① 새로운 말: 변화된 문화와 새로 생기는 것들에 대한 것이나 감정을 표현하기 위해 기존의 없던 말을 만들어낸 것이다.

예 잠수(대화방에 접속한 상태에서 다른 일을 하는 것), 리하이(채팅방을 나갔다가 다시 들어왔을 때 하는 인사), 껌(무시당하는 사람), 담탱이(담임선생님), 지름신(충동구매를 불러일으키는 가상의 신), 쌩까다(거짓말하다, 무시하다), 찌질이(한심한 사람), 지대(짱, 최고), 홍간다(반하다)

② 줄임말: 인터넷의 가장 대표적인 특징은 신속하다는 데 있다. 그 영향으로 아이들은 빠른 대화를 위해 최대한 축약해서 말하는 경향이 있다.

예 겜(게임), 잼따(재밌다), 출첵(출석체크), 열공(열심히 공부해), 글구(그리고), 짱나(짜증나다), 방가(반가워), 먀네(미안해)

③ 자판치기 편하게 소리 나는 대로 쓰는 말: 채팅에선 맞춤법을 지키기보다는 자판치기에 편하게 소리 나는 대로 쓰는 경향이 있다.

예 어뜨케, 하세여, 조아, 져아, 해써?, 바께서

④ 의성어·의태어: 자신의 감정을 문자만으로도 실감나게, 간편한 방법으로 표현하기 위해 의성어나 의태어를 많이 쓴다.

예 쩝(난감해 하는 모습), 크크(키득거리는 웃음소리), 글쩍(민망해 머리를 긁적이는 모습), 꾸벅(인사하는 모습), 냐하하하(웃음소리), 샤방(약간 맹한 듯 환하게 미소지음)

⑤ 특이한 문체: 말끝에 접미사로 독특한 말을 붙여 하나의 문체로 만들기도 한다.

예 삼체–밥 먹었삼?, 기다리3, 셈체–안녕하셈, 근영체–추워 졌근영, 나영체–기다렸나영?

### (2) 문자메시지와 이모티콘

삐삐를 시작으로 이동전화 등의 보급으로 문자메시지 이용이 확대되어 문자메시지는 신세대들의 새로운 대화법으로 떠오르기 시작했다. 이동전화의 이용이 보편화된 지금 아이들은 단순한 통화를 떠나서 문자메시지를 통해 때와 장소를 가리지 않고 대화를 나눈다. 이모티콘(emoticon)이란 감정(emotion)과 아이콘(icon)의 합성어로서 컴퓨터 키보드의 문자와 숫자, 특수기호 등을 조합해 만들어낸 사이버 공간의 언어를 뜻한다. 이모티콘은 사람의 얼굴 표정에서부터 긴 문장까지 간단히 표현해낸다. 네티즌들끼리만 통하는 일종의 은어로 사용되기 시작했지만, 지금은 인터넷뿐만 아니라 핸드폰에 곁들여 쓰이고 있다. 한 통의 문자메시지 안에 많은 의미를 담기 위해서는 이모티콘이 최적이기 때문이다(김은영, 2009).

이모티콘에도 시대별로 약간 다른 모습을 보이는데 1세대인 삐삐시대에는 8282(빨리빨리 와, 긴급해), 58486(오빠 사랑해), 1010235(열렬히 사모해) 등 숫자를 이용해 비교적 단순한 의사를 전달했다.

제2세대인 PC통신세대는 컴퓨터 자판상의 특수문자를 활용하여 @@(놀란표정), ㅡㅡ;;(난감해 땀흘리는 표정), ㅡㅡ+(화난표정) 등을 표현하고자 했다.

제3세대라 할 수 있는 이동전화세대, 즉 요즘의 청소년들은 한걸음 더 나아가 각종 특수기호를 자유자재로 이용하여 독특한 사이버 상형문자를 만들어냈다.

(·(00)·) (돼지), Vm~(여우), %%%%%(닭살 돋는다), >)))><(((<(키싱구라미) S2(하트표시) 등 이뿐만 아니라 동영상 세대답게 움직이는 모습까지 놓치지 않는다.

### (3) 신조어

인터넷은 방송 매체와 더불어 신조어, 유행어를 대량 생산하고 있다. 특히 인터넷상에서의 신조어들은 주 이용계층인 청소년들만이 이해할 수 있는 은어적인 성격도 갖고 있다. 청소년들은 신조어를 통해 신선함과 독특함을 추구할 수 있기 때문에 주로 사용한다. 청소년들이 인터넷에서 많이 사용되고 있는 신조어들을 보면 다음과 같다(김은영, 2009).

ㄷㄷㄷ(덜덜덜)
ㄱㄱㄱ, ggg(고고고, gogogo)
ㄳ(감사)
ㅅㄱ(수고)
ㅇㅇ(응응 이라는 말, 대답할 때 씀)
ㅈㅅㅈㅅ(미안할 때 쓰는 말, 죄송죄송)

ㅎㅇ(하이, 안녕)
지대(제대로)
OTL(좌절)
무플(댓글이 없다. 無+리플)
KIN(즐, 영문자를 세로로 세워서 읽으면 한글로 '즐'이 된다. 즐기다)
열공(열심히 공부하다의 줄임말)
강추(강력추천의 줄임말)
안습(안구에 습기가차다의 줄임말)
직찍(직접 찍은 사진)

### (4) 언어폭력: 욕, 비속어

학교, 인터넷, 가정에서 청소년 삶의 전반에 언어폭력은 이미 위험수위에 와 있다. 친구들 사이의 대화에서 사용하는 욕, 비속어 등은 이제 단순히 화냄의 표현이라기보다는 감정이나 의사소통이 있어서 일상용어처럼 부담 없이 사용한다. 공부를 잘하고 못하고 성격이 좋고 나쁘고를 가릴 것 없이 습관적으로 또래 안에서 무분별하게 사용되는 모습을 보면서 갈수록 거침없고 거친 말들을 내뱉는 현상이 단순한 일회성이 아님을 알 수 있었으며 이는 청소년들이 많이 사용하는 인터넷에서 더 심하고 확실히 나타난다. 인터넷의 익명성과 비대면성, 즉 당장 보지 않고 보이지 않기 때문에 무엇을 하든지 자신의 행동에 대한 책임을 질 필요를 느끼지 못하고 막무가내로 하는 것이다. 자신에게 피해가 올 것 같으면 컴퓨터를 끄거나 사이트에 들어가지 않으면 된다. 또 현실에서는 전혀 다른 모습을 보임으로써 자신의 죄에 대해 도망칠 수 있다. 이러한 언어폭력은 언어를 사용한 폭력으로서 신체적인 폭력에 비해 외형상 어떤 상처를 남기지는 않지만, 그 피해는 외형적인 상처보다 훨씬 심각한 문제를 야기시킬 수 있다는 측면에서 주위를 기울일 필요가 있겠다(정인웅, 2005).

아~~~시간 졸라게 안 간다(정말, 많이).
존나 쌔빠지게 놀고 싶어(존나: 매우, 새빠지게: 아주 신나게).
즐겁게 뒷담두 까구(뒷담: 뒤에서 욕하는 것)
뽀대도 나고 성능도 좋아(멋있고 잘생기고 화려하다).
나 이번에 깔 생겼당! 쿄쿄(애인).
난 허접인데, 한수알려죠 -_-ㅋㅋ(실력이 아주 떨어지는 것)
어떤 사람이 버스에서 나 야려봤어(째려 보다.)
아놔~정말 나 오늘 기분 존나 구리다(구리다: 기분이 별로다)
야! 구라 치지마! 구라대마왕~(거짓말)
나 오늘 걔한테 쌩깠다.. 〉ㅁ〈 (무시하다, 모른척하다)
내일 튈까? 담탱이한테만 안걸림되지머~(튀다: 도망가다, 담탱이: 담임)
말밥이쥐~삽질이나. (삽질: 혼자 까불기)

## 5. 청소년 언어문화 향상 방안

청소년의 언어는 가정과 학교의 환경적 요인과 상호작용하면서 언어 습관이나 언어문화가 형성되어 사회에 대한 인식을 체계화해 나가는 과정에 있으므로 발달적인 관점에서 접근해 볼 수 있다(국립국어원, 2017). 특히 디지털 미디어의 발달로 인해 예전에 비해 청소년들이 접하는 언어 환경이 학교나 가정의 통제를 벗어나 있으며, 청소년의 언어문화는 디지털 미디어 환경 속에서 빠르게 변화해 가고 있다. 따라서 청소년을 둘러싼 부모, 교사, 미디어와 같은 환경의 영향을 고려하여 건전한 언어문화를 조성하기 위한 언어문화 향상방안에 대해 살펴보고자 한다(김평원·이선영, 2014;

박우현, 2014; 이미현, 2014; 정혜승, 2017).

### 1) 청소년 주도적 다양한 언어문화활동 적극 지원

청소년의 건강한 언어문화를 조성하기 위한 방안은 단순히 청소년을 대상으로 한 연구조사나 프로그램 개발로 해결될 수 없고, 청소년의 주도적 성찰과 실천으로 이루어져야 한다(김평원·이선영, 2014; 이미현, 2014). 청소년 언어문화의 주체는 청소년이므로, 청소년이 자신의 삶 속에서 사용하는 언어의 특성을 잘 이해하고 이를 창의적 언어문화로 발전시켜 나갈 수 있도록 최대한 자율성을 부여해야 한다(이관규, 2017; 정혜승, 2017).

청소년들은 스스로 자신의 언어문화의 문제의 심각성은 인식하고 있지만, 계속해서 비속어를 사용하고 있음을 여러 선행연구에서 공통적으로 밝히고 있다(김평원·이선영, 2014; 이기연·이지수, 2010). 이러한 결과는 당위성을 강조하거나 캠페인을 통해 태도를 변화시키는 것은 어려운 일이라는 것을 확인할 수 있다. 즉, 욕설이나 비속어 사용문제는 몰라서 못하는 것이 아니라 알면서도 실천을 못하는 문제임을 드러내고 있음을 알 수 있다(김평원, 2012). 따라서 청소년의 건전한 언어문화를 조성하기 위해서는 청소년 스스로 개선방안을 강구해 나갈 수 있도록 돕는 활동이 요구된다고 할 수 있다.

청소년 주도의 세대 통합적 언어문화활동을 개발(예, 프로젝트 수행법(김평원, 2012), 국립국어원의 모두가 함께하는 우리말 다듬기 사이트 활용, 바른말 우리말 쓰기 학생 자치활동, 학교 도서관 연계 독서토론 활동 등)하고 청소년 주도의 국어사랑 활동을 지원(예, 바른말 누리단 사례 모음집(교총, 2016)과 같은 콘텐츠 개발)하여 청소년들이 주체적으로 자신이 사용하는 언어에 대해 탐구해 볼 수 있는 기회를 마련해야 한다.

### 2) 청소년을 위한 언어문화 프로그램 개발 및 시행 필요

청소년은 다양하고 상대적인 생각을 하기보다는 자기중심적 표현 방법을 사용하며 다른 대상과 차별이 되는 이분법적인 사고를 하는 경향이 있다(정혜승, 2017). 또한 청소년은 타인과 대화를 할 때 감정표현을 있는 그대로 드러내거나 표출하는 경향이 있다. 따라서 의견의 충돌이 있을 수 있는 상황에서 상대의 감정을 이해하고 문제상황을 객관적으로 파악하여 소통할 수 있도록 안내해 주는 청소년을 위한 언어문화 교육 프로그램 개발 및 시행이 필요하다.

타인의 감정과 생각을 이해할 수 있는 공감능력을 향상시키는 훈련(예, 나 메시지 전달법, 타인의 입장에서 말해보기, 타인의 마음을 여는 대화(권순희, 2002))을 기반으로 하는 대인 관계 조절 및 적응을 위한 교육 프로그램을 개발하여 시행할 필요가 있다.

또한 모든 청소년을 대상으로 공통적인 폭력적 언어 사용 방지교육을 실시하는 것은 긍정적인 기능도 있지만 건전한 언어문화를 지닌 청소년까지도 잠재적 가해자로 상정한다는 문제를 지니고 있다(정혜승, 2017). 따라서 청소년의 언어문화를 다양한 세부하위문화로 나누어 청소년의 언어 사용 수준을 진단할 수 있는 척도를 개발하고 폭력적 언어 사용 수준에 따른 맞춤형 폭력적 언어 사용 방지를 위한 교육(예, 언어생활 인지 작성, 바른 말 생활 약속 쪽지, 바른말 키보드 경진대회(김정선 외, 2011)) 프로그램을 개발하고 적용하는 것이 요구된다.

마지막으로 청소년은 디지털 미디어 매체 환경에 영향을 크게 받고 있다. 그런데 비슷한 상황이나 조건에 처해 있어도 자신의 행동 원칙을 가지고 있는 친구들은 바른 언어생활을 하고 있었다(정혜승, 2017). 자신의 언어생활을 어떻게 할 것인지에 대한 자신의 행동원칙을 가지고 있는 청소년은 자신만의 규칙을 가지고 있기 때문에 욕을 쓰거나 비속어를 사용하는 환경에서 그 대화 상황 자체를 차단하는 행동의 원칙을 가지고 있는 모습을 보였다. 이는 청소년에게 언어생활에 대해서 지도하는 것도 필요하지만 의사소통의 주체로서의 자신만의 규칙을 가지고 언어 사용을 할 수 있도록 행동하도록 지원하는 것이 보다 근본적인 문제해결방법이라는 것을 알 수 있다. 따라서 정체성 강화를 위한 교육 프로그램을 개발하여 청소년 스스로 능동적인 언어 주체로서 자립할 수 있도록 적극적인 지원이 이루어져야 한다.

### 3) 교사 및 예비 교사를 위한 청소년 언어문화 교육 프로그램 개발

청소년 언어문화 향상을 위해서는 언어문화 형성에 영향을 많이 받는 교사 및 예비 교사의 역할 또한 중요하다. 교사 및 예비 교사를 위한 청소년 언어문화 교육 프로그램을 개발하고 시행하여야 한다. 무엇보다 학교 현장에서 교사는 청소년에게 스스로 언어 사용 규칙을 가지고 언어생활을 실천할 수 있도록 도와주어야 한다. 또한 예비 교사를 위해서는 언어 민감성 제고를 위한 프로그램을 개발하고 교육하는 것이 필요하다. 예비 교사가 섬세한 언어적 민감성을 갖출 수 있도록 프로그램을 체계적으로 설계하여, 그들의 인식 개선에 도움이 될 수 있도록 교육 내용을 마련해야 할 것이다.

## 참고문헌


국립국어연구원(1999). **표준국어대사전**. 서울: 두산동아.

국립국어연구원(2005). **청소년 언어생활 실태 연구: 고등학교 2학년 서울, 대구지역 학생을 대상으로**. 서울: 국립국어원.

국립국어원(2017). **청소년 언어문화 실태 심층 조사 및 향상 방안 연구**. 서울: 국립국어원.

권순희(2002). 청자를 고려한 대화 방법. **화법연구, 4**, 215-243.

김봉섭(2007). PC통신에서의 언어폭력에 관한 연구. 경희대 언론정보대학원 석사학위 논문.

김은영(2000). 청소년의 인터넷 댓글문화 분석. 전북대학교 교육대학원 석사학위논문.

김정선, 이필영, 김태경, 이삼형, 장경희, 전은진(2011). 청소년 입말에 나타난 속어·유행어·은어 사용 실태. **한국언어문학, 7**, 285-324.

김평원(2012). 청소년 욕설 문화 개선 교육 프로그램의 효과. **화법연구, 20**, 9-37.

김평원, 이선영(2014). 학교폭력 예방을 위한 언어문화 개선 프로그램의 욕설 개선 효과. **새국어교육, 101**, 141-182.

노용오(2005). **청소년문화론**. 서울: 구상.

박갑수(2002). 청소년의 언어 행태와 그 개선 방안. **선청어문, 30**, 5-27.

박연자(2008). 청소년들의 통신언어 연구. 전북대학교 교육대학원 석사학위논문.

박용익(2000), 신문텍스트의 대화 행위유형 텍스트언어학. **한국 텍스트 언어학회, 8**, 221-249.

박우현(2014). 학급언어순화 프로그램이 중학생의 언어폭력성 및 대인관계능력에 미치는 영향. 창원대학교 대학원 석사학위논문.

박진규(2007). **청소년문화**. 서울: 학지사.

백경녀(2008). **청소년의 언어 사용 실태와 개선방안 연구**: 통신언어 및 일상 언어를 중심으로. 가톨릭대학교 교육대학원 석사학위논문.

서은아(2007). **글쓰기로써 말하기 또는 네티즌의 펌글, 댓글, 베플, 악플, 아이디 그리고 이모티콘의 언어학적 분석**. 서울: 커뮤니케이션북스.

성낙수(2005). 초·중·고등학생들의 국어사용의 실태와 분석. **청람어문교육, 31(1)**, 138-142.

양명희(2005). **2005 국민의 언어의식조사**. 서울: 국립국어원.

오정희(2003). 가상공간에서 청소년의 언어 사용에 따른 심리사회적 특성 및 자기지각 연구. 인제대학교 대학원 석사학위논문.

이관규(2017). 인터넷과 일상 대화를 통해 본 청소년 언어문화의 특징. **문법교육, 30**.

이기연, 이지수(2010). 중, 고등학교 학생들의 비속어 사용 실태에 대한 연구-서울 및 수도권 거주 청소년을 대상으로. **한국어와 문화, 8**, 143-178.

이미현(2014). 욕설 순화 프로그램을 통한 언어문화 개선 방안 연구. 경북대학교 대학원 석사학위논문.

이정복, 양명희, 박호관(2006). **인터넷 통신 언어와 청소년 언어문화**. 서울: 한국문화사.

이주영(2011). 댓글에 나타난 청소년 언어 사용 실태 조사. 한국교원대학교 대학원 석사학위논문.

전은진, 이상형, 김정선, 김태경, 이필영, 장경희(2011). 문자 언어에 나타난 청소년 언어 실태 연구. **청람어문교육, 43**, 371-406.

정선임(2006). 댓글을 활용한 국어과 수업 방안 연구. 한양대학교 대학원 석사학위논문.

정선희(2008). 청소년 통신 언어 실태 분석 및 지도 내용. 성신여자대학교 교육대학원 석사학위논문.

정인웅(2005). 고등학생의 비속어에 관한 연구: 부천지역 고등학생을 중심으로. 한양대학교 대학원 석사학위논문.

정재민(2007). 청소년문화의 새로운 이해. **청소년문화포럼, 15**, 114-133.

정혜승(2017). 청소년 언어문화의 특성과 향상 방안. 571돌 한글날 기념 전국 국어학 학술대회 자료집, 7-94.

조국현(2005). 텍스트 언어학의 탈 언어학회 한국 텍스트 언어학의 미래에 대한 단상. **한국 텍스트 언어학회, 19**, 365-393.

조국현(2007). 게시판 언어의 국어학적 연구 방송사 게시판 언어를 중심으로. 단국대학교 동양학연구소, 35, 1-25.

조수선(2007). 온라인 신문 댓글의 내용분석 댓글의 유형과 댓글 게시자의 성향 커뮤니케이션 연구. 한국 커뮤니케이션 학회, 15, 65-86.

한국교원단체총연합회(2016). 바른말 누리단 우수운영 사례 모음집. 서울: 한국교원단체총연합회.

한국청소년개발원(2004). 사이버 공간에서의 익명성과 청소년의 언어 폭력. 서울: 한국청소년개발원.

황상민(2000). 사이버 공간 속의 청소년 대인관계의 심리적 특성. 제3회 안양시 청소년 상담실 심포지엄. 165-187.

Chapter 10

# 청소년과 스타문화

1. 청소년과 대중스타
2. 청소년의 대중스타 우상화
3. 청소년과 스타문화(주체적 성격을 가진 팬덤문화)

**청소년과 스타문화**

1. 대중문화와 청소년과의 상호작용관계에서 대중스타의 역할을 이해한다.
2. 대중스타에 관한 우상화 현상의 정의를 이해하고 그 실태와 영향을 주는 요인을 안다.
3. 새로운 문화 주체로써의 청소년 스타(팬덤)문화에 대해서 알 수 있다.

## 1. 청소년과 대중스타

대중스타에 대한 청소년들의 우상화 현상은 동서양을 막론하고 공통된 현상이다. 이러한 현상은 대중문화의 많은 부분들이 청소년들을 주된 소비 대상으로 겨냥해 그들의 기호에 맞는 음악, 영화, 오락, 스포츠 등을 만들어 흥미와 관심을 유발하고 있다. 청소년들은 이러한 대중문화를 소비하고 받아들여 자신들만의 새로운 문화로 재생산하기도 한다.

청소년과 대중문화의 상호작용을 더욱 활성화시키는 중요한 요인 중의 하나는 대중스타의 역할이다(임영식, 2002). 청소년뿐만 아니라 많은 사람들이 자기가 좋아하는 배우나 탤런트가 출연하는 프로그램이나 영화를 보기를 원하며 자기가 좋아하는 가수의 노래를 듣고자 한다. 또한 자신들이 좋아하는 가수나 스포츠 선수, 탤런트 등이 나오기 때문에 특정 음악이나 스포츠, 드라마 등을 더 보고 싶어 하기도 한다. 이러한 현상은 TV의 뉴스, 드라마에서도 나타나는데, 자신이 좋아하는 아나운서가 진행하는 뉴스와 자신이 좋아하는 탤런트가 출연하는 드라마를 다른 뉴스나 드라마에 비해 더 많이 시청한다(Livingstone, 1992; Rubin & Perse, 1988). 따라서 대중매체에서 차지하는 대중스타의 영향력이 매우 크다는 것을 알 수 있다.

특히 청소년들은 어릴 적부터 라디오, 오디오, 비디오, 텔레비전, 컴퓨터, 스마트폰 등을 통해서 세상을 보고 들으며 성장했고, 이러한 대중 매체를 사용하는 것이 익숙해진 세대이기 때문에 대중스타의 영향을 많이 받을 가능성이 높다(류영제, 2002). 청소년들에게 대중스타는 단순한 동경 이상의 의미가 있는 대상으로, 동일시의 대상이자 자아정체감 및 집단 정체감 형성에도 영향을 미치기도 한다(김인경·곽금주, 1998). 아직 발달단계에 있는 청소년들에게서 대중스타에 대한 모방 경향성은 성인에 비해 더 크게 나타나고 있기 때문에(김현주, 2002; 김현주·임영식·오세진, 2000; Cheng, 1997; Raviv et al., 1996), 청소년들의 대중스타에 대한 우상화 현상은 청소년들의 행동, 태도, 가치관 등 전반적인 청소년 발달에 많은 영향을 미치고 있다.

따라서 이 장에서는 청소년들의 대중스타에 대한 우상화 현상의 정의, 원인과 관련 요인, 새로운 개념의 주체적 성격을 가진 청소년의 팬덤(Fandom)문화를 살펴보면서 청소년 스타문화를 이해하고자 한다.

## 2. 청소년의 대중스타 우상화

### 1) 청소년의 우상화 현상의 정의

우상(idol)의 사전적 의미는 '신처럼 숭배의 대상이 되는 물건이나 사람'이라고 정의되어 있다. 고대의 우상들은 신화적 존재였다면, 근대 사회에 와서 우상의 이미지는 인간의 이성적인 측면에서 천재성을 발휘하는 사람들이었다. 20세기에 이르러 대중매체가 발달함에 따라서 대중스타가 우상으로 자리 잡고 있으며, 대중매체를 가장 많이 접하고 사용하는 청소년들이 대중스타를 그들의 우상으로 삼고 있다(청소년대화의 광장, 1995).

청소년들의 대중스타에 대한 우상화 현상에 대하여 학자들마다 다양한 정의를 내리고 있다. Cheng(1997)은 우상화란 특정 인물이나 물건에 대한 과도한 헌신과 동경을 하는 것이라고 정의하고 있다. Raviv 등(1996)은 청소년 우상화 현상의 큰 특징으로 숭배(worship)와 모방(modeling)을 들고 있다. 숭배는 우상에 대해 유별나게 강한 존경심을 나타내는 것을 말하고 적극적으로 스타에 대한 정보나 물건을 수집하거나 스타를 개인적으로 만나기 위해 노력하는 행동으로 나타난다. 모방은 우상의 대상과 똑같이 되려고 하는 것으로, 우상 대상의 옷차림, 머리모양, 장신구, 의상, 말투, 행동 등을 그대로 따라하는 것으로 표현된다. 숭배와 모방 행동은 우상화 대상에 대한 우상화 수준에 따라 표현의 정도는 차이가 난다(최우신·김영희, 1999).

임연식(2002)은 청소년들의 우상화 현상에 관한 여러 연구들을 종합하여, 대중스타에 대한 우상화 현상을 "특정 대중스타에 대해 강한 애착을 가지고 그의 내·외현적 특성을 모방하고, 그 대상과 같아지려고 노력하고 행동하는 것"이라고 정의하였다. 그는 우상화 현상으로 나타나는 구체적인 행동으로 우상의 대상과 관련된 정보나 물건을 수집(예를 들어, 포스터 붙이기, 기념품이나 출판물 구입, 인터넷, 신문이나 잡지 탐색, 스크랩 만들기), 우상의 대상을 직접적(예를 들어, 공연장이나 집으로 찾아감) 또는 간접적(예를 들어, 우상이 출연하는 매체를 시청)으로 접촉하기 위해 노력, 팬클럽 등에 가입하여 활동하거나 이를 조직하거나, 말투와 행동, 의상, 장신구, 머리 모양 등을 따라함, 자신의 역할 모델로 삼음, 우상 대상이 가지고 있는 개인적 신념이나 가치관 등의 수용 등으로 설명하고 있다.

### 2) 청소년기의 발달적 특징으로써의 우상화

청소년들의 우상화(idolization) 현상은 청소년 초기의 특징이라고 할 수 있다. 청소년 시기에 우상화 현상으로 나타나는 것은 청소년기 이전에는 청소년들에게 부모가 거의 전지전능한 신과 같은 존재로 비춰졌다가 추상적·논리적 사고가 가능해짐에 따라 부모의 한계를 인식하게 되고 따라서 새로운 인간상을 추구하는 과정에서 발생하는 것이다.

청소년기는 부모로부터 독립하여 자아정체감 확립이라는 발달과업을 가진다. 개인적 정체감을 달성하는 동시에 또래집단의 구성원으로서 정체감을 획득하는데 이들은 성인들과 자신들을 구별하면서 청소년문화(청소년문화론, 1993)를 형성한다. 청소년들은 또래집단에 의지하고 그 집단의 사회적 관계기술과 규범을 추종하고 배우며 그 속에서 자신의 존재의미를 찾으려고 한다. 그들은 자신들의 열정을 쏟을 대상을 찾고 만들어서 그런 우상에 대해 열광하고 지대한 관심을 보이며 이런 대상을 자신의 동일시 모델로 삼는 경향이 있다(김인경·곽금주, 1998).

### 3) 청소년의 대중스타 우상화의 원인과 실태

#### (1) 원인

청소년기에 일어나는 대중스타에 관한 우상화 현상은 우리나라에서 연예계나 스포츠계의 대중스타에 대한 십대 청소년의 맹목적인 동경과 우상화가 점차 심화되고 있으며, 스타의 일거수일투족은 청소년은 물론 사회 전반에까지 적지 않은 영향을 미치고 있다(주간한국, 2001.3.22). 대중스타에 대한 동경과 우상화 현상을 가져오는 원인으로는 다음의 세 가지가 있다(류영재, 2002).

첫째, 1990년대의 청소년은 한국사회의 양적 경제 성장의 결실을 거두는 세대로 부모세대가 이룩한 경제적인 윤택함으로 상당한 소비 잠재력을 가지고 있다. 둘째, 개성을 무시한 획일적이고 닫힌 교육 그리고 상업적인 대중문화를 들 수 있다. 셋째, 대부분의 시간을 학교에서 보내고 있는 청소년들에게 있어서 해방된 공간을 갖는다는 것은 사실상 불가능하며, 하나의 돌파구로써 가장 쉽게 찾는 것이 대중매체이다.

### (2) 실태

과거에는 학교에서 적응을 못하거나 문제아라고 불리는 학생들만 대중스타 우상화에 관여된다고 하였으나 최근에는 학교의 모범생이나 우등생조차 관여되고 있으며, 그 연령도 하향 이동되고 있다. 여러 선행연구들에 따르면, 우리나라의 청소년들은 대중스타 중 가수를 가장 선호한다(류영제, 2002; 이승희, 2000; 청소년 대화의 광장, 1996; 최우신·김영희, 1999). 청소년 대화의 광장(1996)의 조사에서 '좋아하는 연예인의 유형'으로 가수 67.7%, 배우 26.5%, 개그맨 4.1%의 순으로 나타났다. 대중스타 중에서도 가수가 선호되는 주된 이유는 직업이 갖는 특성상 청소년들의 공감을 지속적으로 얻을 수 있고 맡은 배역이나 상품에 따라 이미지를 변환시켜야 하는 배우나 모델과는 달리 가수는 현란한 춤과 무대 매너, 노래 가사나 랩을 통한 메시지를 지속적으로 전달할 수 있기 때문에 청소년들이 공감하고 참여할 수 있는 그들만의 문화를 꾸준히 유지하고 대변해 낼 수 있기 때문이다. 또한 청소년기에 이성에 대한 애정과 열정이 당연히 나타나는 현상임에도 불구하고 자연스러운 이성교제가 허락되지 않음으로써 대부분의 시간을 학업으로 소요해야 하는 청소년들의 자연스러운 감성을 발산하는 대상으로 대중스타를 통해서 이런 감정을 대리체험하고 있다.

### 4) 청소년 대중스타 우상화 현상과 관련되는 요인

대중스타에 대한 청소년들의 우상화 현상에 관한 연구에서 주로 다루어지고 있는 관련 요인으로는 연령, 성별, 자아존중감, 동조 성향 등을 들 수 있다. 김현주·임영식·오세진(2000)과 Roe(1985)의 연구에서는 연령에 따라 대중스타에 대해 열광하는 정도에 차이가 있었다.

청소년들의 대중스타에 대한 우상화 경향은 초기 청소년기가 다른 발달단계에 비해 높았으며, 연령이 증가할수록 우상화 경향은 단계적으로 감소하였다. 이러한 연구결과가 나온 이유는 첫째, 초기 청소년기에는 아직 자신에 대한 정체감이 형성되지 않았고, 미숙한 자아개념으로 인해 우상을 통한 모델링 현상이 강하게 나타나 자아상에 대한 변화가 다른 단계에 비해 심하기 때문이다(김현주, 2002). 둘째, 초기 청소년기는 중, 후기 청소년기에 비해 인지적 기능이 떨어지기 때문에, 연령이 어릴수록 우상화 대상의 포스터를 방에 붙이거나 우상화 대상과 관련된 정보를 모으는 등의 외적 특성을 모방하는 경향인 구체적 조작기의 인지적 특성을 보이기 때문이다(최우신·김영희, 1999). 셋째, 부모와 가정에 한정된 아동기의 사회적 관계가 청소년기가 시작되면서 친구와 사회로 확산(Raviv et al., 1996)되어 주변 친구의 지지나 의견을 중요하게 고려하며, 친구가 특정 대중스타에 대해 어떤 태도, 가치, 행동을 가지고 있느냐에 따라 그에 대한 자신의 태도, 가치, 행동을 결정하는 데 영향을 받게 되기 때문이다.

성별에 따라서도 우상화 현상에 차이가 있는데, Cheng(1997)과 Ravia 등(1996)은 남자 청소년에 비해 여자 청소년들의 우상화 현상이 높다고 하였다. 대중스타의 팬클럽에 가입하거나 활동하는 사람들이 주로 여성들이고, 여자 청소년이 남자 청소년에 비해 대중스타에 대한 우상화 현상이 더 적극적이며 가시적으로 우상화 행동을 표현하며(청소년 대화의 광장, 1995), 우상화 수준도 더 높은 것으로 보고되고 있다(최우선·김영희, 1999). 이러한 경향은 여자들이 남자들에 비해 친구의 영향에 더 동조적이기 때문이다(Brown, 1990). 그러나 성별에 따른 우상화 현상이 항상 동일한 결과를 보이는 것은 아니지만, 많은 연구들이 성별에 따라 우상화 현상에 차이가 있다는 것을 인정하고 있으며, 대체적으로 여자가 남자에 비해 우상화 행동을 많이 한다는 연구가 비율적으로 더 많다.

청소년들의 자아존중감은 대중스타의 팬클럽 가입 여부와 상관관계가 있다(김현주·임영식·오세진, 2000; Cheng, 1977). 자아존중감이 낮은 청소년들은 인지도가 높은 대중스타를 모방하고, 대중스타와 관련을 가짐으로써 일종의 긍지를 획득할 수 있기 때문에 자아존중감이 낮은 청소년들이 팬클럽에 가입하는 경향이 자아존중감이 높은 청소년들보다는 더 높다는 것을 알 수 있다.

이외에도 우상화 현상과 관련되는 요인으로는 교유관계(김정진, 1996; 김창남, 1995), 동조압력이나 부정적 평가에 대한 두려움(김현주·임영식·오세진, 2000; Sebald, 1992)이 있다.

## 3. 청소년과 스타문화(주체적 성격을 가진 팬덤문화)

2019년 12월 26일 방탄소년단 '마이크 드롭(MIC DROP)'의 뮤직비디오 유튜브 조회수는 6억 뷰를 넘겼다. 해당 뮤직비디오가 6억 뷰를 넘기며 방탄소년단은 6억 뷰 돌파 뮤직비디오 5편을 보유한 한국이 최초 가수가 되었다. 이러한 기록 행진 뒤에는 방탄소년단의 글로벌 팬들로 구성된 팬클럽 '아미(ARMY)'의 자체적인 노력이 숨어 있다(스포츠경향, 2019.12.26). 이처럼 오늘날 청소년들의 대중스타에 대한 우상화 현상은 스타를 단순히 좋아하는 것에 그치지 않고, 팬클럽에 가입하고 클럽의 활동영역에 참여하며, 스타의 의식주 생활을 모방하면서 대중스타와 관련한 상품들을 구입하는 등 적극적인 모습을 가진다.

한국의 인기그룹 '동방신기'의 팬클럽 '카시오페아'는 2008년 세계에서 가장 많은 팬클럽 회원(50만 명)을 보유한 가수 엘비스 프레슬리의 기록을 깨고, 80만 명의 팬클럽 회원수로 전 세계에서 팬클럽 회원수가 가장 많은 가수로 기네스북에 이름을 올렸다(스포츠 조선, 2009. 3. 24). 2008 청소년통계(2008)에 의하면 당시 중학생과 고등학생의 인구의 5.1%가 동방신기의 팬클럽회원으로 가입했다는 것을 알 수 있다. 이처럼 대중스타를 향한 팬클럽 문화는 청소년을 대표하는 문화로 자리 잡았다.

청소년의 스타를 향한 팬클럽 문화에 대한 연구는 문화산업의 소비집단으로 보는 부정적 시각, 자아 정체성이나 집단적 정체감을 포함한 심리적 특성으로 보는 시각, 하위문화의 주체적 활동이나 새로운 문화(팬덤문화)로 보는 시각 등으로 구분할 수 있다(정재민, 2010).

청소년의 스타를 향한 팬클럽 문화에 대해 부정적인 시각으로 보는 연구를 살펴보면, 양재영(1994)의 경우 팬클럽 회원들은 자신들만의 공감대를 형성하기 위한 문화 상품을 구입한다. 이것은 대중스타가 자본주의 문화업의 사업적 성패를 좌우하는 중요한 요소가 된다. 특히 대중스타는 이제 단지 영화는 음반 같은 문화산업만이 아니라 자본주의 경제 자체가 원활히 돌아가기 위해 없어서는 안 되는 중요한 존재이다(류영제, 2002). 김광열(1997)은 청소년이 스타를 동경하고 열광하는 것이 모방으로 개념화, 대리충족, 카타르시스 또는 동일시 대상으로써 스타를 요구한다고 하였다.

심리적 특성으로 대중스타에 관한 팬클럽 문화를 보는 견해는 현지연(1998)과 황완덕(1999)은 청소년들이 팬클럽 활동을 통해서 얻게 되는 심리적 만족감에 주목하여 팬클럽 활동을 통해 집단적 정체감을 형성한다고 주장했다. 우석봉(2002)은 팬들은 스타를 통해 심리적 욕구를 충족할 뿐 아니라 스타 역시 팬들의 존재로 인해 인정의 욕구나 자기실현의 욕구에 대한 심리적 이익을 얻는 심리적 공생관계를 형성한다고 보았다.

이후 팬클럽 문화는 스타에 대한 팬의 활동과 의미가 변화하기 시작하였는데, 과거 단순한 연예인 추종이 아닌 1990년 이후 팬클럽 문화는 대중문화의 적극적인 수용자이고 주체적인 소비자로의 팬덤(fandom)문화로 변화하여 다양한 진화를 보여주고 있다(김용성, 2011). 팬클럽이 매니저처럼 스타를 위한 홍보에 발 벗고 나서고 있으며, 스타에게 선물을 보내고, 공연장에 도시락을 마련하여 찾아간다(국민일보, 2009.7.17). 팬들은 스타에 대한 충성도를 바탕으로 일반인과 다른 방식의 소비패턴을 드러내기도 하고, 생산된 문화 산업을 수동적으로 그대로 받아들이는 수용자 입장이 아닌 주체적인 소비자로써 정당한 권리 행사와 문화적 실천에 대한 영역을 확장시키고 있다.

대표적인 사례로 '서태지와 아이들' 팬들의 활동과 음반 사전심의 거부운동을 벌이던 음악인들의 노력으로 1996년 6월에 폐지되었던 '음반 사전 심의제 폐지'와 '태지매니아', '이승환팬클럽', '조용필팬클럽', 'GOD팬사이트연합' 등이 모여서 대중음악개혁을 위한 연대모임을 결성하고 각 방송사의 '가요순위 폐지운동'을 전개했던 것을 들 수 있다.

또한 일부 팬클럽은 사회운동과 결합되는 양상을 보이고 있으며, 문화권력이라는 일부 언론 매체, 기획사(SM 엔터테이먼트를 대상으로 불매운동에 나선 동방신기 팬클럽 '카시오페아') 등에 저항하는 모습도 나타나고 있다.

최근 팬층의 다양화와 소셜네트워크의 발달로 인해 팬들의 손쉬운 상호작용을 통해 공동의 유대와 연대 그리고 집단 정체성을 형성하게 되었고, 팬과 스타와의 거리가 좁혀지게 되고 보다 많은 영향력을 행사할 수 있게 되어 팬클럽에서 봉사활동과 기부활동을 하고 있다.

이러한 팬클럽의 사회참여는 자신의 삶에 영향을 주는 그리고 자신이 살고 있는 지역사회에 영향을 주는 의사결정을 공유하는 과정이라고 할 수 있으며, 청소년 참여는 선택권과 권한의 부여가 강조되는 자발적 행위가 된다(Hart, 1997). 봉사활동과 기부활동을 통한 팬클럽의 사회참여활동에 청소년의 참여가 이루어지면서 예전에 찾아볼 수 없던 문화적 형태가 생겨났다. 표 10-1은 맹목적인 스타 추종과 수동적인 문화수용자로서 부정적 측면에서 무조건 병리학적으로 바라보았던 1세대 팬덤문화를 바라보던 시각에서 벗어나 청소년들이 문화의 소비자이고 동시에 다양한 문화를 주체적으로 생산하는 문화수용 주체로 파악하는 2세대 팬덤문화에 대한 새로운 시각이 제시되고 있다(강은경, 2011; 정민우·이나영, 2009).

따라서 기존의 청소년의 스타문화인 팬덤문화는 청소년의 하위문화적 측면에서 맹목적이고 부분별한 성격을 가진 문화로 이해하기보다는 2세대 팬덤은 1세대 팬덤과는 다르게 팬클럽의 사회참여활동이 스타의 이미지를 관리하는 팬들의 서포트활동이고 스타와의 공동체적 신뢰관계를 형성하고 있다. 따라서 2세대 팬덤문화는 팬클럽에서의 사회참여활동에서 드러나는 여러 가지 특성을 통하여 청소년문화에 대한 새로운 이해와 접근을 가능하게 하였다는 데 의의가 있다(김용석, 2011).

**표 10-1 '1세대 팬덤'과 '2세대 팬덤'**

| 1세대 팬덤 | 기준 | 2세대 팬덤 |
|---|---|---|
| 배타적 충성과 애정 | 정체화 | 중첩적이고 유동적인 애정 |
| 경쟁스타와의 대립 | 스타의 의미화 | 엔터테인먼트시장에서의 생존 |
| 자기표현적 하위문화와 동일시 | 태도 | 스타 이미지 관리를 위한 감추기와 거리두기 |
| 열광 | 향유방식 | 관리 |
| 충돌과 갈등 | 기획사와의 관계 | 협력과 봉합 |

출처: 정민우·이나영(2009)

## 참고문헌

강준만(2000). **대중문화의 겉과 속**(2판). 서울: 인물과 사상사.

강준만(2000). **대중문화의 겉과 속**. 서울: 학지사.

강현두(1998). **대중문화론**. 서울: 나남사.

김민(2003). 청소년의 대중스타 수용에 대한 이론적 연구, **청소년 행동연구, 1(8)**, 1-28.

김인경, 곽금주(1998). **대중음악에 심취한 청소년들의 심리적 특성**. 서울: 집문당.

김지영(1999). 부모·또래 역동에 따른 청소년의 대중스타 우상화에 관한 연구: 자아정체감에 미치는 영향을 중심으로, 연세대학교 대학원 석사학위논문.

김현섭(1999). **서태지 담론**. 서울: 세훈 문화사.

김호석(1998). **스타시스템**. 서울: 삼인.

박진규(2003). **청소년문화**. 서울: 학지사.

양재영(1994). 청소년 집단의 대중문화 수용과정에 관한 연구: 연예인 팬클럽의 사례를 중심으로. 서울대학교 인류학과 대학원 석사학위논문.

조아미(1998). 청소년의 대중가요 가수 우상화 현상에 대한 분석, **청소년학 연구**, 5(1).

청소년 대화의 광장(1995). **오빠부대 어떻게 볼 것인가**. 서울: 청소년대화의 광장.

최우신, 김영희(1999). 청소년의 연예인 우상화 특성, **한국청소년 연구**, 10(2),

한국청소년개발원(2005). **청소년 매니아 문화의 실태와 정책과제**. 서울: 한국청소년개발원.

한국청소년개발원(2005). **청소년문화론**. 서울: 교육과학사.

Bandura, A.(1997). *Self-efficacy: the exercise of control*. New York: Freeman.

Brown, E. F., & Hendee, W. R.(1989). Adolescent and their music: Insight into the health of adolescents. *Journal of American Mass Media. 262,* 1659-1663.

Cooper, B. L.(1991). *Popular music perspectives: ideas, themes, and patterns in contemporary lyrics*. Browling Green University Popular Press, Bowling Green, OH.

Fiske, J.(1992). The cultural economy of fandom. In L. Lewis(Ed), *The adoring audience*: Fan culture & popular media(pp.30-49). London: Rout ledge.

Fiske, J.(1987). *Television culture*. London: Rout ledge.

Fiske, J.(1989). *Reading the popular*. London: Rout ledge.

L. A. Hjelle & D. J. Ziegler, *Personality Theories: Basic assumptions, research and applications*(2nd ed.), (McGraw-Hill Bool Company, 1981), 이훈구 역, 성격심리학(서울: 법문사, 1996), 91.

Raviv, A., Bar-Tal, D. & Ben-Horin, A.(1996). Adolescent idolization of pop singers: Causes, expressions, and reliance, *Journal of Youth and Adolescence, 25*(5), 631-650.

Redhead, S.(1997). *Subculture to Club Culture: An introduction to popular cultural studies*. Oxford: Blackwell Publishers Ltd. p. 102.

Thornton, S.(1996). Club cultures: Music, media and sub cultural capital. *American Journal of Sociology*, 102(3), 927-928.

### 참고한 인터넷 사이트

다음 http://www.daum.net

팬클럽사이트 http://www.fanclub.informail.co.kr

스포츠 경향(2019). 방탄소년단(BTS) 뮤직비디오 '마이크 드롭'(MIC DROP) 유튜브 6억뷰 돌파. http://sports.khan.co.kr/entertainment/sk_index.html?art_id=201912261523003&sec_id=540101&pt=nv. 2019년 12월 26일자 기사. (2019-12-30 방문)

Chapter 11

# 청소년과 디지털문화

1. 청소년과 사이버 공간
2. 디지털문화 속에서 청소년
3. 청소년 디지털 활용문화 정책
4. 사이버 공간이 청소년에게 미치는 영향

**청소년과 디지털문화**

1. 사이버 공간의 특성과 디지털문화의 정의를 이해한다.
2. 청소년이 주도하는 디지털문화의 특성을 이해하고 실태를 안다.
3. 사이버 공간의 긍정적인 영향과 부정적인 영향의 측면을 배운다.

## 1. 청소년과 사이버 공간

1990년대 중반부터 시작된 사이버 공간에서 만들어지는 새로운 문화는 한국사회의 문화 지도를 바꾸어 놓았다. 사이버 공간의 등장은 아날로그적 문화를 디지털문화로 재편하였고, 문화를 이끄는 세대 또한 점차 연령이 낮아져 오늘날에는 N세대에 이어 디지털 기기에 익숙한 Z세대라고 불리는 청소년들이 새로운 문화적 경향성을 주도하고 있다. 이제는 기성세대의 사이버 공간에 대한 적응성은 선택 혹은 단순한 관심이 아닌 생활에서의 필수적인 문화가 되었다. 편지 대신 이메일로 의사소통을 하며 종이 신문 대신 전자 신문을 보고, 여러 방면의 필요한 지식이나 정보 등을 인터넷을 통해 학습하게 되었다. 청소년이 주도하는 사이버 공간 문화의 특성이 기성세대로 전이되고 있는 것이다(시사저널, 1999). 윤명희(2009)는 이를 디지털 테크놀로지의 감성적 차원이 청소년들의 사이버 공간에서의 사회적 상호작용과 독특한 사회문화적 특성으로 형성되고 있어 새로운 디지털 활용문화로서 인식되어야 함을 제안하고 있다. 즉, 청소년들의 디지털 활용문화를 확인하고 공유하는 것은 현시대를 살아가는 청소년들의 전모를 이해하는 것과 다르지 않을 것이다.

## 1) 사이버 공간과 디지털문화

먼저 사이버 공간이란 장소와 물질에 기반하고 있는 현실세계와는 달리 컴퓨터, 네트워크 속에 존재하는 공간 아닌 공간으로 정의된다. 사이버 공간이란 인공두뇌(cybernetics)의 세계가 그릴 수 있는, 무한한 가능성을 지닌 끝없이 넓은 공간이며, 새로운 정보통신기술, 네트워크와 컴퓨터의 발달로 탄생되는 시·공간이 응축되는 공간이라 할 수 있다. 깁슨(W. Gibson)은 사이버 공간을 '전자매체에 의해 가능한 고해상도의 화상과 데이터의 그래픽 표현 등이 합성되어 만들어진 환상'으로 특징짓고 있다. 이런 점에서 가상공간은 전자장치를 이용한 시뮬레이션이나 단순한 비주얼 이미지뿐만 아니라 인간 상호 간 커뮤니케이션을 위한 기술적인 측면도 포함하는 것으로 볼 수 있다. 따라서 사이버 공간이라 할 때 우리는 전자우편, 전자게시판, 채팅룸, 인터넷 웹사이트, 전자도서관 등을 포함시켜 이야기할 수 있다(정용교, 2000).

디지털문화는 인터넷 커뮤니케이션을 통해 형성되는 문화, 또는 디지털 콘텐츠로 이루어지는 문화를 말한다. 즉, 청소년 디지털문화는 청소년문화의 구체적인 콘텐츠가 컴퓨터, 인터넷, 휴대전화, 온라인게임, 소셜네트워크(SNS) 등 디지털 구성요인 혹은 디지털 환경으로 구성되고 이를 실존적 생활의 일부로 이용하고 있는 청소년문화를 의미한다. 이러한 디지털문화는 온라인 공간에서의 문화적 소통과 교류가 익숙하고 친밀한 청소년들에게는 청소년기를 설명하는 중요한 테마이기도 하고, 장차 성인기에도 지대한 영향을 미치는 문화적 요인이라고 할 것이다(김형주, 2012).

디지털문화는 정보기술의 바탕 위에서 전개된다. 디지털문화의 주체는 컴퓨터를 자유자재로 다룰 수 있고, 인터넷 접속에 아무런 어려움이 없을 뿐 아니라, 뉴미디어를 개인적 또는 공적으로 활용할 수 있는 접속인들이다. 네티즌을 주축으로 하는 문화, 그것이 곧 디지털문화이다. 또한 디지털문화는 사이버 공간에서 사람들이 활동을 시작하면서 만들어낸 행동양식을 말한다. 먼저 디지털문화를 이해하기 위해서는 인터넷에 대해서 알아야 한다. 왜냐하면 최근에는 사이버 공간에서의 활동이 대부분 인터넷을 중심으로 이루어지고 있기 때문이다. 사이버 공간과 문화에 커다란 변화가 일어난 것은 인터넷이라는 전 지구적인 네트워크가 형성되면서부터이다. 공상과학에서만 가능한 것처럼 보였던 사이버 공간과 디지털문화가 현실의 문제로 다가오게 된 것이다.

### 2) 사이버 공간의 특성

사이버 공간의 첫 번째 특성은 바로 '익명성을 전제로 한 만남'이라는 것이다. 이 익명성은 사회의 규율과 관습에 저항하거나 무시하는 경향을 띠면서 사이버 공간의 성격을 적극적이거나 진보적으로 혹은 추잡한 만행이나 사악한 폭력으로 만들기도 한다. 이른바 '네티켓'은 익명성의 부정적인 영향으로 사이버 공간의 붕괴를 막기 위한 최소한의 장치이다.

사이버 공간의 두 번째 특성은 새로운 정보매체의 기술적 특성과 밀접한 연관을 맺고 있다. 컴퓨터 통신망이라고 통칭되는 이 통로의 가치는 정보가 자유롭게, 즉 개방적으로 흐르는 정도에 의해 결정된다. 정보의 공유를 향한 욕망은 통신망의 사회적 기능으로 확장되어 사이버 공간은 누구도 소유할 수 없는, 만인에게 열려 있는 기술적 개방성을 특성으로 한다. 사이버 공간은 그것이 물리적으로는 어떤 통신망에 근거하고 있을지라도 이용자들의 정보 공유의 노력으로 수많은 정보들이 입력되고, 이 정보들이 쉬지 않고 흐르며, 그곳에 참여하고 있는 모든 사람들에게 열려 있다.

사이버 공간의 세 번째 특성은 이용자들의 자율성을 전제로 한다는 것이다. 흔히 사이버 공간을 '바다'에 비유하곤 한다. 이러한 비유는 사이버네틱스의 원래 의미와 연관된다. 스스로 정보를 읽어내고 적절히 반응하지 못하는 사람들은 사이버네틱스사회에서 자율적인 조종자가 되지 못하고 타율적인 통제의 대상이 되기 때문이다. 요약하면 '사이버 공간은 자율적 개인들이 표현의 자유를 만끽하면서 사회 전체의 지적 자원을 확장해 가는 가장 중요한 사회 기술적 환경'이다(이재현, 2000).

## 2. 디지털문화 속에서 청소년

### 1) N세대의 등장

사이버 공간에 가장 익숙해 있으면서, 디지털문화의 삶을 적극적으로 살아가는 집단은 청소년들이라 할 수 있다. 이런 점에서 미국의 Tapscott(2000)은 N세대의 무서운 아이들(Growing up Digital: Net Generation)에서 이 세상은 완전히 변화시킬 새로운 세대가 성장하고 있음을 발견하고 '디지털 혁명이 가속화되는 가운데 인터넷을 일상생활의 동반자처럼 활용하는 세대가 N세대(Net Generation)'라고 말했다.

보통 N세대는 다양성에 대한 수용 자세를 견지하고, 사이버 공간에 대한 전례 없는 호기심을 견지하며, 자기주장이 확실하고 자기 독립성이 강하다는 특징을 갖고 있다. 또한 보통 N세대는 네 가지의 N의 특성을 지닌다. 즉, Network에 익숙한 세대, 새로움을 추구하는 inNonvation에 앞장서는 세대, 기성세대의 권위에 대해 'No'라고 말할 수 있는 세대, 인생을 유희처럼 즐기는 eNjoy 세대를 말한다(유명만, 2000).

또한 Tapscott(2000)은 미국에서 인구학적인 통계를 응용하여 제2차 세계대전 이후의 세대를 '베이비붐세대→X세대→메아리세대→N세대'로 구분하였다.

## 2) 청소년의 디지털문화의 특성

### (1) 인터넷 이용의 일상성

우리나라 청소년의 인터넷 이용 통계에서 흥미로운 점은 인터넷 이용의 일상성이다. 방송통신위원회와 한국 인터넷진흥원의 2011년도 실태조사 결과에 따르면, 만 3세 이상 인구의 78.0%가 인터넷을 이용하고 있고 10대의 99.9%, 20대 역시 99.9%가 인터넷을 이용하고 있다.

전체 인구대비 인터넷 이용자 구성비를 살펴보면 전 연령대 대비 10대 인구는 13.5%인데 10대 인터넷 이용자는 17.5%, 20대 인구는 14.0%인데 20대의 인터넷 이용자는 17.9%였다. 그리고 인터넷을 이용하고 있는 만 6~19세 청소년의 SNS 이용률은 78.9%로 나타났다(김원 외, 2011). 한국 청소년들의 일상적 인터넷 이용 비중이 높다는 것은 결국 청소년문화에서 인터넷이 차지하는 비중이 그만큼 높다는 것을 의미한다.

한국 청소년들이 가장 많이 이용하는 인터넷 서비스는 이메일이었으며, 그 다음으로 인터넷 게임, 타인 블로그 방문, 인스턴트 메시지 등의 순으로 나타났다. 미국 청소년들이 가장 많이 이용하는 인터넷 서비스는 인터넷 게임이었으며, 그 다음으로 이메일, 인스턴트 메시지, 인터넷 뉴스 순으로 나타났다(홍성구, 2009).

### (2) 청소년 디지털매체 이용 실태조사 결과

한국청소년정책연구원과 여성가족부가 2011년도 조사한 청소년 디지털 매체 이용 실태조사(박수억·김형주·장근영, 2011)를 참고하여 청소년들의 디지털 활용문화 실태를 컴퓨터, 휴대전화를 중심으로 한 온라인 게임, 온라인 채팅, 인터넷 등에 대한 인식을 중심으로 살펴보기로 한다.

### ① 청소년들의 컴퓨터 이용형태

청소년들의 컴퓨터 이용형태를 게임하기, 음악듣기, 동영상보기 등으로 구분하여 살펴보았을 때, 음악듣기를 가장 많이 하고 있었으며, 이는 남녀 모두 그리고 학년이 올라갈수록 그 경향성이 크다는 것을 알 수 있었다. 특히 1시간 이상 장시간 이용하는 비율에서도 음악 듣기의 경향은 크게 나타났다.

### ② 휴대전화 소유형태

청소년들의 91.9%는 휴대전화를 소유하고 있는 것으로 나타났고, 고등학생들의 경우는 95.2%로 대부분의 경우 휴대전화를 갖고 있었다. 특히 스마트폰의 소유도 36.2%로 나타나 3분의 1 이상의 청소년들이 스마트폰을 사용하고 있는 것으로 나타났다.

### ③ 휴대전화 이용형태

휴대전화의 이용형태를 살펴보면 문자메시지의 송수신을 가장 많이 활용하였고, 그 다음이 전화통화, 게임 등의 순으로 나타났다. 이는 성별로 살펴보았을 때 여학생의 경우는 상대적으로 문자메시지 송수신에, 남학생의 경우는 게임하기에 주로 이용하는 패턴을 나타내고 있다. 그리고 학교급에 따라서는 학년이 올라갈수록 문자메시지, 음악듣기, 채팅, 인터넷 이용의 비중이 높아진 반면, 게임하기는 고등학교의 경우 이용이 급감하는 것으로 나타났다.

### ④ SNS 이용형태

최근 디지털 활용문화의 이슈로 대두되고 있는 소셜네트워킹서비스(SNS)에 대한 청소년들의 이용실태를 스마트폰 위주의 트위터나 페이스북뿐만 아니라 개인 홈피 기능의 싸이월드까지 포괄하여 살펴보았는데, 89.6%의 청소년들이 SNS를 이용하고 있는 것으로 나타나 다른 디지털 매체에 비해 상대적으로 매우 높은 활용 비율을 보이고 있다. 특히 남학생보다 여학생이, 그리고 학교급이 올라갈수록 활용이 많아지고 있음을 알 수 있다.

### ⑤ SNS 계정 소유 여부 및 팔로우수

SNS 계정을 갖고 있는 청소년들은 59.2%였고, 팔로우수가 25명 미만인 경우가 16.3%로 가장 많았으며, 100명 이상의 경우도 13.7%로 나타났다. 남학생(49.1%)보다는 여학생(71.1%)이 SNS 계정을 상대적으로 더 많이 보유하고 있었으며, 학교급이 올라갈수록 SNS 계정 소유율은 높아지고 있음을 알 수 있다.

### ⑥ 불법다운로드 경험 및 비용

청소년들이 P2P, 웹하드 등을 통해 불법 다운로드를 해본 경험이 있는 경우는 61.9%로 높게 나타났다. 불법다운로드 비용은 1천 원 미만이 59.8%로 대부분을 차지하였다. 본 조사는 P2P 이용이 적은 초등학생들은 제외하고 조사하였다.

### ⑦ 온라인 채팅 경험 여부

온라인 채팅의 경우는 청소년들의 48.8%가 온라인 채팅을 해본 적이 있었으며, 그 비율은 여학생들의 경우 더 높았다. 거의 매일 온라인 채팅을 하는 비율도 23.6%로 나와 청소년들의 사이버 공간에서의 교류가 일상화되고 있는 단초를 발견할 수 있었다.

### ⑧ 온라인 게임 경험 여부 및 게임 유형

청소년들의 온라인 게임하기에서는 전체 71.8%가 최근 1년간 온라인 게임을 경험하고 있으며, 여학생보다는 상대적으로 남학생의 게임 경험 비율이 높았다. 온라인 게임의 유형별 실태에서는 액션·슈팅 게임을 가장 많이 하고 있었고, 스포츠 게임, 롤플레잉 게임, 레이싱 게임 순으로 나타났다. 다만 학교급이 고등학교에 올라가면서 게임 경험의 비율이 급감하고 있음을 알 수 있다.

### ⑨ 인터넷 유익성에 대한 인식

특히 인터넷에 대한 인식은 기성세대들의 부정적 인식과 달리 42.2%의 학생들이 유익하다고 인식하고 있었으며, 보통이라고 생각하는 것을 포함하여 포괄적으로 보면 81.5%의 학생들이 부정적이지 않다고 생각하고 있었다. 여학생들의 경우가 남학생들에 비해 상대적으로 긍정적인 경향이 많았으며, 학교급이 올라갈수록 같은 경향성을 나타내었다.

### ⑩ 인터넷 부정적 영향에 대한 인식

청소년들이 생각하는 인터넷의 부정적 영향으로는 폭력적인 내용(34.2%)이 가장 많았으며, 그 다음으로는 선정적인 내용(18.4%), 욕설·속어·은어(16.6%) 순으로 나타났다. 특히 학교급이 올라가면서 인터넷의 부정적 영향에 대한 인식이 상승하고 있는 경향성을 나타내고 있다.

## 3. 청소년 디지털 활용문화 정책

청소년 디지털 활용문화에 관련된 정책은 매우 부족한 상황인데 그것도 주로 역기능 방지 등 보호 위주의 정책이 주를 이루고 있고, 건전한 활용을 통한 새로운 문화적 방향성을 지향하는 정책은 찾아보기 어려운 것이 사실이다.

이러한 현상은 학력신장 위주의 청소년기의 교육적 환경으로 인해 학습시간의 손실을 초래하는 디지털 기기의 활용을 부정적으로만 보아온 사회적 시각이 지배적이었던 것이 그 원인일 것으로 생각된다.

실제 추진되어 온 디지털 활용문화와 관련된 정책을 살펴보면 다음과 같다.

디지털 활용문화의 역기능으로부터 청소년을 보호하기 위해 제4차 청소년정책 기본계획에서는 청소년 인터넷 게임 중독 및 유해매체로 부터의 보호 정책을 강조하고 있다. 보호 정책의 세부내용으로는 청소년 인터넷 게임중독 예방을 위한 법·제도 개선, 인터넷 중독 조기발견 및 상담·치료지원 강화, 취학 전 아동과 초등학교 저학년 아동을 대상으로 하는 인터넷 이용습관 형성교육 실시, 인터넷 중독 핫라인 운영, 청소년 캠프나 가족캠프 등 참여형 치료프로그램 개발, 체계적인 상담·치료 매뉴얼 및 상담프로그램 개발 정책 등이 있다(유관부처합동, 2010).

## 4. 사이버 공간이 청소년에게 미치는 영향

### 1) 사이버 공간의 긍정적인 영향

사이버 공간은 다음과 같은 점에서 청소년들에게 긍정적인 영향을 미친다(Valkenburg & Peter, 2009; 박성익·장정아, 2000).

첫째, 청소년들은 사이버 공간을 활용하여 새로운 기술을 보다 용이하게 얻을 수 있다. 청소년들은 인터넷을 통해 채팅을 하기도 하고, 온라인 활동을 자동화시켜 줄 수 있는 프로그램을 짜고, 자신들만의 웹페이지를 만들고, 동호회를 조직하여 활동하기도 한다. 이러한 사이버 공간에서의 활동은 또래집단 속에서 자기 지위를 격상시켜 주는 하나의 능력으로 인식되고 있다.

둘째, 청소년들은 인터넷을 이용함으로써 자신이 원하는 정보를 쉽게 그리고 다양하게 찾을 수 있다. 청소년들은 새로운 사실과 정보를 습득함으로써 자아정체감을 형성한다. 인터넷에는 청소년들이 활용할 수 있는 무한한 정보가 저장되어 있다. 인터넷은 거의 모든 주제들을 포괄하는 거대한 도서관이다.

셋째, 인터넷을 활용함으로써 청소년들은 국제적 감각을 획득할 수 있다. 사이버 공간은 청소년들이 전 세계에 있는 다른 청소년들과 만날 수 있는 기회를 제공한다. 많은 채팅방이나 뉴스그룹들이 국제적으로 구성되기도 한다. 그곳에서는 문화 간 토론이나 논쟁이 흔히 일어난다. 인터넷을 통해 다른 나라의 친구들로부터 그 나라에 있었던 일에 대해 듣는 것과 저녁뉴스에서 그 소식을 듣는 것은 심리적으로 다른 반응을 일으킨다.

넷째, 청소년들은 인터넷을 통하여 사회적 기술을 획득할 수 있고, 자아정체감을 탐색할 수 있다. 사이버 공간에서는 다양한 연령과 문화적 배경을 가진 사람들을 만나게 된다. 따라서 사이버 공간에서의 활동은 매우 다양한 사람들과 관계를 맺는 방법을 배울 기회가 되는 것이다. 이렇게 얻은 사회적 기술은 실생활에서도 적용될 수 있다. 또한 이들과의 교류를 통하여 청소년들의 관심과 지식의 폭이 넓어질 수 있다.

다섯째, 사이버 공간은 청소년들에게 자기의 정체성을 표현하고, 탐험하고, 실험하려는 요구를 충족시킬 수 있는 다양한 기회를 제공한다. 온라인 익명성의 장점은 현실세계에서는 드러내길 꺼려하던 자아의 측면들을 표현하고 논의할 수 있다는 장점이 있다. 또한 자기 홈페이지를 만드는 것도 자기 자신에 대해 무엇을 보여주고 말하고 싶은지를 깨닫게 만드는 훌륭한 연습이다. 머드게임의 환상적 세계 속에서도 청소년들은 숨어 있던 소망, 욕구 그리고 두려움이 포함된, 자신이 상상할 수 있는 모든 가상적 정체성을 실험의 대상으로 삼을 수 있다.

여섯째, 청소년들은 인터넷에서 다양한 친구를 사귈 수 있다. 청소년들이 사이버 공간을 이용하는 중요한 이유는 그곳에서 친구를 사귈 수 있기 때문이다. 인터넷에 들어가는 것만으로 어떤 집단에 소속될 수 있다. 청소년들은 인터넷에서 거의 모든 유형의 그룹을 만들거나 선택할 수 있다.

## 2) 사이버 공간의 부정적인 영향

사이버 공간이 청소년들의 지식과 사회적 기술을 증진시키는 등 긍정적인 측면이 많지만, 동시에 청소년들에게 바람직하지 않은 영향을 미치기도 한다(연문희, 2009).

첫째, 청소년들이 이용하는 정보가 청소년들에게 항상 유익하지만은 않다는 점이다. 인터넷에는 거의 무한한 정보가 존재한다. 그리고 인터넷에 존재하는 정보들 중에는 청소년들에게 유익한 것도 있지만, 그 근거가 명확하지 않거나 의도적으로 왜곡된 것이 있을 수도 있고, 음란물이나 폭력물처럼 청소년들에게 해로운 것도 많다.

청소년들이 찾아낼 수 있는 정보나 기술들 중에는 그들이 몰라도 되거나, 모르는 게 더 좋은 것들도 있다. 포르노그라피, 약물, 타인에게 폭력을 가하는 방법 등이 그것이다. 이런 것들은 청소년들이 접하지 않도록 방안을 마련해야 할 것이다. 그러나 금지해야 할지, 허용해야 할지 그 기준이 모호한 것들도 있다. 예를 들어, 어떤 청소년이 낙태나 동성애에 관하여 알고자 할 때 그들이 그런 정보를 얻게 내버려두어야 하는지 금지해야 하는지 모호하다. 사이버 공간이 가져온 정보의 홍수는 지식획득의 자유와 정보의 질적 통제, 그리고 정보에 대한 태도 및 가치관의 문제를 제기한다.

둘째, 사이버 공간은 익명성이 보장되어 있는 공간이기 때문에 어떤 청소년들은 대화방에서 상대방에게 모욕적인 말을 하거나 부적절한 성적 표현을 하는 등의 행동을 하기도 한다. 청소년이 표출하는 비행의 강도가 높을수록 그 청소년이 현실세계에서 겪는 문제도 많으며, 그들은 이러한 현실세계의 긴장을 해소하는 탈출구로서 인터넷을 사용하는 것이다. 이는 인터넷이 청소년에게 아무런 통찰이나 심리적 변화를 유발하지 못한 채 단순히 실생활에서 누적된 갈등과 좌절감의 분출구로서만 기능하는 것이다.

셋째, 청소년들이 사이버 공간에서 만날 수 있는 집단이 청소년들에게 유익한 것만은 아니다. 사이버 공간에는 청소년들에게 해로운 집단도 존재한다. 물론 현실공간에도 청소년에게 유익한 집단과 해로운 집단이 있는 것과 마찬가지이다. 그러나 현실세계에서 청소년들이 해로운 집단에 참여하기 위해서는 주위의 시선도 의식해야 하고, 그 집단에 직접 찾아가야 하는 등 여러 가지 제약이 따르지만 사이버 공간에서는 이런 집단에 가입하기 위해서 컴퓨터로 접속만 하면 된다는 것이 차이이다.

넷째, 청소년들이 인터넷을 이용할 때 인터넷 중독증에 걸리기도 한다. 사이버 공간은 청소년들의 다양한 욕구를 충족시켜줄 수 있기 때문에 청소년들이 사이버 공간에 중독될 가능성도 배제할 수 없다. 어떤 청소년들은 너무나 오랫동안 인터넷을 하기 때문에 실생활에 지장을 가져오기도 한다.

## 참고문헌


김형주(2012). 청소년의 디지털 활용문화 실태와 정책적 함의, **청소년시설환경, 10(4)**, 53-59.

박성익, 장정아(2000). **사이버 공간에서의 청소년 행동 특성 연구**. 서울: 한국간행물윤리위원회.

박수억, 김형주, 장근영(2011). **2011 청소년 매체 이용 실태 조사**. 여성가족부.

시사저널(1999). 이철현 <통신혁명 앞장선 무서운 아이들 'N세대'>, 3, 6/17, 62.

여성가족부(2011). **2011 청소년 백서**.

연문희(2009). 사이버 공간의 청소년 이해와 지도, **상담과 지도, 4**, 4-9.

유관부처합동(2010). **제 4차 청소년정책(수정·보완) 기본계획(2008-2012)**. 여성가족부.

유명만(2000). 하나로 세계로, 5/6, 16.

윤명희(2009). 청소년과 디지털 참여, **한국사회학, 43(5)**, 212-213.

이재현(2000). **인터넷과 사이버 사회**. 서울: 커뮤니케이션북스.

정용교(2000). 가상현실의 형성과 N세대의 사회·문화적 특징, **한국청소년개발원 연구보고, 20**, 9.

한국청소년개발원(2005). **청소년문화론**. 서울: 교육과학사.

홍성구(2009). 인터넷과 청소년문화. **푸른글터, 8**, 38-42.

Don Tapscott(1999). Growing Up Digital: The Rise of the Net Generation, **N세대의 무서운 아이들**. (허운나, 유영만 역), 서울: 물푸레.

Valkenburg, P. M., & Peter, J.(2009). Social consequences of the internet for adolescents: A decade of research. *Current Directions in Psychological Science, 18*, 1-5.

Chapter 12

# 건전한 청소년문화 육성을 위한 인성 프로그램

1. 인성의 의미
2. 생태학적 체계
3. 생태학적 체계에 따른 인성 프로그램의 구성요소 추출
3. 생태학적 체계에 근거한 인성 프로그램 실제
4. 맺는말

**건전한 청소년문화 육성을 위한 인성 프로그램**

1. 생태학적 체계에 근거한 인성 프로그램의 구성을 이해한다.
2. 생태학적 체계에 근거한 인성 프로그램의 실제를 이해한다.

요즈음 청소년들은 예측하기 힘든 급격한 사회변화와 물질적 풍요 속에 풍부한 감정과 폭넓은 인격의 접촉을 곤란하게 하는 비인간화 과정을 겪으며 성장하고 있다. 이는 날로 흉포화, 난폭화되어가는 청소년의 문제 경향성에서 그 측면을 엿볼 수 있다. 이에 우리사회는 청소년을 위한 인성교육의 시급함을 인식하고 다양한 형태의 인성교육을 시도하고 있으나(강미라, 2006; 인성계발연구회·이봉수, 2003) 큰 실효를 얻지 못하고 있다.

여기에는 여러 가지 이유가 있으나 지금까지 시행된 인성교육이 주로 도덕교육에 기초한 지식위주의 인지적 요소만을 지나치게 강조한데 그 원인을 찾아볼 수 있다(이항재, 1997; 최은희, 2007). 즉, 그동안 인성교육은 바람직한 인성이 무엇인지를 인식시키는 데만 주안점을 두었고, 바람직한 인성을 실천하도록 하는 태도의 측면은 도외시하였다.

이런 비판적 관점을 반영한 일부 연구들(계영애·강정원, 2001; 김병석, 1998; 조연순 외, 1998; Peters, 1966)은 인성교육에 태도 측면을 포함시킴으로써 정의적인 인성교육을 제공하였다. 즉, 인성교육에 정의적 요소를 부가시킴으로써 비인간화 과정에 노출되어 있는 청소년들에게 감성을 회복시키는 교육적 접근을 시도한 것이다. 그러나 그 교육적 실효를 밝히는 연구는 드물며, 있다 하더라도 인성의 질에 대한 변화보다는 정의적 측면의 긍정적 변화만을 부분적으로 밝히고 있을 뿐이다(김영임, 2006; Nuyen, 2008).

실제로 청소년은 자기 자신, 중요한 타인, 학교, 지역사회 등에서 비인간화 현상을 여과 없이 드러내고 있다(박성미, 2010)는 점을 감안해 보면, 지금과는 다른 접근의 인성교육이 제공되어야 할 필요가 있다.

한편, 청소년의 인성교육은 가정과 학교에서 주로 이루어져야 한다는 관점에 대하여 지금까지 큰 논란의 여지가 없다(김병석, 1998; 박태수, 1999). 그러나 급격한 사회변화는 '모성실조', '교실붕괴'와 같은 또 다른 현상들을 초래하면서 결과적으로 가정이나 학교에서의 인성교육 기능이 점점 약화되는 단면을 보이고 있다(이회능, 2000).

게다가 개방화사회는 청소년으로 하여금 세계문화에 접할 수 있는 기회를 제공해 주었지만, 분명한 기준의 부재 상황에서 이질적인 외래문화를 무분별하게 받아들여 가치관의 혼란, 주체성의 상실 등을 초래하고 있다. 이는 오히려 청소년으로 하여금 자아정체감 형성을 곤란케 하여 비인간화 현상을 부추기고 있는 것으로 나타나고 있다(박태수, 1999; Revell & Arthur, 2007). 이런 현상은 청소년을 위한 인성교육이 그 발달적 과업과의 관련성 속에서 인성교육의 주체, 이에 따른 인성교육의 내용을 재정립하여야 하며, 또한 그 접근 방법에 있어서도 새로운 변화가 모색되어야 할 것을 의미한다.

이는 청소년을 위한 인성교육이 비인간화 현상을 축소하고 보다 인간답게 하는 것이라면, 실제 삶 속에서 바람직한 행동을 할 수 있는 가치와 태도를 형성시켜 주는 '앎'과 '태도'의 방식으로서 인성교육이 이루어져야 함을 시사해 준다(Althof & Berkowitz, 2006). 즉, '사람으로서 갖추어야 할 바람직한 특성'을 인지적으로 아는 것뿐만 아니라 인간화된 환경 내에서 실천가능한 행위로 발현하도록 하는 정의적 측면의 인성교육이 요구된다.

이러한 관점에 비추어 볼 때 인성교육의 재정립을 위한 적절한 이론적 근거로서 Bronfenbrenner(1979)의 생태학적 체계를 고려해볼 만하다. 여러 연구들(박민정·최보가, 2004; Althof & Berkowitz, 2006)에 의하면, 생태학적 체계(미시체계, 중간체계, 외체계, 거시체계, 시간체계)는 청소년에게 직접적 환경으로부터 무형의 문화적 환경까지를 모두 포함하여 다양한 방식으로 상호작용하면서 청소년의 제 발달영역에 관여한다고 한다. 이는 청소년의 인성교육에 있어 그 주체를 자기 자신, 부모, 교사, 지역사회, 국가, 세계, 문화 등으로 확대시키고 그 범주의 특성에 따라 각기 다양한 내용으로서 인성을 회복시키는 교육의 내용으로 구안할 수 있다는 측면에서 적절한 대안이 되리라 생각한다.

이상과 같은 필요성과 시사점에 근거하여 이 장에서는 Bronfenbrenner (1979)의 생태학적 체계를 토대로 청소년으로 하여금 '앎'과 '태도'의 방식으로서 인성계발에 도움이 되는 프로그램을 제안하고자 한다(박성미, 2011).

## 1. 인성의 의미

인성이란 무엇인가를 명확히 정의내리기란 힘들다. 그것은 인성이란 용어가 그동안 성격, 기질 그리고 인격 등의 용어와 서로 혼용되어 왔고 제대로 정의하려는 노력도 게을리 하였기 때문이라고 보여진다(조연순, 2007). 즉, 지금까지 대개 인성은 성격이나 기질 그리고 인격 등으로 구분되어 이해되거나 어떤 면에서는 이러한 개념들의 상위개념으로 이해되고 있는가 하면, 또 다른 면에서는 감정이나 정서, 인간관계, 가치관 등을 지칭하는 것으로 이해되는 등 매우 모호하고 추상적인 측면에서 연구되어 왔다.

그러나 최근에는 인성을 인간의 정의적 행동, 책임감, 인내심, 타인이해, 좌절극복, 폭력 사용하지 않기, 불안감 극복, 행동하기 전에 생각하기 등 과거보다 인성의 개념이 포괄적으로 그리고 구체화되어 제시되고 있기도 하다(곽정환, 2003; 김경숙, 2007; Ellison, 2002).

이 장에서는 인성의 개념을 개인의 심성, 성격 및 인격을 포괄적으로 통합하는 개념으로서 인성이란 인간이 개인적으로 갖추어야 할 바람직한 심성과 사회적으로 갖추어야 할 가치 있는 인격 및 행동 특성으로 정의해 보고자 한다. 그리고 이런 관점에서 인성교육이란 "사람으로서 갖추어야 할 바람직한 특성을 발달시키는 교육"이라고 정의할 수 있다.

## 2. 생태학적 체계

청소년의 인성을 계발시키기 위한 교육은 청소년 시기의 발달과업을 고려함과 아울러 이들을 둘러싸고 있는 생태학적 체계를 고려해야 할 것을 강조한다(이상균, 2005; Keum, Kim, Kang & An, 2000; Skaggs & Bodenhorn, 2006). 이는 인간의 제 발달영역이 생태학적 체계와의 상호작용 속에 비롯되기 때문이다. 실제로 청소년의 환경적 요소를 배제한 일부 연구들(김세실, 2008; 박혜경·최외선, 2006)은 그 효과가 일회적이라는 점을 지적하고 있다. 그러므로 청소년의 문제를 대처하고 예방하는 데 있어 생태학적 체계는 청소년의 인성교육을 위한 또 다른 대안으로서 그 적절한 이론적 근거로 고려해 볼 만하다.

Bronfenbrenner(1979)의 생태학적 체계는 크게 다섯 가지로 미시체계, 중간체계, 외체계, 거시체계, 시간체계 등으로 분류된다. 이것들은 개인을 둘러싸고 있는 직접적 환경으로부터 개인이 살고 있는 무형의 문화적 환경까지를 모두 포함하고 있다. 여기서 미시체계, 중간체계, 외체계는 인성발달에 직접적으로 관여하는 환경이다. 거시체계와 시간체계는 미시체계, 중간체계, 외체계에 포함된 모든 요소에다 개인이 살고 있는 문화적 환경까지 포함한 것으로 이 체계들은 다른 체계들보다 안정적이지만, 때로는 사회변화에 따라 변할 수 있는 체계로 그 시대를 반영한 신념, 태도, 전통 등을 통해 개인에게 영향을 미친다.

그러므로 청소년의 인성교육을 위한 프로그램에서는 청소년으로 하여금 자신의 정체감을 확립하고, 건전하고 조화로운 인성을 형성함으로써 양식있는 행동을 하는 개인으로 성장시키는 데 주안점을 두고 있다. 이에 청소년에게 가장 직접적인 영향을 미치는 미시체계, 중간체계, 외체계를 중심으로 인성교육의 그 내용적 요소를 고찰해 볼 수 있다.

먼저, 생태학적 체계 중 미시체계는 여러 생태학적 체계 속에 존재하지만 환경으로부터 수동적으로 영향을 받는 존재가 아니라 환경을 능동적으로 구성하는 주체로 보아야 한다(정옥분, 2006). 이런 관점에서 볼 때 미시체계에서는 자신을 바로 세우는 데 필요한 인성을 함양해야 한다는 점을 시사 받을 수 있다.

다음으로 중간체계는 미시체계들 간의 상호관계, 즉 환경과의 관계를 말한다. 이를테면, 부모 및 형제관계, 이웃 및 친구관계 등이다(박민정·최보가, 2004; Althof & Berkowitz, 2006). 일반적으로 이 체계들 간의 관계가 밀접하면 할수록 건전한 인성발달이 진행된다고 본다(이석재, 1998; 정태인·유홍준, 2002). 이런 관점에서 볼 때 중간체계에서는 더불어 함께 사는 데 필요한 인성을 함양해야 한다는 점을 시사받을 수 있다.

마지막으로 외체계는 개인이 직접 참여하지는 않지만, 개인에게 영향을 미치는 사회적 환경을 의미한다. 이를 테면, 정부, 지역사회, 대중매체, 직업세계 등이 포함된다(오해섭·우영주, 2006; Althof & Berkowitz, 2006). 이런 관점에서 볼 때 외체계에서는 국가 및 세계시민으로서 폭넓은 교양의 인성을 함양해야 한다는 점을 시사받을 수 있다.

이상으로 Bronfenbrenner(1979)의 생태학적 체계는 '앎'과 '태도'의 방식으로서 인성 프로그램의 기본적인 구조가 된다.

## 3. 생태학적 체계에 따른 인성 프로그램의 구성요소 추출

Bronfenbrenner(1979)의 생태학적 체계에 근거한 인성 프로그램의 내용을 구안하기 위하여 인성교육 및 인성계발과 관련된 문헌, 신간도서 및 요구분석을 하였다.

### 1) 생태학적 체계에 따른 문헌 분석

청소년의 인성교육 요소를 추출하기 위하여 Bronfenbrenner(1979)의 생태학적 체계에 근거하여 인성교육 혹은 인성계발과 관련된 문헌을 분석하였고, 그 내용은 **표 12-1**에 제시되어 있다.

먼저 김낙구(1997)는 인성교육을 좁은 의미로 도덕 논리교육의 한 부분으로 보았으며, 넓은 의미에서는 도덕적·논리적 인간을 육성하는 교육으로 보았다. 이에 인성교육은 미시체계적 관점에서 인간의 선한 인격을 키워야 한다는 것에 주안점을 두고 있다. 이와 유사한 입장으로 허경철(1994)은 인성교육을 '덕성을 바탕으로 능력과 교양을 겸비한 인간교육'이라고 하였다(박행모, 2003 재인용). 이는 주로 인성교육의 요소를 미시체계적 관점에서 도덕교육의 맥락으로 이해하고 있음을 알 수 있다. 좀 더 보완된 관점을 살펴보면, 인성교육에 있어 정의적 요소가 감안되고, 더 나아가 중간체계적 관점에서 인간의 덕목이 논의되었다. 대표적으로 박태수(1999)는 인성교육의 결과로서 존경, 친근감, 책임감, 자신감, 참을성, 공정, 지혜와 같은 덕목을 제시하였으며, 이는 곧 인성교육의 내용적 요소로 보았다. 이와 유사한 맥락으로 남궁달화(2002)도 중간체계를 포함하여 마음의 발달을 위한 정서교육, 자아실현을 위한 가치교육, 더불어 살기 위한 도덕교육 등이라고 하였다.

**표 12-1** 문헌분석에 의한 인성계발 관련 변인

| 구분 | 미시체계 | 중간체계 | 외체계 |
|---|---|---|---|
| 김낙구 (1997) | • 선한 인격 | • 해당사항 없음 | • 해당사항 없음 |
| 허경철 (1994) | • 덕성을 바탕으로 능력과 교양을 겸비한 인간교육 | • 해당사항 없음 | • 해당사항 없음 |
| 박태수 (1999) | • 존경, 친근감, 책임감, 자신감, 지혜 등을 제안 | • 공정 | • 해당사항 없음 |
| 남궁달화 (2002) | • 마음의 발달 정서교육<br>• 자아실현 가치교육 | • 더불어 살기 위한 도덕교육 | • 해당사항 없음 |
| 손봉호 (1996) | • 개인의 자아발견, 심미적 소양, 긍정적 생활태도, 도덕적 책임의식, 도덕적으로 일관성 있게 행동할 수 있는 판단력 등 | • 정의와 선악의 분명한 구별<br>• 다른 사람에 대한 이해와 동정 | • 우주, 사회에서 자신의 위치 인식<br>• 사회의식과 희생정신<br>• 인권과 정의의 존중 |
| Huchins (1917) | • 자기통제, 건강, 자립, 의무, 신뢰, 진리 등 | • 협동<br>• 친절 | • 스포츠맨십<br>• 노동정신 |

손봉호(1996)는 미시체계, 중간체계, 외체계를 모두 포함하여 인성교육의 요소를 제안하고 있다. 즉, 인성교육의 내용으로 개인의 자아발견, 우주와 사회에서 자신의 위치 인식, 심미적 소양, 긍정적 생활태도, 정의와 선악의 분명한 구별, 도덕적 책임의식, 도덕적으로 일관성 있게 행동할 수 있는 판단력과 용기, 다른 사람에 대한 이해와 동정, 사회의식과 희생정신, 인권과 정의의 존중 등이 포함되어 있다.

한편, 국외 연구에서는 미시체계, 중간체계, 외체계를 모두 포함한 인성교육을 강조하고 있다. 대표적으로 Huchins(1917)는 바른생활을 위한 10가지 규칙으로 자기통제, 건강, 친절, 스포츠맨십, 자립, 의무, 신뢰, 진리, 노동정신, 협동 등을 제안하고 있다(박행모, 2003 재인용).

## 2) 생태학적 체계에 따른 신간도서 분석

청소년의 인성교육 요소를 추출하기 위하여 Bronfenbrenner(1979)의 생태학적 체계에 근거하여 청소년의 인성함양을 목적으로 출판된 신간도서(2000년 이후에 출판된 도서)를 분석하였고, 그 내용은 표 12-2에 제시되어 있다.

먼저, 황상규(2009)는 미시체계적 관점에서 도전하는 청소년을 위한 일곱가지 덕목으로서 자신감, 지혜, 고마운 실패, 기다림의 열매 등을 제시하고 있다. 이빙(2005) 역시 자기계발에 주된 관점을 두고 있어 미시체계적 관점에서 인성교육의 주된 요소를 제안하고 있는데, 풍요로운 인생을 위한 인간으로서 꼭 갖추어야 할 요건으로 의지, 자신감, 학습, 부지런함, 지혜, 우정, 사랑, 수양, 생활과 행복 등을 언급하고 있다.

반면에 이충호(2008)는 주로 미시체계와 중간체계적 관점에서 자신의 인격 수양에 주된 초점을 두고 인성교육의 내용 요소를 제안하고 있다. 특이한 점은 인성적 요소에 능력(창의력, 집중력)도 포함시키고 있으며, 외체계에 대한 관심은 전혀 없는 것으로 나타났다. 또한 Dale Canegie(2008)는 성공 사례를 중심으로 청소년이 겸비해야 할 덕목을 제안하고 있는데, 주로 중간체계와 관련된 덕목이다.

한편 파멜라 에스페랜드(2003)는 인성계발의 주된 요소를 개인의 내면세계에만 집중하지 않고, 중간체계와 외체계로의 관심을 확대하여 10대를 행복하게 만드는 각종 체크리스트(검사도구)를 통해 청소년이 갖추어야 할 인성의 요소를 제시하고 있다. 그리고 김정진(2008)은 태도의 측면을 강조하며 미시체계, 중간체계, 외체계에 해당되는 인성교육의 내용을 제안하고 있다.

표 12-2 신간 도서분석에 의한 인성계발 관련 변인

| 구분 | 미시체계 | 중간체계 | 외체계 |
|---|---|---|---|
| 황상규 (2009) | • 멋진 인생을 만드는 자신감<br>• 솜씨있는 지혜<br>• 고마운 실패<br>• 기다림의 열매: 때<br>• 사람을 모으는 기술: 덕<br>• 부드러움이 이긴다: 중용 | • 해당사항 없음 | • 해당사항 없음 |
| 이충호 (2008) | • 용기, 희망, 인내, 노력, 의지, 끈기, 개성, 지혜, 창의력, 집중력, 신용, 극기, 은혜, 시간, 청렴, 책임감, 존재가치, 성실, 정직, 겸손, 양심, 습관 | • 스승, 예의, 선행, 헌신, 봉사, 효도, 인간관계, 만남, 우정, 용서 | • 해당사항 없음 |
| Dale Canegie (2008) | • 비난, 비판, 불평하지 마라<br>• 실수를 인정하라 | • 사람들을 대하는 비밀<br>• 상대방 마음을 움직이는 101가지 설득 | • 해당사항 없음 |
| 이빙 (2005) | • 의지, 자신감, 학습, 지혜 부지런함, 수양, 생활, 행복 | • 우정, 사랑 | • 해당사항 없음 |
| 파멜라 에스페랜드 (2003) | • 행복한 나를 만들기<br>• 성공적인 미래를 설계하기<br>• 나를 발전시키기<br>• 행복한 인생을 살기 | • 행복한 인간관계<br>• 즐거운 학교생활 | • 행복한 세상 만들기<br>• 세상과 소통하기 |
| 김정진 (2008) | • 비전, 열정, 의지, 사고력, 자기관리, 마음 자세, 실천 | • 인간관계<br>• 사랑과 이해 | • 공동체 |

## 3) 생태학적 체계에 따른 요구분석

청소년의 인성교육 요소를 추출하기 위하여 Bronfenbrenner(1979)의 생태학적 체계에 근거하여 청소년, 청소년상담자를 대상으로 요구분석을 하였고[1], 그 내용은 표 12-3에 제시되어 있다.

**표 12-3 요구분석에 의한 인성계발 관련 변인**

| 구분 | 미시체계 | 중간체계 | 외체계 |
|---|---|---|---|
| 중등 학생 65명 | • 정체감 형성<br>• 자기표현, 인내심 함양<br>• 술, 담배 예방 교육<br>• 인권교육, 독서권장<br>• 기초생활교육<br>• 학교폭력 예방교육 | • 예절교육<br>• 타인을 이해, 배려<br>• 가족과의 소통프로그램<br>• 원만한 교우관계형성<br>• 인간관계의 중요성 | • 해당사항 없음 |
| 학교 상담사 10명 | • 자기 표현<br>• 긍정 감정 표현하기<br>• 자신을 존중, 사랑하기<br>• 분노 조절, 자기 통제<br>• 용서, 가치관 교육 | • 사회구성원의 역할, 책임<br>• 봉사, 협동, 배려<br>• 타인 사랑, 배려하기<br>• 많은 사람들의 거부당하는 것 경험하기 | • 생명의 존엄성 및 인류의 가치<br>• 환경/미래에 대한 책임<br>• 공동체 사회인식 도모 |

먼저 청소년들은 청소년의 인성계발을 위한 교육 프로그램에 포함되어야 할 요소로 미시체계적 관점에서 정체감 형성, 자기표현(진실한 자신의 생각과 감정을 표현할 수 있도록 도모), 인내심 함양, 성교육, 술, 담배 예방 교육, 자살 예방, 인권교육, 독서권장, 기초생활교육(에티켓), 학교폭력 예방교육 등을 제안하였다. 이는 대개 청소년으로 하여금 문제가 되는 요소를 예방 혹은 감소시키는 것과 부분적으로 자기성장을 촉진시키는 것을 청소년들이 바라보는 인성교육의 내용이라는 점을 알 수 있다. 그리고 중간체계적 관점에서는 예절교육(어른공경, 언어예절, 도덕), 타인을 이해, 배려, 왕따 예방, 가족과의 소통프로그램, 원만한 교우관계형성 도모 등을 제안하였다. 이

1) 2010년 3월 P, U, K시 지역에 소재한 청소년 관련기관에서 주관하는 프로그램에 참여한 청소년 65명[중3학년 35명(남 20명, 여 15명), 고1학년 30명(남 15명, 여 15명)]과 5년 이상의 경력을 소지하며 교육학 석사 학위 소지자인 청소년상담사 10명(5년 이상 경력직으로서 여 6명, 남 4명)을 대상으로 '청소년의 인성계발을 위한 교육 프로그램을 개발하려 한다면, 그 교육내용에 반드시 포함되어야 할 요소는 무엇이라고 생각합니까?'라는 반구조화된 질문지에 응답하도록 함

는 청소년들이 사회적 존재로서 기능하고 역할을 해야 함을 인식하고 있으며, 청소년으로 하여금 사회적 관계에서 가장 큰 영향을 미치는 대상들과의 관계 기술 향상을 인성교육의 주된 내용으로 인식하고 있음을 알 수 있다. 그러나 외체계적 관점에서는 인성교육으로 포함해야 할 요소를 전혀 고려하지 않는 것으로 나타났다.

다음으로, 학교상담사는 미시체계적 관점에서 자기표현, 긍정적인 방법으로 감정(부정적인 감정) 표현하기, 자신을 존중하고 사랑하기, 분노 조절, 자기 통제, 용서, 가치관 교육, 자기비전 등을 제안하였다. 그리고 중간체계적 관점에서는 사회구성원으로서의 역할과 책임, 봉사, 협동, 배려, 자신을 사랑하는 만큼 타인도 사랑하기, 상대방을 존중하고 배려하기, 많은 사람들의 거부당하는 것 경험하기(집단 활동으로) 등을 제안하였다. 또한 외체계적 관점에서는 생명의 존엄성 및 인류의 가치, 환경과 미래에 대한 책임 등을 제안하였다.

## 4) 생태학적 체계에 근거한 인성 프로그램의 구안

문헌 및 신간도서 분석을 종합해 볼 때 그동안 청소년을 위한 인성교육의 내용 요소는 주로 인지적 및 정의적 측면에서 미시체계에 집중된 교육이 제공되었음을 알 수 있다. 또한 요구분석을 살펴보면, 청소년 역시 인지적 및 정의적 측면에서 미시체계적 접근에 익숙해 있는 반면, 학교상담사는 미시체계, 중간체계, 외체계를 모두 포함한 인성교육의 차원을 제안하고 있다. 이는 아마도 학교상담사들이 청소년의 문제예방, 문제해결 및 성장을 조력하는 전문가이므로 이에 대한 요구가 반영된 것이라 생각된다. 이러한 분석 결과는 비인간화 되어가는 청소년들로 하여금 무엇보다 타인의 관점을 이해하고 배려할 줄 아는 중간체계와 사회적 존재로서 외부 환경과의 상호작용을 통한 끊임없는 성장을 유지시키는 외체계적 관점에서의 인성교육이 더욱 필요하다는 것을 시사해 준다. 그러므로 문헌연구, 도서분석, 요구분석을 근거로 하여 생태학적 하위체계에 따른 인성계발 관련 변인의 공통 요소를 정리하면 표 12-4와 같다.

**표 12-4 생태학적 체계의 구조에 따른 관련 변인들**

| 구분 | 관련 학자 | 하위체계별 인성계발 관련 변인 (공통 요소) |
|---|---|---|
| 미시체계 | 김낙구(1997), 박태수(1999), 허경철(1994), 남궁달화(2002), 손봉호(1996), 이충호(2008), 이빙(2005), 파멜라 에스페랜드(2003), 김정진(2008), Huchins(1917) | • 자신감, 자기존중(자기발견, 자아실현, 존재가치, 행복한 나를 만들기, 긍정적 생활태도, 마음 발달)<br>• 근면(부지런함, 노력)<br>• 성실(끈기, 인내)<br>• 정직(양심, 책임감)<br>• 자기계발(성공적인 미래설계, 나를 발전시키기, 행복한 인생을 살기, 자율적 문제해결) |
| 중간체계 | 남궁달화(2002), 손봉호(1996), 이충호(2008), Dale Canegie(2008), 이빙(2005), 김정진(2008) 파멜라 에스페랜드(2003) | • 가족애(효도, 우애, 가족과의 소통)<br>• 타인에 대한 존중 및 관용(예의, 우정, 용서, 만남, 인간관계, 사랑, 타인사랑, 행복한 인간관계, 즐거운 학교생활)<br>• 공동선의 추구(선행, 헌신)<br>• 준법 및 책임(사회구성원으로서의 역할과 책임, 더불어 살기)<br>• 협력(협동력 증진, 봉사) |
| 외체계 | 손봉호(1996), Huchins(1917), 파멜라 에스페랜드(2003), 김정진(2008) | • 나라사랑<br>• 세계 공동체 의식(생명의 존엄성 및 인류의 가치)<br>• 세상과 소통하기<br>• 행복한 세상 만들기<br>• 환경과 미래에 대한 책임 |

먼저, 미시체계와 관련 있는 인성계발 변인들로는 자신감, 자기존중(자기발견, 자아실현, 존재가치, 행복한 나를 만들기, 긍정적 생활태도, 마음 발달), 근면(부지런함, 노력), 성실(끈기, 인내), 정직(양심, 책임감), 자기계발(성공적인 미래설계, 나를 발전시키기,

행복한 인생을 살기, 자율적 문제해결) 등이 포함될 수 있다(김낙구, 1997; 김정진, 2008; 남궁달화, 2002; 박태수, 1999; 손봉호, 1996; 이빙, 2005; 이충호, 2008; 파멜라 에스페랜드, 2003; 허경철, 1994; Huchins, 1917).

다음으로 중간체계와 관련 있는 인성계발 변인들로는 가족애(효도, 우애, 가족과의 소통), 타인에 대한 존중 및 관용(예의, 우정, 용서, 만남, 인간관계, 사랑, 타인사랑, 행복한 인간관계, 즐거운 학교생활), 공동선의 추구(선행, 헌신), 준법 및 책임(사회구성원으로서의 역할과 책임, 더불어 살기), 협력(협동력 증진, 봉사) 등이 포함될 수 있다(김정진, 2008; 남궁달화; 2002; Dale Canegie, 2008; 손봉호, 1996; 이빙, 2005; 이충호, 2008; 파멜라 에스페랜드, 2003). 마지막으로 외체계와 관련 있는 인성계발 변인들로는 나라사랑, 세계 공동체 의식(생명의 존엄성 및 인류의 가치), 세상과 소통하기, 행복한 세상 만들기, 환경과 미래에 대한 책임 등이 포함될 수 있다(김정진, 2008; 손봉호, 1996; 파멜라 에스페랜드, 2003; Huchins, 1917).

## 4. 생태학적 체계에 근거한 인성 프로그램 실제

### 1) 프로그램의 목표와 구성원리

#### (1) 목표

본 프로그램의 목표는 청소년으로 하여금 '앎'과 '태도'의 방식으로서 인성을 함양시키는 것이다. 즉 '사람으로서 갖추어야 할 바람직한 특성을 발달시키는 인성 교육'으로서 청소년으로 하여금 생태학적 체계와 원만한 상호작용에서 실천가능한 행위로 발현하도록 하는데 그 궁극적인 목적을 두고 있다.

### (2) 구성원리

본 프로그램은 인성을 발전시키는 특성을 아는 것뿐만 아니라 실천하는 데 더 큰 강조점을 두고 있다. 즉, 사고의 과정보다는 결과로서의 행동 변화에 초점을 두며, 사회의 보편적인 가치의 내면화를 더욱 강조하였다. 이는 도덕적인 원리의 학습보다는 도덕적인 미덕의 실천을, 그리고 도덕적인 사고나 판단 능력의 발달보다는 사회의 보편적인 가치의 사회화를 보다 강조한 것이다. 이상으로 본 프로그램은 앞에서 논의된 이론적 근거를 토대로 **그림 12-1**과 같이 구성할 수 있다.

| 미시체계 | | 중간체계 | | 외체계 | |
|---|---|---|---|---|---|
| 자신을 세우는 인성 | | 더불어 사는 인성 | | 세계시민으로의 인성 | |
| 1 | 자기존중 | 6 | 가족애 | 11 | 나라 사랑 |
| 2 | 근면 | 7 | 타인 존중/관용 | 12 | 세계 공동체 |
| 3 | 성실 | 8 | 공동선의 추구 | 13 | 세상과 소통 |
| 4 | 정직 | 9 | 준법/책임 | 14 | 행복한 세상 |
| 5 | 자기계발 | 10 | 협력 | 15 | 환경, 미래 책임 |

거시체계와 시간체계 속의 변화 : 실천하는 바른 인격체

**그림 12-1** 프로그램의 목표와 구성원리

## 2) 프로그램의 내용

본 프로그램의 구체적인 내용은 주제별로 '미시체계 접근으로서 자신을 바로 세우는 데 필요한 인성(1~5회기)', '중간체계 접근으로서 더불어 함께 살아가는 데 필요한 인성(6~10회기)', '외체계 접근으로서 국가 및 세계 시민으로서의 바람직한 삶과 관련된 인성(11~15회기)'으로 나뉘어져 있으며, 세부적으로는 전체 15회기로 구성하였다. 그 구체적인 실시를 위한 회기별 개요는 표 12-5와 같다.

**표 12-5 프로그램의 회기별 개요**

| 체계 | 주제 | 회기 | 소제 | 목표 및 세부내용 | 세부활동 |
|---|---|---|---|---|---|
| 미시체계 | 자신을 바로 세우는 인성 | 1 | 자기존중 | • 개인은 이 세상에 하나밖에 없는 소중한 존재로서 당연히 존중받아야 할 가치로운 존재임을 깨닫도록 함<br>• 자기존중감을 향상시키기 위한 방법을 찾고 실천하도록 동기부여. 더 나아가 긍정적인 생활태도를 발전시키고, 행복한 '자기'를 만들어 가도록 함 | • 자기 신뢰도 테스트<br>• '내가 가진 장점과 나의 특별한 능력 30가지'를 작성 |
| | | 2 | 근면 | • 부지런히 힘씀에 대한 의미를 검토. 이를 위한 실력을 키우는 끊임없는 자기관리능력을 함양<br>• 부지런함, 노력 등의 중요성을 함께 다룸 | • 속담을 통한 근면을 이해<br>• 근면을 실천하기 위한 세 가지 전략 |
| | | 3 | 성실 | • 정성스럽고 착함의 의미를 검토, 주어진 장에서 최선을 다하는 행동을 습득하고 또한 실패를 두려워하지 않는 도전의식을 갖추도록 함<br>• 끈기, 인내 등의 중요성을 함께 다룸 | • '성실'에 대한 자기 평가<br>• 성실을 실천하기 위한 전략 |
| | | 4 | 정직 | • 마음이 바르고 곧다는 것에 대한 의미를 검토, 정직하게 사는 삶으로 인한 유익을 찾아보고, 자신의 삶을 정직한 삶으로 조명해가도록 함<br>• 더 나아가 양심적이며 자신에 대하여 책임지는 의식을 갖도록 함 | • 컨닝 사례를 통해 '정직'의 중요성을 이해<br>• 정직을 실천하기 위한 전략 |

| 체계 | 주제 | 회기 | 소제 | 목표 및 세부내용 | 세부활동 |
|---|---|---|---|---|---|
| | | 5 | 자기계발 | • 자기성향에 맞는 학습태도와 진로계획을 설정하도록 함<br>• 미래를 설계하고 이를 실천하며 자기성장을 스스로 도움으로서 발전시키고 아울러 행복한 인생을 계획하도록 조력 및 자율적 문제해결 능력을 함양하도록 함 | • 자기계발의 이해 및 목적<br>• 다양한 자기계발의 요소 이해<br>• 자기계발을 위한 실천전략 |
| 중간체계 | 더불어 함께 하는 인성 | 6 | 가족애 | • 가족 기능의 전반적인 약화·축소에도 불구하고 가족은 개인의 가장 큰 정서적 지지원임을 인식하여, 가족의 긍정적 혹은 부정적 변화를 성장의 기회로 활용할 수 있도록 함<br>• 효도, 우애, 가족과의 소통을 다룸 | • 가족의 기능과 형태의 변화를 이해<br>• 우리 가족의 변화<br>• '아버지의 목소리' 시 낭송 및 아버지에 대한 공감 |
| | | 7 | 타인존중 및 관용 | • 존중은 인간 그 자체를 가치롭고 소중히 여기는 마음이며, 개개인의 서로 다름을 인정하는 것임을 이해<br>• 사람을 객관적으로 보고자 노력하고 사람 보는 안목을 스스로 살펴서 올바른 인간관계를 정립하는 계기 마련<br>• 행복한 인간관계의 유지, 인간관계에서 만남의 의미, 이타주의의 가치로움, 예의, 용서 등의 내용을 다룸 | • 사람을 바로 보는 성찰<br>• 타인존중을 위한 자기성찰 |
| | | 8 | 공동선의 추구 | • 건강하고 조화로운 사회를 유지하기 위한 공동선의 의미를 새겨보고, 공동선의 실천 덕목을 선정하여 공동체 내의 실천적 주체가 되도록 동기를 부여<br>• 사랑의 실천으로서 선행과 헌신에 대한 가치로움을 다룸 | • 공동선의 이해<br>• '인류최후의 생존자' 게임을 통해 공동선의 의미를 내면화 |
| | | 9 | 준법 및 책임 | • 사회적 존재로서 준수해야 할 규범 및 규칙 준수, 사회적 역할 분업자로서의 직무수행에 대한 책임의식 등을 검토함으로써 사회적으로 책임지는 행동을 습득<br>• 사회구성원으로서의 역할과 책임, 더불어 살기 등의 내용을 다룸 | • 우리의 역할과 책임<br>• 법의 지배가 갖는 의미 |
| | | 10 | 협력 | • 개인마다 차이가 있음을 인정하고 나와 다른 모습의 사람을 기꺼이 수용하려는 열린 사고로 함께하려는 공동체 의식을 습득 | • 협력의 이해<br>• '조각 만들기' 활동을 통해 협력을 체득 |

| 체계 | 주제 | 회기 | 소제 | 목표 및 세부내용 | 세부활동 |
|---|---|---|---|---|---|
| 외체계 | 세계시민으로의 인성 | 11 | 나라사랑 | • 우리나라 국민으로서의 의식, 국가적 과제 인식 및 해결점을 모색하되 세계시민으로서 열린 나라사랑을 이해 | • 나라사랑의 의미<br>• '미래일보 만들기' 활동 |
| | | 12 | 세계 공동체 의식 | • 인종차별, 민족주의 등의 편협적 사고를 지양하고 세계 공동체 의식으로서 존엄성 및 인류의 소중한 가치를 이해 | • 불평등 혹은 인종차별로 인해 겪은 경험 나누기<br>• 다문화권 다인종에 대하여 우리가 가진 고정관념은?<br>• 고정관념 바꾸어 표현하기 |
| | | 13 | 세상과 소통하기 | • 세계 시민으로서의 성숙한 소통문화를 정착화시키기 위하여 진정한 소통의 방식을 이해 | • 세계 시민의식 이해<br>• 소통의 방식을 연습하기 |
| | | 14 | 행복세상 만들기 | • 비평화적 사회의 위험성을 인식하고, 인류가 추구하는 평화를 실현하기 위한 인식을 구체화하여 실천 방안을 구현 | • 평화를 이해하기 위한 다양한 접근<br>• 평화실현을 위한 실천적 노력 |
| | | 15 | 환경, 미래에 대한 책임 | • 대기오염, 수질오염, 토양오염 등 현시점에서의 문제점을 인식하고 이를 대처하며 예방하기 위한 노력을 습득<br>• 미래의 책임의식을 갖고 환경을 보호하는 실천 운동 | • '인류에 대한 이스터 섬' 사례<br>• 환경오염에 대한 조사내용 나누기 |

### (1) 미시체계: 자신을 바로 세우는 인성

1단계는 미시체계적 접근으로서 자신을 바로 세우는 인성 덕목을 습득한다. 이를 위하여 1회기는 자기존중, 2회기는 근면, 3회기는 성실, 4회기는 정직, 5회기는 자기계발 등으로 구성되어 있다. 구체적으로 각 회기의 목표를 살펴보면 다음과 같다. 1회기의 목표는 인간은 이 세상에 하나밖에 없는 소중한 존재로서 당연히 존중받아야 할 가치로운 존재임을 깨

달도록 한다. 2회기의 목표는 부지런히 힘씀에 대한 의미를 검토하고, 이를 위한 실력을 키우는 끊임없는 자기관리능력을 함양한다. 3회기의 목표는 정성스럽고 착함의 의미를 검토하며, 주어진 장에서 최선을 다하는 행동을 습득하고 또한 실패를 두려워하지 않는 도전의식을 갖추도록 한다. 4회기의 목표는 마음이 바르고 곧다는 것에 대한 의미를 검토하고, 정직하게 사는 삶으로 인한 유익을 찾아보고, 자신의 삶을 정직한 삶으로 조명해가도록 한다. 5회기의 목표는 자신의 성향에 맞는 학습태도와 진로계획을 설정하여, 이를 실천하며 자기성장을 스스로 돕도록 한다.

### (2) 중간체계: 더불어 함께 살기 위한 덕목

2단계는 중간체계적 접근으로서 더불어 함께 살기 위한 인성 덕목을 습득한다. 이를 위하여 6회기는 가족애, 7회기는 타인존중 및 관용, 8회기는 공동선의 추구, 9회기는 준법 및 책임, 10회기는 협력 등으로 구성되어 있다. 구체적으로 각 회기의 목표를 살펴보면 다음과 같다. 6회기의 목표는 가족 기능의 전반적인 약화·축소에도 불구하고 가족은 개인의 가장 큰 정서적 지지원임을 인식하여, 가족의 긍정적 혹은 부정적 변화를 성장의 기회로 활용할 수 있도록 한다. 7회기의 목표는 자신을 진정으로 사랑하고 존중하는 사람은 타인도 사랑하며 수용할 수 있는 힘이 발생된다. 자신을 사랑하고 존중하는 것을 깨우쳤다면, 이를 기초로 타인을 사랑하고 수용하는 방법을 습득한다. 8회기의 목표는 건강하고 조화로운 사회를 유지하기 위한 공동선의 의미를 새겨보고, 공동선의 실천 덕목을 선정하여 공동체 내의 실천적 주체가 되도록 동기를 부여한다. 9회기의 목표는 사회적 존재로서 준수해야 할 규범 및 규칙 준수, 사회적 역할 분업자로서의 직무수행에 대한 책임의식 등을 검토함으로써 사회적으로 책임지는 행동을 습득한다. 10회기의 목표는 개인마다 차이가 있음을 인정하고 나와 다른 모습의 사람을 기꺼이 수용하려는 열린 사고로 함께하려는 공동체 의식을 습득(팀워크 형성)한다.

### (3) 외체계: 세계시민으로의 교양 덕목

3단계는 외체계적 접근으로서 세계 시민으로의 교양덕목을 습득한다. 이를 위하여 11회기는 나라사랑, 12회기는 세계 공동체 의식, 13회기는 세상과 소통하기, 14회기는 행복세상 만들기, 15회기는 환경, 미래에 대한 책임 등으로 구성되어 있다. 구체적으로 각 회기의 목표를 살펴보면 다음과 같다. 11회기의 목표는 우리나라 국민으로서의 의식, 국가적 과제 인식 및 해결점을 모색하되 세계시민으로서 열린 나라사랑을 이해한다. 12회기의 목표는 인종차별, 민족주의 등의 편협적 사고를 지양하고 세계 공동체 의식으로서 존엄성 및 인류의 소중한 가치를 이해한다. 13회기의 목표는 세계 시민으로서의 성숙한 소통문화를 정착화 시키기 위하여 진정한 소통의 방식을 이해한다. 14회기의 목표는 비평화적 사회의 위험성을 인식하고, 인류가 추구하는 평화를 실현하기 위한 인식을 구체화하여 실천 방안을 구현한다. 15회기의 목표는 자연환경에 대한 사랑을 실천한다. 대기오염, 수질오염, 토양오염 등 현시점에서의 문제점을 인식하고 이를 대처하며 예방하기 위한 노력을 습득한다. 더불어 미래의 책임의식을 갖고 환경을 보호하는 실천운동을 한다.

## 3) 프로그램의 운영 및 지침

본 프로그램은 회기별 120분을 기준으로 집단지도 혹은 집단상담으로 운영하는 것이 더 효과적이다. 이는 제한된 시간에 많은 학습자를 대상으로 한꺼번에 인성교육을 지도할 수 있다는 이점과 소집단 활동을 통해 구성원과의 집단역동을 통해 또 다른 학습의 효과를 기대할 수 있기 때문이다.

더 나아가 각 회기별 목표에 도달하기 위하여 학습자로 하여금 충분한 내면화가 형성되려면 소집단으로 나누어 활동을 전개하는 것이 보다 효과적이다. 집단지도로 운영을 할 경우에는 먼저, 소집단을 나누고 소집단별 활동을 하게 한 후, 다음으로 각 소집단의 대표가 나와서 각 소집단에서 나누었던 내용을 간략히 발표하게 함으로써 전체가 정보를 함께 공유하도록 해야 한다.

## 5. 맺는말

그동안 청소년을 위한 인성교육은 주로 지식 위주의 교육, 즉 '앎'의 수준인 인지적 교육으로 일관되어 왔다. 일부 정의적 측면을 강조하는 인성교육의 접근이 이루어지긴 하였으나 효율성 측면에서 볼 때 여러 가지 단점을 안고 있다. 그러나 본고는 Bronfenbrenner(1979)의 생태학적 체계에 따른 인성 프로그램을 개발함으로써 청소년으로 하여금 자신의 인성을 계발시킬 뿐 아니라 이를 구체적으로 실천하는데 더 강조점을 두었다.

이에 본고는 미시체계, 중간체계, 외체계에 근거한 인성함양 프로그램의 예비안을 구성하였다. 예비안은 기본적인 프로그램의 목적, 수행절차, 회기별 수행내용, 수행방법, 주요 활동, 활동 도구, 기타 운용지침 등으로 구체화하여 작성하였으며, 구체화된 안은 전문가로 하여금 반구조화된 질문지로 평가하도록 함으로써 프로그램의 적합성, 현실성, 유용성을 검토하였다. 전문가 평가를 통하여 1차 수정된 프로그램은 예비 표본집단을 대상으로 시행되었으며, 프로그램의 전반적인 운용상의 문제점을 검토하여 문제점을 보완하고 최종적인 프로그램을 확정하였다.

최종으로 확정된 인성 프로그램은 '미시체계 접근으로서 자신을 바로 세우는 데 필요한 인성(1~5회기)', '중간체계 접근으로서 더불어 함께 살아가는데 필요한 인성(6~10회기)', '외체계 접근으로서 국가 및 세계시민으로서의 바람직한 삶과 관련된 인성(11~15회기)'으로 나뉘어져 있으며, 세부적으로는 전체 15회기로 구성되어있다.

이상으로 본고에서 제안한 인성 프로그램을 통해 기대하는 효과는 다음과 같다.

첫째, 청소년을 대상으로 한 인성교육 연구는 아동 대상 연구에 비해 아주 미비한 실정이다. 그동안 수행된 연구 또한 실태조사나 관련 변인을 탐색하는 수준에 그치고 있다. 그러므로 생태학적 체계에 근거하여 본고에서 개발한 청소년용 인성 프로그램은 학교를 포함하여 가정이나 지역사회 중심의 프로그램 개발 연구 등 다양한 연구 분야의 작업을 활성화시키는 데 기여할 수 있을 것이다.

둘째, 본고를 개발한 인성 프로그램은 일선 중등학교 현장에서 모든 중등학생들은 물론 잠재적인 비행성을 보이는 학생들을 위해서도 청소년 문제의 예방에 효과적으로 활용될 수 있을 것이다.

셋째, 본고에서 개발한 인성 프로그램의 각 영역별 회기별 내용들은 그 주제에 따라 다양하게 중등학교에서의 교과지도(예, 사회과, 도덕과, 바른생활)와 통합되어 지도될 수 있을 것이다. 즉, 본 연구에서 개발한 인성교육 프로그램은 교과수업과 연계되거나 교과수업을 보조할 수 있는 활동방안으로서 활용될 수 있을 것이다.

## 참고문헌


강미라(2006). 청소년 인성교육 제고방안으로서의 지역사회전통문화체험 프로그램 개발. 부산대학교 교육대학원 석사학위논문.

계영애, 강정원(2001). 유아 인성 교육을 위한 인성적 덕목과 교수 전략에 대한 교사들의 인식 연구. 유아교육학논집, 5(1), 55-75.

김낙구(1997). 한국전통윤리사상의 재인식. 대구대학교 논문집, 32, 1-18.

김병석(1998). 대상표상의 평가와 성장을 위한 인성교육의 원리: 자아 기능과 자기의 구조를 중심으로. 청소년상담연구, 6, 7-39.

김세실(2008). 미술교육이 청소년의 인성교육에 미치는 영향에 관한 연구. 대구가톨릭대학교 대학원 석사학위논문.

김영임(2006). 음악교육을 통한 감성학습이 청소년의 인성과 정서지능에 미치는 영향. 공주대학교 교육대학원 석사학위논문.

김정진(2008). 태도가 능력이다. 서울: 자유로.

남궁달화(2002). 도덕교육에서 '사회적'접근과 '학술적'접근의 관계. 도덕교육학연구, 3, 19-41.

도나 데일 카네기 저, 최염순 옮김(2008). 10대 소녀를 위한 카네기 인간관계론. 서울: 씨앗을 뿌리는 사람.

박민정, 최보가(2004). 청소년의 관계적 공격성에 영향을 미치는 생태학적 변인들. 한국가정관리학회지, 22(4), 95-104.

박성미(2010). 청소년의 비인간화 유형에 따른 청소년 문제 분석. 한국청소년연구, 21(4), 201-227.

박성미(2011). 생태학적 체계에 근거한 청소년의 인성 프로그램 개발. 청소년상담연구, 19(1), 203-220.

박성희(1997). 공감과 친사회적 행동. 서울: 문음사.

박재룡(2001). 공감훈련 프로그램이 초등학생의 문제행동 감소에 미치는 영향-공격 과잉행동을 중심으로. 부산대학교 교육대학원 석사학위논문.

박태수(1999). 아동 및 청소년의 인성교육. 제주대학교 학생생활연구. 학생생활연구, 20, 51-78.

박행모(2003). 한국과 미국의 생활문화 비교를 통한 인성교육 내용탐색. 한국실과교육학회지, 16(3), 107-125.

박혜경, 최외선(2006). 현실요법 집단미술치료가 비행청소년의 인성에 미치는 영향. 미술치료연구, 13(3), 553-575.

손봉호(1996). 세계화시대의 개인윤리교육의 방향. 도덕윤리과교육연구, 5, 33-52.

오해섭, 우영주(2006). 국제교류활동 참여와 청소년의 글로벌리더십 함양. 숙명리더십연구, 4, 54-75.

이빙 저, 김락준 옮김(2005). 10대들을 위한 인생수업. 서울: 청람.

이상균(2005). 청소년의 또래폭력 가해 경험에 대한 생태체계적 영향 요인. 한국아동복지학, 19, 141-170.

이석재(1998). 대상표상의 평가와 성장을 위한 인성교육의 원리. 청소년상담연구, 6(1), 7-39.

이충호(2008). 10대를 위한 마음 산책. 서울: 하늘 아래.

이항재(1997). 청소년문화와 인성교육. 인문과학논집, 4, 307-320.

이회능(2000). 청소년기 교육병리와 인간성 상실에 관한 고찰. 지성과 창조, 3, 163-186.

인성계발연구회, 이봉수(2003). 초·중·고 연계된 통합교과형 인성 프로그램의 개발과 적용. 서울: 청소년인성계발연구회.

정옥분(2006). 발달심리학. 서울: 학지사.

정태인, 유홍준(2002). 주부의 취업이 청소년자녀의 인성, 학업과 교우관계에 미치는 영향. 한국청소년연구, 13(1), 269-297.

조연순, 김아영, 임현식, 신동주, 조아미, 김인전(1998). 정의교육과 인성교육 구현을 위한 기초연구1. 교육과학연구, 28(1), 131-152.

최은희(2007). 7차 도덕과 교육과정상의 인성교육 내용분석. 부경대학교 대학원 석사학위논문.

파멜라 에스페랜드 지음, 정지현 옮김(2005). 10대를 위한 행복 체크 리스트. 서울: 살림Friends.

황상규(2009). 도전하는 청소년을 위한 꿈꾸는 천재. 서울: 스마트 주니어.

Althof, W. & Berkowitz, M. W.(2006). Moral education and character education:

Their relationship and roles in citizenship education. *Journal of Moral Education, 35*(4), 495-518.

Bronfenbrenner, U.(1979). *The ecology of human development: Experiments by nature and design.* MA: Harvard University Press.

Keum, M. J., Kim, T. K., Kang, J. K., An, H. J.(2000). The multiprofessional team counseling system for adolescent. *The Korean Journal of Counseling and Psychotherapy, 12*(2), 169-184.

Nuyen, A. T.(2008). Ecological education: what resources are there in confucian ethics?. *Environmental Education Research, 14*(2), 187-197.

Peters, R. S.(1966). *Moral Education and the Psychology of Character.* In Scheffler, I.(eds.). philosophy and Education. Boston: Allyn and bacon, Inc.

Revell, L. & Arthur, J.(2007). Character education in schools and the education of teachers. *Journal of Moral Education, 36*(1), 79-92.

Skaggs, G. & Bodenhorn, N.(2006). Relationships between implementing character education, student behavior, and student achievement. *Journal of Advanced Academics, 18*(1), 82-114.

# 저자소개

## 박성미

현 동서대학교 사회복지학부 청소년상담심리전공 교수
동서대학교 민석교양대학 학장
한국상담학회 법인이사
한국교양교육학회 일반이사

학력 부산대학교 일반대학원 교육학박사(교육심리 및 상담심리전공)

경력 한국상담학회 부산울산경남상담학회장, 한국상담학회 기획위원장, 전국대학상담학과협의회 이사, 한국학교상담학회 학교정책위원, 한국상담학회 학생위원장, 한국다문화상담학회 이사, 한국진로상담학회 부회장, 한국상담학회 연차학술대회 준비위원장, 전국대학상담학과협의회 학술분과위원장, 부산광역시 청소년 육성위원, 부산광역시 청소년통합지원체계 운영협의회 위원, 부산광역시 청소년상담지원센터 자문위원, 한국연구재단 사회과학지원사업 평가위원, 한국연구재단 학술지평가 평가위원, 한국대학교육협의회 대학평가인증 평가위원, 한국교육개발원 교원양성기관 평가위원

저서 청소년문화(공저, 2015, 동문사), 인간관계의 심리: 행복의 열쇠(공저, 2012, 학지사), 다문화 상담의 새로운 접근: 자기심리학적 상담의 과정(2011, 공동역서, 시그마프레스), 초등학교 상담(공저, 2009, 학지사), 질적연구 실천방법(공저, 2008, 교육과학사), 심리검사의 이론과 실제(공저, 2007, 서현사), 대학생을 위한 직업준비교육(저, 2006, 서현사), 정서와 교육(공저, 2005, 학지사)

## 김소영

현 영산대학교 대학교육혁신본부 교수학습개발원 부교수

학력 부산대학교 일반대학원 교육학박사(교육심리 및 상담심리전공)

경력 부산대학교 평생교육원, 진주교육대학교, 동서대학교, 동아대학교 강의

저서 청소년문화(공저, 2015, 동문사), 창의력과 글쓰기(공저, 2020, 청운출판사), 대학생을 위한 숨겨진 학습비밀(공저, 2020, 박영사), 청소년들의 자기조절학습능력향상을 위한 학습전략프로그램시리즈(1-5)(공저, 2020, 박영사), 청소년들의 자기조절학습능력 향상을 위한 학습전략 프로그램 워크북(1-5)(공저, 2020, 박영사), 청각적 주의집중력 향상을 위한 모눈종이 그림그리기-초급, 중급(공저, 2017, iamcoop)

**정봉희**

현 동서대학교 사회복지학부 청소년상담심리전공 강사
경성대학교 교육학과 강사
한국교육상담센터 진로클리닉 실장
한국학교상담연구소 연구원
동서대학교 학생상담센터 상담연구원
경성대학교 여대생커리어개발센터 연구원
부산시 남구 청소년상담복지센터 센터장

학력 경성대학교 대학원 교육학박사
부산대학교 대학원 교육학석사

# 청소년문화 개정판


**초　판 1쇄 발행** / 2015년 2월 10일
**개정판 1쇄 발행** / 2020년 2월 25일
**개정판 2쇄 발행** / 2023년 1월 5일

**공저자** / 박성미 · 김소영 · 정봉희
**발행인** / 이　중　수
**발행처** / **동　문　사**

서울특별시 서대문구 홍제원 1길 12
(홍제동 137-8)
Tel: 02)736-3718(대), 736-3710, 3720
Fax: 02)736-3719
**등록번호:** 1974.04.27. 제9-17호
**가격:** 18,000원

ISBN: 979-11-6328-172-6 (93370)
E-mail: dong736@naver.com
www.dongmunsa.com